Lore Bartholomäus

IN JEDEM KREUZ EIN LEBENSBAUM

Aus Armeniens Erbe und Gegenwart

Lore Bartholomäus

IN JEDEM KREUZ EIN LEBENSBAUM

Aus Armeniens Erbe und Gegenwart

Illustrationen von Mechti Horz-Benson

LUTHE-VERLAG, KÖLN

Titelbild: Chatschkar in Edschmiatsin mit dem Kreuz als Lebensbaum und Versöhnungszeichen (15./16. Jh.), L. Heiser, Das Glaubenszeugnis der armenischen Kirche, Paulinus-Verlag, Trier 1983
Tafel XXVIII mit freundlicher Genehmigung.

ISBN 3 922 727 28-X

Müssen wir auch in der Öffentlichkeit schweigen,
so hört doch unser Gewissen nicht auf zu reden.

Johannes Lepsius

Allen Armeniern in Jerusalem
und in der Diaspora

INHALT

VORWORT

Die vorliegende Einführung wurde durch Begegnungen im armenischen Viertel, genauer im armenischen Patriarchat, in Jerusalem angeregt, als ich dort während eines längeren Arbeitsaufenthaltes in Israel 1981 an freien Sonntagen in die armenische Welt eingeführt wurde.

Wenn auch in einer Form, der man durchaus persönliche Betroffenheit und subjektive Auswahl aus unübersehbar großer, jahrelang angesammelter Materialfülle ebenso anmerkt wie den Mangel, daß ich der armenischen Sprache nicht mächtig bin und in den heute sowjetischen und iranischen Teilen des historischen Armenien noch nicht reisen konnte, sondern nur die Osttürkei flüchtig und Jerusalems armenisches Viertel und den armenischen Anteil an der Grabeskirche ein wenig besser kenne, wage ich dennoch, das Fragment so vorzulegen, wie es jetzt geworden ist. Jeder Interessierte wird sich anhand der Auswahl-Bibliographie leicht weiter orientieren und gründlicher kundig machen können.

Daß das Buch überhaupt zustandekam, verdanke ich vielen Menschen, die durch ihren Rat, ihre Hinweise, durch Ermutigung und weiterführende Kritik über Jahre hinweg mitgeholfen haben. Nur wenige Namen kann ich hier — stellvertretend — nennen:

Kevork Hintlian, der das Unternehmen anregte und durch zahlreiche mündliche Überlieferungen und Übersetzungen aus dem Armenischen ins Englische wesentlich bereicherte;

P. Elias Baumann OSB aus der Abtei Niederaltaich, der gute Literaturhinweise gab und mich in einem Gespräch auf einen hilfreichen Armenienkenner aufmerksam machte;

dieser, Josef Weig, Regensburg, hat mir vor seinem erschreckend frühen Tod am 5. 2. 1985 eine Menge sorgfältig ausgewählter Texte und mehrere Tonbänder mit armenischer Liturgie zugänglich gemacht;

Seine Exzellenz, der ehrwürdige Abt des Mechitaristenklosters in Wien, P. Josef Manian, der mich in überaus liebenswürdiger Weise durch sein Reich führte;

Familie Hayrapetian, Paderborn, die mich immer wieder durch ihre herzliche Gastfreundschaft und ihr persönliches Erzählen aus dem Leben der Armenier im Iran beeindruckte;

Mechti Horz-Benson, Hamburg, die mit großem inneren Engagement durch ihre eindrucksvollen Zeichnungen eine eigene Bilderbotschaft schuf;

Professor Dr. Michael Job, Bochum, mein Lehrer in Altarmenisch, der die Orts- und Eigennamen auf richtige Schreibweise hin überprüfte;

Dr. Rüdiger Leggewie, der wichtige Verbesserungsvorschläge machte, die Erstellung der Landkarten sachkundig beraten konnte und dies alles stets mit Geduld und Humor tat;

Irmela Jung, Osnabrück, die viele Stunden lang sorgfältig und sachkundig die Druckbogen korrigierte;

K. J. Luthe, zugleich Verleger und Drucker, der trotz vieler Hindernisse das Risiko auf sich nahm, dieses Buch in sein Programm aufzunehmen, in mutiger Solidarität mit den orientalischen Christen in unserem Land, die auf brüderliches Verständnis hoffen.

Ihnen und allen Ungenannten sage ich herzlich:
Schnorhagal yem! — Es sei ihnen Dank!

Bochum, am 11. Dezember 1985,
dem Fest der Apostel Armeniens,
St. Thaddäus und St. Bartholomäus

L. B.

I. WASSER, FEUER, LUFT UND ERDE – DIE ANFÄNGE AM ARARAT

1. Das Land und seine Bewohner

„Hayastan muß schön sein", flüstert kaum hörbar ein kleines armenisches Mädchen seiner Mutter ins Ohr. Die beiden sitzen in einem Lichtbildervortrag über Sowjetarmenien, das nur einen Bruchteil, etwa ein Achtel, des einstigen armenischen Großreiches ausmacht. Eine Familie der Gemeinde war dort zu Besuch bei Verwandten und läßt nun, nach Westdeutschland zurückgekehrt, die anderen an ihrer Reise teilhaben.

Heute trägt keine iranische, erst recht keine türkische Landkarte mehr den Namen Armenien. Kein türkischer Reiseprospekt erwähnt es, selbst die große Ausstellung, die 1983 unter der Schirmherrschaft des Europarates in Istanbul ausgerichtet wurde und durch die Hochkulturen Anatoliens führen sollte, ließ Armenien unerwähnt[1].

„Hayastan muß schön sein!" Ein begeisterter Seufzer, als die Bilder wechseln: Heimweh nach einem Land, das für die Großeltern noch Heimat war, für die Eltern noch voller innerer Bilder, gespeist aus Erzählungen und aus lebendigem Interesse an der Geschichte der Vorfahren, doch für die dritte Generation bereits ein fernes, verlorenes, vielleicht nie wieder betretbares Land. Armenien, Hayastan, wie seine Bewohner es nach einem sagenhaften Helden Haik genannt haben sollen,

Bildtafel 1: **Die Anfänge am Ararat**
Im Hintergrund erhebt sich aus weiter Ebene der Ararat (5165 m). Die Figuren im Vordergrund sind Funde aus urartäischer Zeit: links ein in Bronze gegossenes Fabelwesen aus Tier- und Menschengestalt; rechts ein Drache, der den Rand eines mächtigen Bronzekessels bewachte. Das Mauerwerk ganz unten gehört zur Festung Hattuscha.

ist in der Tat schön, überwältigend weit und farbig, vielgestaltig und überraschend, herb und lieblich, abweisend schroff und freundlich einladend, ernst und fröhlich zugleich. Voller Kontraste ist das Land um den einst heiligen Ararat. „Berg in Gefangenschaft“ wird er heute genannt, der auch den Namen „Asad“, der Edle, Freie, trägt. Er schmückt noch immer die armenische Flagge, obwohl er heute auf türkischem Boden steht. 1922, als Sowjetarmenien sich dazu entschied, habe man, so wird erzählt, auf Seiten der türkischen Regierung dagegen protestiert. Darauf soll der Außenminister des Landes schlagfertig geantwortet haben, der Halbmond auf der türkischen Fahne gehöre ja auch nicht zum Territorium der Türkei. Der Ararat ist und bleibt der Berg der armenischen Nation.

Nach der großen Strafüberflutung, der Sintflut, von der das erste Buch der Bibel erzählt (Genesis 6-8), *„dachte Gott an Noach und an alle Tiere und an alles Vieh, das bei ihm in der Arche war. Gott ließ einen Wind über die Erde wehen, und das Wasser sank. Die Quellen der Urflut und die Schleusen des Himmels schlossen sich; der Regen vom Himmel ließ nach, und das Wasser verlief sich allmählich auf der Erde. So nahm das Wasser nach hundertfünfzig Tagen ab. Am siebzehnten Tag des siebten Monats setzte die Arche im Gebirge Ararat auf. Das Wasser nahm immer mehr ab, bis zum zehnten Monat. Am ersten Tag des zehnten Monats wurden die Berggipfel sichtbar.“*[2]

Seit alters her nahmen die Armenier für sich in Anspruch, daß dies ihr ursprüngliches Heimatland sei, der Ararat mit seinen beiden schneebedeckten Gipfeln *ihr* heiliger Berg, an den auch in jüngster Zeit beschwörende Gedichte und Lieder gerichtet werden[3], das Quellgebiet der Paradiesesflüsse Euphrat und Tigris *ihr* angestammtes Ursprungsland. Noch im 19. Jahrhundert wird in einer „Geschichte Armeniens“[4] unbefangen das Land um den Ararat an die Noach-Söhne Sem, Ham und Japhet und deren Nachkommen so aufgeteilt, daß es in allen Himmelsrichtungen vom Ararat aus besiedelt und schließlich durch die gewonnene Schlacht des Noach-Urenkels Haik gegen den heidnischen Riesen Bel endgültig rechtmäßig in Besitz genommen wird. Ein fast heiterer Kupferstich von E. de la Combe zeigt darin Bel von Haiks Pfeil getroffen tot zu dessen Füßen liegen, während das Schlachtengewimmel sich schon aufzulösen beginnt und die Feinde erschrocken die Flucht ergreifen. Im Hintergrund ragt der steile Ararat auf. Dort steht auf kleinster Fläche wie ein Spielzeugschiff auf einem Sandhügel die riesige Arche, Inbild der Bewahrung eines kleinen heiligen Restes gottesfürchtiger Menschen, einer verschwindenden Minderheit angesichts einer überflutenden Mehrheit an Zeitgenossen, deren „Schlechtigkeit zunahm" und deren „Sinnen und Trachten böse war", so daß es dem Herzen Gottes „wehtat" (Genesis 6,5 f.).

Heutige Forschung ist vorsichtiger mit der Behauptung, die Armenier seien direkte Nachkommen des großen Stammvaters Noach, des Gerechten. Trotz teils widersprüchlicher Darstellungen in verschiedenen Werken, die häufig allzu deutlich das Interesse ihrer Autoren widerspiegeln, auf bestimmte Völker ein besonders günstiges Licht zu werfen, scheint man sich weitgehend einig zu sein, daß die Armenier mit ihrer indogermanischen Sprache[5] von Nordwesten her in das anatolische Hochland schon sehr früh, etwa 1200 vor Christi Geburt, eingedrungen sind, sich mit den dortigen Ureinwohnern vermischt und sie bald überrundet haben. Nicht nur, daß sie sich mit ihrer Sprache durchsetzten, sie scheinen auch handwerklich, zum Beispiel in der Metallverarbeitung, rasch von den Bewohnern des Landes gelernt zu haben, sich als Ackerbauern, Obstzüchter und Bewässerungsfachleute zu bewähren, und sie sind offenbar bald gefürchtete und beneidete Festungserbauer geworden.[6]

Urartu, ein noch nicht lang „wiederentdeckter Rivale Assyriens"[7], gehörte zu den kulturellen Zentren im östlichen Mittelmeerraum, die mit ihren überlegenen Begabungen die europäische Vor- und Frühgeschichte nachhaltig beeinflußt haben. Seine Blüte erlebte das Reich vom 9. bis zum 7. Jahrhundert vor Christus. Der Name des Reiches ist derselbe, der in der erwähnten Genesisstelle dem Berg gehört, der bis zur Gegenwart Inbegriff armenischen Ursprungs geblieben ist. Denn wie in vielen semitischen Sprachen, so schrieb man auch im hebräisch verfaßten Alten Testament nur die Konsonanten nieder, also r r t. Die Vokale ließ man ursprünglich aus, sie wurden erst viel später festgelegt, um den Text damit eindeutiger zu machen. So wurde nach Jahrhunderten, als der Gebirgsname Urartu längst vergessen war, bei der Vokalisierung des Alten Testaments aus Urartu: Ararat.

Daß es sich bei der Erwähnung Urartus in der Bibel um kein historisches Ereignis handelt, ist mittlerweile Allgemeingut geworden. Der höchste Punkt der damaligen Welt, wo Noachs Arche nur gelandet sein konnte, lag eben — entgegen noch früheren Darstellungen — im Gebirgsland von Urartu. Immer wieder haben sich, bereits im 3. Jahrhundert vor der Zeitenwende, gutgläubige Expeditionen aufgemacht, um die Reste der Arche zu suchen. Wie viele Bücher sind darüber geschrieben worden, wie viele Sagen und Legenden spannen sich um den geheimnisumwitterten doppelten Vulkankegel, der mit seinem ewigen Schnee in 5156 Metern Höhe ehrfurchtgebietend sich aus der Ebene erhebt! Als einer von vielen anderen Reisenden, die den Anblick des Ararat als besonderes Erlebnis in Erinnerung behielten, sei Alexander Puschkin genannt, der während des Rußlandfeldzuges 1829 als schreibender Begleiter des Heeres „die frischen Ebenen Armeniens“ kennenlernte. Nach einem überaus anstrengenden Ritt in schwerem Regen und einer kurzen Nacht in einfachster Unterkunft berichtet er:

„Um die Morgenröte weckten mich die Kosaken auf. Mein erster Gedanke war: ob mich nicht das Fieber gepackt hätte, indes ich fühlte, daß ich gottlob gesund war; es gab keine Spur von Krankheit, nicht einmal von Müdigkeit. Ich trat aus dem Zelt in die frische Mogenluft hinaus. Die Sonne ging gerade auf. Am klaren Himmel schimmerte ein zwiegehäupteter Schneeberg. ‚Was ist das für ein Berg?‘ fragte ich, mich streckend, und vernahm zur Antwort: ‚Der Ararat.‘ Wie stark ist doch die Wirkung von Lauten! Geradezu gierig blickte ich den biblischen Berg an und glaubte die Arche zu sehen, die an seinem Gipfel in der Hoffnung der Erneuerung des Lebens gelandet war, und den Raben und die Taube, die aus ihr ausgeflogen waren, Symbole der Strafe und Versöhnung.“[8]

Nur eine der zahlreichen Überlieferungen aus dem reichen Erzählungsstoff zum Ararat sei hier wiedergegeben. Sie stammt schon aus christlicher Zeit, greift aber den heidnischen Schauder vor dem Tabu des unberührbaren Berges mit seinen Koboldwesen auf und gibt ihm eine liebenswürdige Deutung. Ein Lehrer im armenischen Viertel von Jerusalem hat mir die Legende erzählt:

Die Quelle des heiligen Jakob

Für die Armenier ist der Berg Ararat ein übernatürliches Wesen. Er ist der Herr der Welt, das Universum endet auf seiner Rückseite, und jenseits beginnt die unvorstellbare Endlosigkeit. Ich weiß, daß auf dem Gipfel des Ararat die Arche Noachs gelandet ist und daß seine Spitze unzugänglich ist. Kein Sterblicher wird je den heiligen Gipfel des Berges betreten. Ein Beispiel dafür ist der heilige Jakob.

Der alte Patriarch wollte gegen Ende seines Lebens unbedingt mit seinen eigenen Augen die Arche Noachs sehen und danach sterben. Er wußte genau, daß es den Sterblichen nach dem Befehl Gottes verboten war, den Gipfel des heiligen Berges zu besteigen, aber er wußte auch, in welcher Gunst er bei Gott stand wegen seines engelgleichen Lebens, das ganz aus Gebet bestand.

So nahm der heilige Mann seinen Stab und machte sich auf zur Ebene des Ararat, dem Berg entgegen. Gestärkt duch seinen Glauben, vergaß er Hunger und Müdigkeit und schleppte sich weiter, um die Wiege der Menschheit zu sehen.

Es war in seinem Fall kein sündhaftes Begehren — das sagt die Legende ganz deutlich! Denn es war der Wunsch des heiligen Mannes, als ein Sterblicher durch göttliche Gnade die Arche Noachs zu sehen und sie küssen zu dürfen, um so eine Wundergeschichte zur Ehre Gottes zu hinterlassen. Tagelang wanderte er endlos auf staubigen und dornigen Straßen, bis er den Fuß des Masis erreichte — wie die Armenier den höheren der beiden Gipfel des Ararat auch nennen —, dort kniete er nieder und küßte die Erde, betete und erbat des Himmels Hilfe, nahm wieder den Stab und ging den Berg hinauf. Der Aufstieg war schwierig, er fiel oft und stand wieder auf, er schwitzte. Der starke Wind zauste seinen Bart, und er mußte sich seinen Weg mühsam von Felsen zu Felsen suchen, während er beim Aufsteigen Psalmen sang. Beim Anblick des Heiligen flohen die Drachen, die Schlangen starrten ihn an und verschwanden unter den Felsen, die Dämonen — erstaunt über den Mut dieses ungewöhnlichen Sterblichen — versperrten ihm zuerst den Weg, dann aber zogen sie sich in ihre Höhlen zurück. Und Gottes Diener stieg weiter auf, er hatte schon den letzten Hang des Berges erreicht. Der Schnee war schwer, der Tag neigte sich seinem Ende zu, und die letzten Sonnenstrahlen ruhten auf dem Berg, bevor die Dunkelheit hereinbrach. Der Diener Gottes, glücklich über das, was er erreicht hatte, setzte sich unter einen Felsen und fiel in tiefen Schlaf bis zum Tagesanbruch.

In der Morgendämmerung öffnete er die Augen, schaute sich um, und — er traute seinen Augen nicht — sah in Erstaunen und Kummer, daß er sich am selben Platz befand, von dem aus er am vorherigen Tag seinen Aufstieg begonnen hatte. Unbekannte und geheimnisvolle Arme hatten ihn wieder hinunter an den Fuß des Berges gebracht. Sein Herz war überwältigt von Kummer.

„O Christus, dies ist das Werk Satans! O Gott, verbiete den bösen Händen, so zu handeln!" So betete er, machte das Zeichen des Kreuzes, wurde wieder stärker, schleppte sich weiter und erreichte unter den selben Mühen und Plagen wieder denselben Fleck, wo er am vorhergegangenen Tag geschlafen hatte. „Jesus Christus", bat er inständig, „hilf mir doch, das Böse zu überwinden und die Versuchung zu bestehen!" Dann schlief er ein.

Aber wieder brachten ihn unbekannte Hände zurück zum Fuß des Berges. Siebenmal stieg er auf, und siebenmal wurde er wieder hinuntergebracht. Der heilige Mann begriff, daß dies nicht das Werk des Teufels war, sondern göttliches Eingreifen. „Darin ist Gottes Finger", murmelte er. „O Herr", rief er weinend aus, „erlaube mir doch, die Wiege der Menschheit zu sehen. Erlaube mir, Herr, die Arche zu schauen!"

Während der Heilige weinte und zu Gott betete, er möge ihn zum Gipfel gelangen lassen, stand plötzlich ein leuchtendes Bild vor ihm, mit einem

Schwert in der Hand; das war Gabriel, der Erzengel. Der heilige Jakob war erschüttert und fiel auf sein Angesicht.

„Versuche nicht, du Sterblicher, gegen das göttliche Eingreifen anzugehen", sagte der Erzengel. „Es steht einem Sohn Adams nicht zu, den Gipfel des Ararat zu betreten, kein menschliches Auge kann die Arche Noachs sehen. Aber wegen deines Glaubens und deiner Frömmigkeit hat Gott Erbarmen mit dir und schickt dir diese Reliquie von der Arche. Sei jetzt zufrieden und geh zurück."

Der Erzengel gab ihm ein kleines Stück der Arche und verschwand. Der heilige Mann nahm die göttliche Gabe, küßte sie, weinte, fiel auf sein Angesicht, betete zu Gott und pries ihn dafür, daß er ihm eine so große Gnade erwiesen hatte.

In diesem Augenblick entsprang aus den Abhängen des Masis wegen seiner Tränen eine süßschmeckende und klare, hell sprudelnde Quelle, und viele verschiedene Vögel flogen herbei, die später Sankt-Jakobs-Vögel genannt wurden. Sie umflogen die Quelle wie Geister, sie hüpften auf den Felsen umher und zwitscherten hell.

Wenn nun Heuschrecken in die Felder einfielen und sie zerstörten, kamen die Leute eilig zur Sankt-Jakobs-Quelle, holten Kessel und Eimer voll des heiligen Wassers, kamen wieder und wieder. Das Wasser zog die Vogelschwärme an, die wie auf Gottes Befehl die Heuschrecken fraßen und austilgten, bis keines der schädlichen Tiere mehr auf den Feldern zu finden war. Vogelschwarm folgte auf Vogelschwarm, bis auch die letzte Heuschrecke auf den Feldern tot war. Erst dann flogen sie zurück zum Masis, zurück zu ihrer Quelle des heiligen Jakob. Gottes Handeln hat tausend Weisen.

Wenn eine Hungersnot einsetzt, wenn der Himmel wie geschmolzenes Metall ist und anstatt Regen Feuer auf die Erde fallen läßt, wenn das Gespenst des Hungers wie ein Skelett unheimlich auf den Fluren umgeht, werden Bittgottesdienste gehalten, um den Zorn Gottes zu mildern; Gebete, Klagen und Bitten versuchen Gott zu bewegen, und wieder bringt man Wasser in großen Bottichen von der Quelle herbei und gießt es auf die Fel-

der. Und noch am selben Tag wird der Himmel dunkel, Wolken sammeln sich, und es ergießt sich Regen auf die durstenden Felder.

Nicht allein dem Ararat, auch anderen Bergen wurden Geschichten zugeschrieben, als seien sie lebendige Wesen, und wer die geschmeidigen Wolkenschatten eines stürmischen, sonnigen Frühlingstages über die violetten und rostbraunen, rosagrauen und schwarzen Bergrücken des Hochlandes wandern sah, glaubt gern an ihr unruhiges Eigenleben, das sie heute noch zu führen scheinen. So „*geht die Sage, daß vor vielen, vielen Jahren die armenischen Berge Riesenbrüder waren. Jeden Morgen nach dem Aufwachen pflegten sie zuerst ihre Gürtel festzuschnallen, bevor sie einander grüßten. Jahre später, als die Brüder alt wurden, konnten sie nicht mehr so früh aufstehen. Eines Morgens vergaßen sie, als sie aufwachten, ihre Gürtel anzulegen und — ganz im Gegensatz zu ihrer Gewohnheit — einander zu grüßen. Als Gott dies sah, bestrafte er die Brüder: er versteinerte sie und verwandelte sie in Berge; ihre Gürtel wurden grüne Felder und ihre Tränen — Quellen.*“[9]

Die gesamte Kultur jenes Gebirgslandes um den Ararat war seit jeher von den geographischen Verhältnissen geprägt. Die Ausläufer der Gebirgszüge des Kaukasus, des türkischen Taurus und des iranischen Zagros wachsen hier zu einer „natürlichen Festung gegen die angrenzenden Lande“[10] zusammen. Das weithin unzugängliche Bergland ist durchzogen von fruchtbaren Tälern und Ebenen, die zwischen 1300 und 1700 Metern hoch liegen, lieblich im grünenden, spät einsetzenden Frühjahr, sengend heiß im kurzen, heftigen Sommer, öd und majestätisch abweisend im sieben bis acht Monate lang andauernden schneereichen, strengen Winter. Die wenigen großen Flußläufe des Araxes, der Kura, des Euphrat und Tigris bilden natürliche Verbindungswege zu den umliegenden Landschaften. Die drei Meere im Norden, Osten und Süden — das Schwarze Meer, das Kaspische und das Mittelmeer — lagen mit ihren Küsten außerhalb des urartäischen Reiches, dessen Kern sich vom Vansee in der heutigen Osttürkei bis zum Urmiasee in der heutigen iranischen Hochebene erstreckte. Die einzelnen Landschaftsregionen sind oft durch schroffe Gebirgszüge voneinander getrennt, die mit ihren bis zu dreitausend Meter hohen mächtigen Riegeln den Zugang versperren, zumal in den Regenzeiten und im Winter[11], wenn die unbefestigten Wege aufgeweicht oder von tiefem Schnee bedeckt sind. Reisende aus zwei Jahrtausenden schilderten eindrücklich die Strapazen bei der Durchquerung des Landes bei klaftertiefem Schnee oder auch mörderischer Hitze, angefangen bei Xenophons „Anabasis" über Marco Polo und Graf Helmuth von Moltke als militärischem Berater der Türkei bis hin zu archäologischen Expeditionen und modernen Reiseunternehmen in den letzten Jahrzehnten. Neben entzückten Schilderungen aufbrechenden Frühlings und gewissenhaften Beschreibungen einzelner Siedlungen in der nur scheinbar menschenleeren und weglosen Weite des Landes gibt es auch bedrohliche Eindrücke: „Dies ist ein ernstes, düsteres Land, mit rauhen Gebirgen und weiten kahlen Ebenen, ohne Bäume und ohne Vogelsang — wenn nicht in einigen Tälern — schweigsam und abgeschieden. Ein Land der Kälte, der langen weißen Winternächte und unerfreulich heißer, aber kahlbraun anzusehender Sommer. Ein Land wie vorherbestimmt zum Schauplatz des Untergangs einer Nation und zur Arena politischer Nichtigkeit, wie vorherbestimmt für Bedrückung, Raub und Gewalttat", so schildert es Peter Banse 1913.[12]

Zwei erst in den letzten Jahren des 19. und in der Mitte des 20. Jahrhunderts ausgegrabene Zentren der vielen inzwischen entdeckten urartäischen Siedlungen sind die Hauptstadt *Tuschpa*, die sich auf einem steilen Felsriff am Ostufer des Vansees befand, und das alte Arinberd, nicht weit von der heutigen sowjetarmenischen Hauptstadt Jerewan. In Tuschpa fand man Inschriften in Keilschrift, die man zunächst für assyrisch hielt, bald aber als urartäische entzifferte, und dazugehörige aus dem Felsen gehauene Königsgräber[13]. Auf streckenweise abenteuerlichen Kletterwegen gelangt man über geländerlose Felstreppen in die hallenden Innenräume jenes Festungsberges. Das hohle Echo der Besucherstimmen treibt manche schnell wieder hinaus ins Freie, fort von den schwarzen Augen der Opfernischen und dem feuchten Geruch der Begräbnisstätten, die ihre Geheimnisse der hektischen Neugier westlicher Touristen nicht preisgeben.

Der Gründer von Urartu, Sardur I., einigte wahrscheinlich um die Mitte des 9. Jahrhunderts vor der Zeitenwende die Nairi-Länder um den Van-See herum und herrschte als erster urartäischer König, mit seiner Festung sogar den mächtigen Assyrern trotzend. Sardur II. zählt auf dem Sockel einer Stele, einer frei und aufrecht stehenden Steinplatte, mit Keilschrift in urartäischer Sprache dem Reichsgotte Chaldi genau auf, was er in neun Regierungsjahren geleistet hat. Lang noch nach dem Verlassen des Felsens, von dem aus der Blick weit über den Vansee geht, klingen die fremdartigen Namen der Könige im Innern nach, denen man immer wieder begegnet, bis hinauf in der Gegend von Jerewan: Sardur und Ischpuini, Menua und Argistis, der dort dem Gott Chaldi einen Tempel und sich selbst einen prächtig ausgestatteten Palast, Bewässerungskanäle und eine großangelegte Zitadelle erbaut hatte.

Dem heutigen Besucher verwischen sich die Zeitalter, wenn er von einer Ausgrabung zur anderen reist, von einem Jahrtausend ins andere geschickt wird, wenn ihn die Reiseroute von der Neusteinzeit sechs Jahrtausende vor dem Erscheinen Christi plötzlich ins Königreich der Armenier Vaspurakan am Vansee wirft und dann wieder zurück in die Bronzezeit, die genausolang von der Zeitenwende entfernt ist wie wir: zweitausend Jahre jenseits. Er hört von churritischen Stämmen und assyrischen Verwüstungen, vom schönen König Aram von Urartu, der vielen Armeniern bis heute seinen Namen lieh, und von der Gründung Jerewan-Erebuni dreihundert Jahre, bevor es Rom gab. Er liest von der Inschrift an der irakischen Straße bei Behistun, wo die erste Erwähnung des unterworfenen „Armenia" unter Darius I. nachweisbar ist. Er sucht sich zeitlich zu orientieren zwischen den Angaben des Perserkönigs, die dieser hoch oben an einer Felswand im Jahr 521 v. Chr. dreisprachig — altpersisch, medisch und babylonisch — in Keilschrift anbringen ließ[14], und denen, die aus anderen Quellen gewonnen wurden. Er hört von Invasionen der Skythen und Kimmerer, die das blühende Armenien verwüsteten und vom Fall Urartus im Jahr 590 v. Chr., dem ein halbes Jahrhundert später die persisch-achämenidische Herrschaft über das Land folgte. Er sieht Xenophon mit seinen Zehntausend mühselig durch das Land zurück zum Schwarzen Meer ziehen (401-400) und den Pontus überqueren, wie er es in seiner „Anabasis" beschreibt, und Alexander den Großen 331 Persien erobern und die Oberherrschaft gewinnen. Er hört von der Unabhängigkeit des Landes Armenien unter König Artaxis (190-159), von Kämpfen und Rivalitäten ringsum, bis es dem Parther Tigranes dem Großen zum ersten und einzigen Mal gelingt, das Land für mehrere Jahrzehnte (95-55 v. Chr.) zu einem Großreich zu einigen, es als souveränen Staat aufblühen zu lassen; allerdings mußte Tigranes durch seine Auseinandersetzungen mit Rom viele seiner ausgedehnten Eroberungen wieder aufgeben. Von Anfang an war Armenien durch seine geographische Lage Pufferzone und zugleich begehrte natürliche Festung. Jeder der mächtigen Nachbarn, ob Persien oder Rom, Sassaniden oder Araber, hatte Interesse an seinem Besitz. Bis ins 20. Jahrhundert ist Armenien Streitobjekt zwischen Persien, der Türkei und Rußland, Schlachtfeld und Zielscheibe der Zerstörung gewesen.

Die verwirrende Fülle historischer Verknüpfungen läßt sich auf einer kurzen Reise nicht ordnen, sondern sie überlagern sich noch lange danach, wie Traumbilder sich übereinanderschieben und vermischen. Was sie entwirrt und ordnet, sind wenige Linien und Gestalten, wenige starke Symbole, die gültig bleiben wie die hethitischen Löwen an einem der Tore zur Festungsanlage Hattuscha zwischen Ankara und dem Schwarzen Meer.

Längst vor dem Einwandern jener Stämme, die zur dominierenden Bevölkerungsgruppe — zu den Armeniern — wurde, gab es bereits eine hochentwickelte Kultur im Land zwischen den drei Meeren.

Von den *Hethitern* und ihren Vorgängern, den Chatti, weiß man durch Ausgrabungen, die rund viertausend Jahre alte Gegenstände zutage brachten: Musikinstrumente und Gefäße, Standarten in Tierformen und Waffen, Schmuck und Toilettengegenstände, Sonnenscheiben und Statuen mit ritueller Bedeutung, die man ins Blickfeld von Toten gelegt hatte. Mit hochgezogenen Knien auf die Seite gelegt, waren sie umgeben von Dingen, die sie in die Welt jenseits der Todesgrenze begleiten sollten. Vieles davon ist heute im archäologischen Museum in Ankara zu sehen; Hausrat aus einfachem Steingut, Metallgefäße in gediegenen Formen, sogar sorgfältig getriebene Goldkannen mit eleganten Henkeln und Schnauben. Auch das Siegel des Königs Schuppiluliuma (1375-1435 v. Chr.) mit seinem Zungenbrechernamen hat man geborgen. Er war einer der erfolgreichsten Kriegsherren des hethitischen Großreiches, streckte zum Schrecken seiner Feinde seine Hände bis Aleppo aus, eroberte einen Großteil Syriens und wurde dadurch zu einer Bedrohung der Ägypter. Die Witwe des jungen Königs Tutanchamun machte daher den Vorschlag, einen der Söhne des Hethiterkönigs zu heiraten, um kriegerische Auseinandersetzungen zu vermeiden. Doch er wurde ermordet, weil man keinen nicht-ägyptischen König haben wollte. Der noch erhaltene Briefwechsel, der in dieser Sache zwischen den Königshäusern geführt wurde, gewährt einen interessanten Einblick in die Machtverhältnisse des Nahen Ostens dreizehn Jahrhunderte vor Christi Geburt.

Die mächtigen Löwen an einem der Festungstore von *Hattuscha,* in ihrer Kraft und Hoheit, mit ihren kunstvoll und ebenmäßig gearbeiteten steinernen gelockten Löwenfellen, lassen den Volksnamen „Chatti“ trotz seines geschichtlichen Erlöschens vor zweieinhalb Jahrtausenden beim Betrachten neu aufleben.

Der violettgraue Sturmhimmel, unter dem ich mit einer Reisegruppe den hethitischen Festungsbau mit seinen gewaltigen Resten besuchte, paßte gut zu den alten Zeugen herrscherlicher Vergangenheit. Leicht geschwungene Pfeiler bilden die Bogen der Doppeltore. Ein kilometerweiter Ring aus Bodenwällen und -schrägen läßt die Anlage auch dort noch erkennen, wo nur wenige Baureste vorhanden sind. Ein zyklopischer Gang, dessen „falsches Gewölbe“ aus armlangen schweren Quadern gebaut ist, führt auf die Außenseite der Burg. Die freie, weite, wilde, felsige Landschaft lag graublau und leer vor und unter uns.

Beinahe leibhaftig sah man die feindlichen Heere aus der Ferne heranziehen, die vor dieser mächtigen Festung kapitulierten.

Eine schwarze Rinderherde voll von verkrustetem Staub bog schwerfällig und mürrisch mit ihren geschwungenen Hörnern in träge schwankendem Gang um die Ecke des großen Torabschnitts am sogenannten Königstor, das eine lebensgroße Reliefdarstellung des Königs zeigt. Ein türkischer Junge bot Gesteinsbrocken und imitierte Ausgrabungsfunde zum Verkauf an: „Chatti, Chatti!" pries er sie mit eintöniger Stimme an, indem er uns damit anstieß. Niemand kaufte etwas.

Wir gingen weiter zu den Zisternen, die in immerhin 1500 Metern Höhe den Wasservorrat sichern sollten. Die runden, in Stein gehauenen Zylindergefäße sind jetzt von Feldblumen, Labkraut, Milchstern und Thymian, überwuchert. Von dort oben schaut man weit hinunter über die Fundamente der königlichen Audienzhalle, auf Reste eines Tempels, der zur Anlage gehörte, auf ein kleines hingestreutes Dorf. Es war um die Mittagszeit, als sich plötzlich daraus eine rauhe Männerstimme erhob, die laut und eindringlich Allah zu loben begann.

Die Kultstätte *Yazilikaya,* ein aus natürlichem Felsgebiet herausgehauenes Zeugnis der Religion jener Hethiter, läßt ahnen, wie man den ebenmäßig langen, fast ornamental wirkenden Reihen der Götter Ehren und Opfer darbrachte. Wie tiefe Augenhöhlen in mächtigen Felsschädeln blicken ovalrunde Opfernischen aus den senkrechten Steinwänden, reinlich geglättete Innenräume für die Gaben ihrer Ängste und ihrer Hingabe, ihrer Bedrohung und ihrer Anbetung. Viele Einzelreliefs, von der Frühjahrssonne plastisch gezeichnet und zum Leben erweckt, zeigten uns Kulthandlungen, die wir Heutigen nicht mehr verstehen. Hier hat man Hieroglyphentafeln gefunden, die jetzt im Museum in Ankara aufbewahrt werden, menschliche Spuren der unausrottbaren Sehnsucht, es möge doch alles Vergängliche einen Sinn haben über sterbliches Einzelleben hinaus.

Ein Armenier, der von 1902 bis 1971 gelebt und als Kind die Massaker an seinem Volk überlebt, sich als Lyriker einen Namen gemacht und viel über seine Ursprünge nachgedacht hat, Puzant Popalian aus

Aintab in Kilikien, hat einen der hethitischen Löwen in Hattuscha als Sinnbild für den Widerstandsgeist Armeniens verstanden und ihm ein Gedicht gewidmet. Es kann eine Brücke schlagen zwischen der Kunde von verschwundenen, im nebligen Dämmer der Frühgeschichte nur unklar erkennbaren Kulturen im anatolischen Hochland und der Anklage heute lebender junger Armenier, die sich um ihr entvölkertes Land betrogen fühlen. Im Jahr 1936 schrieb Popalian:

Der hethitische Löwe[15]

Wir lassen auferstehen dich, zieh'n dich hervor
aus viertausend langen Jahren Staub,
wir geben aus der frisch geöffneten Erde
deinen gewaltigen Anblick frei.
Aus den Eingeweiden der Trümmer
vereinte des Schicksals Spiel
unsren gemeinsamen Weg, den der Brüderlichkeit,
deine Zukunft und meine Vergangenheit.
Die Jahrtausende bestanden darauf,
als sie vergingen, daß wir nicht existierten,
doch in dieser Stunde müssen sie sich beugen
und anerkennen, daß es uns gibt.
In deinen Steinadern grüße ich
den Pulsschlag meiner Ahnen
und begegne dem strengen Blick ihres Willens,
der immer noch deinen Schritt beherrscht.
Nach deiner feingelockten Mähne taste ich und fühle
des Bildners Atem noch einmal,
der dir dies mächtige Herz erschuf
und dich, bereit zu mächtigem Gebrüll.

Der hethitische Löwe von Hattuscha und die Götterreihen von Yazilikaya sind schweigsame Zeugen religiöser Sehnsucht von Menschen, die ihr Dasein von jeher deuten und in große Zusammenhänge einordnen wollten. Auch von den vielleicht aus Phrygien eingewanderten indoeuropäischen Stämmen, die Armeniens Urahnen sind, gibt es Spuren ihrer Weltdeutung, ihrer Religion. Zwar wurden bei der Christianisierung des Landes viele Kultstätten zerstört, doch lebten manche Bräuche mit ihrem zugrundeliegenden Volksglauben noch generationenlang fort und gaben Aufschluß über die Götterwelt des heidnischen Armenien.

2. Die Götterwelt des vorchristlichen Armenien

Es mag an den vulkanischen Gebirgslandschaften des Landes und an seinen vielen reichen Wasserquellen liegen, daß die alten Kulte Armeniens der Feuer- und Wasserverehrung galten. Feuer wurde als weibliche Gottheit betrachtet, als die Schwester des Wassers, der Brudergottheit. Feuerplätze dienten als Darstellung lavaspeiender Vulkane; aus Stein gehauene Stelen mit der Darstellung von Drachenschlangen oder -fischen, den sogenannten Vischaps, repräsentierten Quellen und dienten als deren Schutzgeister, die ihre Reinerhaltung und ihr Weitersprudeln gewährleisten sollten. Noch heute geistern sie als koboldartige Teufel und Feen durch die armenischen Märchen[16], die sie in oft abstrusen, uns Brüder-Grimm-gewohnten Deutschen abgerissen und unzusammenhängend erscheinenden Handlungsabläufen mit Priestern und Heiligen konkurrieren lassen. Noch immer gibt es um den Ararat große Schlangen, die dort mit ihrer Gefährlichkeit die Einheimischen schrecken. Erdbeben und Vulkanausbrüche schrieb man dem Wirken der Vischaps zu, deren unheimliches Wesen mit solchen Schlangen verwandt ist. Der Glaube jener Zeit muß angstbesetzt und unerlöst grausam gewesen sein, denn man hat, wie überliefert wird, wahrscheinlich Menschenopfer dargebracht, wie es auch von anderen frühen Kulturen bekannt ist.

Die uns heute bekannte Götterwelt des alten Armenien ist der des benachbarten Persien ähnlich. Der Hauptgott, *Vahakn,* der später

„Schlangenbesieger" – „Vischapakagh" – genannt wurde, bezog seine überlegene Kraft aus der Verbindung zwischen den Urelementen Wasser und Feuer, die ihn gezeugt hatten. Ein sehr altes Lied, das der armenische Geschichtsschreiber *Moses von Chorene* überliefert hat und das nach seinem Zeugnis noch lange nach der christlichen Missionierung des Landes im Volk gesungen wurde, beschreibt seine geheimnisvolle Geburt als Lichtexplosion aus schlammigem Erdgrund, aufsteigend aus einem Schilfrohr. Der Götterknabe ist ein Kind der Vermählung zwischen Himmel und Erde; die Bilder von Wasser, Feuer, Luft und Erde verschwimmen ineinander:

Die Geburt des Vahakn

Die Himmel lagen in Wehen
und die Muskeln der Erde,
und die roten trächtigen Seen lagen in Wehen.
Und in Wehen lagen auch die Schilfrohre des Ufers.
Und aus einem kleinen roten Rohr stieg Rauch auf.
Und aus dem Rauch Flammen.
Und aus den gelben Flammen des Rohrs
lief ein blonder Knabe
mit flammend feurigem Haar
und einem Bart von lebendigem Feuer.
Und seine Augen waren zwei Sonnen.

Der heidnische armenische Götterhimmel schloß zur Zeit der Sassanidensiege über die Parther im 3. Jahrhundert außer den einheimischen auch Götter der Nachbarländer ein, zwar besonders die persischen, aber auch solche, die in Syrien und im phrygischen Kappadokien daheim waren. Die führenden Gottheiten Aramazd, Anaid und der schon erwähnte Vahakn repräsentierten Himmel, Erde und Meer. Zu Ehren des *Aramazd,* der mit dem persischen Ahuramadza manche Züge gemeinsam hat, wurden glanzvolle Feste gefeiert, so das beliebte

Neujahrsfest Nawasart, das noch lange in abgewandelter Form in christlichem Brauchtum fortbestand.

Anaid, von der ein anmutig-edles Bild im Britischen Museum in London zu betrachten ist, wurde als die „Große Dame Armeniens" im ganzen Land mit Begeisterung verehrt. Sie galt als der Glanz der Nation, als Spenderin ihrer Lebenskraft, Mutter allen Seins, Tochter des tapferen Aramazd, Mutter der Weisheit und des Scharfsinns, die sie miteinander versöhnt. Im östlichen Taurusgebirge, im Tempel von Aschtischat, wurde sie zusammen mit Vahakn und seiner Gattin, der rosengeschmückten und taubentragenden Friedensstifterin *Astrik*, kultisch verherrlicht.

Als Patron der Künste, auch als Traumdeuter und Muse der Literatur war *Thor Dir*, die „Schreibfeder des Aramazd", wichtig. Er schützte die Tempelgüter und war zuständig für Wahrsagerei. Alpträume vertrieb er zielsicher mit Pfeil und Bogen.

Bildtafel 2: **Literatur und Kunst als Einheit**

In der Mitte schreibt der Dichtermönch Gregor von Narek an einem seiner heute noch für die armenische Kirche wichtigen Werke (nach einem Manuskript aus dem 12. Jhd.). Darüber umschlingen sich Pflanzen und langhalsige Vögel (Randornament armenischer Buchmalerei aus dem 13. Jhd.). Darunter ist ein Detail aus einem Mosaikfußboden in Jerusalem zu sehen, der mit seinen Trauben und Vögeln ebenfalls beliebte Motive armenischer Kunst zeigt (ausführlich beschrieben im Kapitel IV/1: Die Armenier in Jerusalem, S. 159 ff). Den Hintergrund bilden Buchstaben des armenischen Alphabets.

II. GREGOR UND ANDERE ERLEUCHTER

1. Der erste christliche Staat der Welt

In diese religiöse Welt, die in ihrer eigenartigen Mischung im Schnittpunkt mehrerer Kulturbereiche liegt, drang von Jerusalem her über Syrien der Tradition zufolge schon ungefähr um das Jahr 42 nach der Wende der Zeiten, die durch Christus gekommen war, die neue Botschaft von seinem Leben, Sterben und Auferstehen zur Erlösung der Menschheit. Gebracht wurde sie nach alter Überlieferung[1] von den Aposteln Thaddäus und Bartholomäus, an deren Märtyrertod die großen Klöster ihres Namens im heute türkisch-iranischen Grenzland erinnern.

Syrische und griechische Einflüsse sind unverkennbar in der Weise, wie das Evangelium verkündet und angenommen wurde, doch bestehen die Armenier selbst unbeirrbar darauf, daß trotz der Dunkelheit der Traditionen ihre Kirche offiziell die „Heilige Armenische Apostolische Kirche" heißt, die ihre Ursprünge unmittelbar im Zeugnis der ersten Jünger hat. Das Thaddäuskloster in Westpersien, zu dem bis in unsere Tage große Scharen von Pilgern strömen, spricht ebenso für sich wie es die Legenden tun, die um Bartholomäus entstanden. So zeigt ihn zum Beispiel der Oscott-Psalter im Britischen Museum in London auf einem grünen Grashügel stehend, die Rechte zur Predigt erhoben, die Linke mit festem Griff um das Hautbündel geschlossen, das an seine Todesart erinnert: da hängen grausig realistisch Skalp und Armhäute herab, die man ihm bei lebendigem Leibe abgezogen haben soll.

So unsicher diese Überlieferungen sein mögen, so wertvoll sind sie doch für die Lebendigkeit der Kirche, die sich auf die Gemeinschaft der Heiligen gründet, die Christus konsequent nachgefolgt sind. Die meisten Armenier, die heute noch etwas vom christlichen Glauben halten, rechnen sich ihrer manchmal auch apostolisch-gregorianisch genannten Kirche zu; nur vergleichsweise kleine Gruppen sind mit Rom uniert (mit Patriarchat in Beirut im Libanon und etwa 100.000 Gläubigen) beziehungsweise protestanisch aufgrund der amerikanischen Missionen in der Türkei seit der Mitte des 19. Jahrhunderts.

Damals in den allerersten Anfängen muß die Anzahl der zum neuen Glauben Bekehrten trotz einiger Verfolgungswellen im zweiten und dritten Jahrhundert doch stetig angestiegen sein. Das Blut der Märtyrer hat sich ja oft als der Same der Kirche erwiesen. Unter der Herrschaft des Königs *Trdat* begann 287 eine neue Verfolgung der Christen. Doch gerade unter diesem Herrscher wurde wenige Jahrzehnte später das Christentum zur Staatsreligion und damit Armenien zum ersten christlichen Staat der Welt — „vor Rom, längst vor Rom", wie Armenier manchmal leise triumphierend ergänzen.

Die Legende von der dramatischen Bekehrung des Königs Trdat ist in verschiedenen Varianten überliefert. Auch wo historische Richtigkeit nicht nachweisbar ist, hat doch das Weitererzählte seine eigene Wahrheit, die möglicherweise auf einer tieferen Ebene liegt als die oberflächliche der nur „objektiv" nachprüfbaren Korrektheit. Oft trifft eine Legende, eine Sage, ein Märchen das Wesen der Sache, um die es geht, ja genauer, als es eine Art blanker Tatsachenbericht könnte. So sei der Versuch erlaubt, aus den zugänglichen unterschiedlichen Fassungen in Umrissen den Kern der Geschichte zusammenfassend zu erzählen:

König Trdats Vater, König Chosrov, war ermordet worden; die politische Geschichte der Völker ist nicht nur in Armenien voll von Morden. Anak war der Mörder, dessen kleiner Sohn Gregor nach Kappadokien gebracht und dort als Christ erzogen wurde, während der junge Trdat, der Sohn des Königs, auf römischen Staatsgebiet Schutz gefunden hatte. Beide Kinder, die man aus Sorge um ihr Leben einst über die Grenze gebracht hatte, kehrten als junge Männer nach Armenien zurück: der eine als König, der andere als Prediger seines Glaubens und — wegen seiner Tüchtigkeit — als des Königs beratender Mitarbeiter. Bei einem Fest am königlichen Hof forderte nun Trdat während kultischer Dankfeiern Gregor auf, vor dem Altar der Göttin Anaid Blumenopfer darzubringen. Gregor, der Christ, weigerte sich und begründete dies in einer wortgewandten kritischen Rede, in der er die Existenz der heidnischen Götter bestritt, damit den König nach dessen Empfinden schwer beleidigte und in höchstem Maße erregte. Es entspann sich ein hitziger Dialog. Spannend schildert ihn die Geschichte des berühmten Agathangelos[2], gleichzeitig diese für die Zukunft Armeniens entscheidende Szene religionsgeschichtlich ausdeutend. Der Sohn des Königsmörders wurde schließlich brutal gefoltert und, als auch diese Maßnahme ihn nicht zum Nachgeben zwingen konnte, in ein Erdloch geworfen, einen Kerker in der Festung Artaschat. Sie wird bis heute Schlangenhöhle — Chor virap — genannt und Pilgern gezeigt, die mit erschaudernder Achtung davon erzählen. Unter der darüber gebauten Kirche steigt man an senkrechten Stahlleitern in die Höhle des Gefangenen hinunter, zündet Kerzen an und betet. Von den vielen Berührungen der Pilgerhände haben die Wände glatte, tiefe Mulden der Volksfrömmigkeit bekommen, einer orientalischen, im besten Sinne sinnlichen Frömmigkeit.

Durch die Fürsorge einiger Christen verhungerte Gregor dort wider Erwarten nicht, sondern blieb für seinen künftigen großen Auftrag am Leben. Das Motiv der drastischen Läuterung für eine außerordentliche Aufgabe, das sich in vielen Lebensgeschichten von erleuchteten „Erleuchtern" findet, ist auch hier überdeutlich. Zwölf bis fünfzehn lange mühsame Jahre soll seine Gefangenschaft gedauert haben.

In dieser Zeit war eine Gruppe von drei Dutzend Nonnen unter der Führung ihrer Äbtissin Gayane auf der Flucht vor den Verfolgungen Kaiser Diokletians aus römischem Gebiet geflohen und in die armenische Hauptstadt Vagharschapat gekommen. Eines der Mädchen, Hripsime, fiel dem König durch ihre außergewöhnliche Schönheit auf. Doch widerstand sie seinem begehrlichen Ansinnen, sie neben seiner Gattin Aschkén zu seiner Frau zu machen. Als Hripsime in ihrem Zurückweisen festblieb, war ihr Schicksal besiegelt: sie selbst, die Äbtissin und alle Gefährtinnen wurden zum Tode verurteilt. Die schlichtere Gayanekirche und die herrliche Hripsimekirche bei Edschmiatsin, nicht weit von Jerewan, mit ihrer blütenähnlich gewölbten und geschmückten Kuppel erinnern in ihrer makellosen Bauform an die Blutzeugenschaft dieser jungen Frauen ebenso wie die Hripsimekapelle im armenischen Viertel in Jerusalem und die Klosterruinen von Sankt Hripsime und Gayane in der alten verlassenen Hauptstadt Ani an der türkisch-sowjetischen Grenze, dicht am tief eingeschnittenen, laut rauschenden Fluß Achuran, der die Trennungslinie zwischen der Türkei und Sowjetarmenien bildet. Dort liegt auf einem Felsvorsprung tief unten, von den Moscheeresten aus betrachtet, neben dem Rest einer Brücke mit seinem fein geriffelten „Zitronenpressendach", was noch von Kirche und Kloster übriggeblieben ist. An den Wiesenhängen hinunter zum rostbraunen und sandfarbenem Gemäuer wogen im Mai im Wind feine Blütenschleier aus Kerbel, ein Schimmer von schwebendem Weiß für die Schleier von Hripsime, Gayane und all die anderen Jungfrauen, die ihrer Liebe zu Christus wegen ihr Leben gelassen haben.

König Trdat bekam seine Untat schlecht. Er begann bald darauf an einer entstellenden Hautkrankheit und an tiefer Niedergeschlagenheit zu leiden. Nach zeitgenössischen Quellen sah er aus wie ein Wildschwein und benahm sich auch so. Niemand konnte ihn heilen, weder seine körperlichen Qualen noch seine Depressionen. Allein Prinzessin Chosroviducht — Tochter des Chosrov — wußte Rat. Sie bewegte ihren Bruder, draußen in Chor-virap endlich den gefangenen Gregor zu begnadigen und ihn als Helfer heranzuziehen. Sie neigte nämlich selbst dem Christentum zu und hatte vom erstaunlichen Überleben des Gefangenen gehört. Gregor kam und heilte den König nicht nur kraft seines Gebetes, sondern sein Auftreten und Handeln war so überzeugend, daß Trdat samt seiner Gattin und der Schwester zum christlichen Glauben kam und um das Jahr 301 — die Zeitangaben schwanken — mit vielen Mitgliedern des Hofes am Fluß die Taufe empfing. Ihnen schloß sich eine große Menschenmenge aus dem Heer und dem Volk an. Der Grundstock für das Christentum als Staatsreligion, zu dem es der König bald erklärte, war gelegt. Gregor, den man nun „Lusaworitsch", den

Erleuchter, nannte, wurde zum Oberhaupt der armenischen Kirche, zu ihrem ersten Katholikos, wie die Oberbischöfe vom 5. Jahrhundert an genannt wurden. Der Erzbischof von Cäsarea, Leontius, spendete ihm um 314 (oder eher) die Bischofsweihe und damit den neuen Titel, der bis heute gebräuchlich ist.

Aufgrund einer Lichtvision, so wird berichtet, hat Gregor dann den Bauplatz der Kathedrale des obersten Patriarchensitzes bestimmt: Edschmiatsin, das bedeutet: der Eingeborene stieg herab. Nach mehreren Verlegungen an andere Orte ist Edschmiatsin seit Jahrzehnten wieder Sitz des Katholikos aller Armenier, heute Vasken I., ein 1908 in Rumäniens Hauptstadt Bukarest geborener Priester.

Es begann nun eine Zeit des Aufbaus, der Organisation und Konsolidierung der jungen Kirche, obwohl ihr gerade aus den Reihen der heidnischen Priesterschaft begreiflicherweise erbitterter Widerstand entgegengesetzt wurde. Doch wo Gregor sie gewinnen konnte, weihte er heidnische Priester feierlich zu christlichen Priestern und Bischöfen, ließ er sie in armenischer Sprache die neue Lehre ausbreiten und vertraute ihnen wichtige Aufgaben an. Doch Konflikte konnten nicht ausbleiben. Es dauerte Jahrzehnte, bis das Christentum in Armenien heimisch und zur allgemein prägenden Kraft wurde.

Von der gründlichen Zerstörung aller heidnischen Tempel wurde nur — auf Chosroviduchts ausdrückliche Bitte hin — die im kargen Hochgebirge gelegene königliche Sommerresidenz mit ihrem großartigen Säulentempel in *Garni,* nicht weit südlich vom heute sowjetischen Sewan-See, ausgenommen. Nach der Restaurierung vor wenigen Jahren ist dieser einzige erhaltene Tempel jener Zeit ein eindrucksvolles Zeugnis griechisch geprägter Baukunst weit im Osten Armeniens in schwer zugänglicher Bergwildnis. Aus seinem Kernstück, der Cella, wurde eine christliche Kapelle.

Gegen Ende seines überaus tätigen Lebens zog sich Gregor vom Hof und vom Adel zurück und suchte die Einsamkeit der Berge. Die vielen Aufgaben, die er noch ungelöst vor sich sah, sollte die armenische Kirche weitergedeihen, legte er dar in den Schriften seiner letzten Lebensjahre, die tatsächlich auf seine Mitarbeiter und Schüler nachhaltig gewirkt haben müssen und so für das Fortbestehen seines Werkes wichtig waren. Gregors unverheirateter Sohn Aristakes wurde nach dem Tode seines Vaters zu dessen Nachfolger ernannt. Auch er hatte bereits eremitisch gelebt und eigene Erfahrungen im Mönchtum gesammelt, das der Kirche — wie überall, so auch hier — reiche geistliche Schätze eintrug. Er war beim Konzil von Nikäa, das Kaiser Konstantin 325 einberufen hatte, selbst anwesend und unterschrieb die Konzilsbeschlüsse mit. Noch über ein weiteres volles Jahrhundert, bis zum Konzil von Chalkedon im Jahr 451, zu dem die Armenier wegen des persischen Kriegsüberfalles keinen Vertreter schicken konnten, gehörte die apostolisch-armenische Kirche zur Catholica der ungeteilten Christenheit.

2. *Schrift, Sprache, Literatur als geistige Heimat*

Ein wesentlicher Schritt zur Ausformung der armenischen Kirche als Nationalkirche, die sich gegen alle bedrohlichen Einflüsse von außen in beispielloser Treue behaupten konnte, war die frühe Schaffung eines eigenen Alphabets, das schon um das Jahr 406 abgeschlossen vorlag. Koriun, ein Zeitgenosse seines „Erfinders", würdigt diese Leistung in der Biographie, die er von seinem Meister schrieb. Simon Weber, der Koriuns „*Beschreibung des Lebens und Sterbens des heiligen Lehrers Mesrop*" 1927 in München veröffentlicht hat[3], nennt diese „ein einzigartiges Denkmal von der Entwicklung des Christentums und seiner religiösen Einrichtung beim haikanischen Volke voll Ursprünglichkeit und Frische im Segen des Kreuzes". Der Verfasser, Koriun, der als Schüler Mesrops ihm ein begeistertes und dankbares Loblied singt, war offenbar beim Tode seines verehrten Lehrers und auch dem des Bischofs Sahak anwesend, mit dem Mesrop eng zusammengearbeitet hatte. Die ganze Biographie ist ein höchst lebendiges zeitgenössisches Bild von der durchschlagenden Wirkung der Bemühungen des Meisters um die armenische Schrift. Die folgende knappe Zusammenfassung kann davon nur wenig wiedergeben.

Zunächst begründet Koriun ausführlich die Niederschrift dieser Lebensgeschichte damit, daß er Zeugen des Alten und des Neuen Bundes dafür anführt: ein solches Unternehmen diene keinesfalls *„zur eiteln Schaustellung des Lobes, sondern ... als Vorbild und Regel für die Kommenden"*. Es gehe bei Heiligenbiographien um Modelle der Christusnachfolge, die den Lesern *„zur Vollendung des Guten"* helfen können. Seitenlang rechtfertigt Koriun sein Vorhaben, ein damals noch seltenes Exemplar einer individuellen Lebensgeschichte zu schreiben. Er hält dies für notwendig, bevor er *„das Vertrauen (schöpft), das Leben des gerechten Mannes in Angriff zu nehmen"*.

Er stellt ihn vor als Maschtots aus der Provinz Taron. Der häufig ebenfalls gebrauchte Name Mesrop, den Moses von Chorene mit Vorliebe verwendet, ist im Abendland der gebräuchlichere geworden. Oft werden beiden Namen zusammen, wie ein Doppelname, genannt.

Über Mesrops Jugend, in der er *„in Diensten der königlichen Kanzlei als Beamter der königlichen Regierung"* verwaltungstechnische und militärische Kenntnisse und Fertigkeiten erwarb, geht er rasch hinweg. Wichtiger ist ihm, daß Mesrop bald *„seine Aufmerksamkeit mit Eifer der Lesung der göttlichen Schriften"* widmete, *„Erleuchtung"* gewann und sich *„losriß vom Dienste des Fürsten"*. Sein Entschluß war radikal: Denn *„den Geboten ergeben, reihte er sich unter die kreuztragende Schar Christi und trat darauf rasch in den Orden der Einsiedler"* ein. Begeistert und bewundernd schildert sein Biograph die Härte der Askese Mesrops, des jungen Mönches. Sein erster Auftrag war *„das Werk der Verkündigung des Evangeliums"* im nördlichen Teil des Königreiches Vaspurakan, der ihm deutlich machte, wie dringend notwendig die Entwicklung einer eigenen Schrift für das Armenische war, wollte er erreichen, „daß der von Christus gebrachten Erlösung alle Seelen teilhaftig würden". Seine eingehende Beratung über diese Fragen mit dem Katholikos Sahak, den er nach langem Nachdenken aufsuchte, führte dazu, daß beide gemeinsam dem König Vramschapuh ihr Vorhaben mitteilten. Sie konnten seiner Unterstützung von Anfang an sicher sein. Erste Erprobungen einer Schrift, die sie *„von einem vornehmen Syrer, einem Bischof"* namens Daniel erhielten, brachten das Ergebnis, daß diese Schriftzeichen für die korrekte Wiedergabe der armenischen Sprache nicht genügten. So ging die intensive Suche weiter.

Zusammen mit einer Schar Knaben reiste *„der ehrwürdige Maschtots"* auf Befehl des Königs nach Syrien in die Städte Edessa und Amida, heute Urfa und Diyarbakir. Eingeordnet in den klaren, beständigen Rahmen monastischen Betens *„unterzog er sich vielen Mühen, um seinem Volke eine Förderung im Guten zu gewinnen"*. Durch seine geistbeflügelte sorgfältige sprachwissenschaftliche Arbeit schuf er *„die Schrift für die armenische Sprache. Und nun zeichnete er sie sogleich auf, benannte sie und ordnete sie und verband sie zu Silben und Verbindungen ..., paßte sie zurecht, die feineren, die kurzen und die langen, die selbständigen und die Doppellaute."*

In kluger Verbindung seiner Forscher- mit pädagogischer Tätigkeit gab er die gewonnenen Erkenntnisse gleich an Schüler weiter, die sich mit ihm zusammen sofort an die große Aufgabe der Übersetzungen machte. Bezeichnenderweise wählte er als erstes Stück dafür die Sprüche Salomons mit der Bitte um *„Weisheit und guten Rat"*. Ein wichtiger, zukunftsweisender Schritt war erreicht.

„Von gastlichen Herbergen auf der Durchreise unterstützt, kam er mit Glück und geistiger Freude ins Land Armenien in die Gegenden der Provinz Ararat ..." Mit Freude wurde er daheim aufgenommen, mit Eifer unterstützten König und Bischof seine Pläne. Erfüllt von dem Wunsch, die Frohe Botschaft zu verbreiten, war Mesrop Maschtots unermüdlich im Übersetzen, Schreiben und Lehren.

Die Wirkung seine Tuns schildert Koriun geradezu überschwenglich: *„In dieser Zeit wurde das selige und geliebte Land der Armenier ohne Maßen wunderbar; denn in ihm fand sich unerwartet der Lehrer des Gesetzes Moses mit der Schar der Propheten, der Führer Paulus mit der ganzen apostolischen Schar, und damit das weltbelebende Evangelium Christi in gemeinsamer Ankunft durch die beiden gleichgroßen Genossen in* *armenischer Sprache und armenischem Laute*". Der Unterricht blühte und gedieh, lernbegierige Schüler kamen in Scharen, Mesprops Predigten erfrischten die nach der christlichen Botschaft verlangende Bevölkerung. „*Es strömten ihm auch von selbst aus allen Gebieten und Provinzen des armenischen Landes ermuntert und aufgeweckt die Leute zum offenen Quell der Wissenschaft Gottes zu. Denn in der Provinz Ararat, in der Residenz des Königs und des Hohenpriesters waren den Armeniern die Gnaden der Gebote Gottes erquollen.*" Mit Staunen liest man, wie einig sich politische und religiöse Autoritäten des Landes in den Dienst desselben Zieles stellten. Bis heute sind die gemeinsame Sprache und die Feier des armenischen Gottesdienstes ein wesentliches Element der Zusammengehörigkeit aller Armenier in der Diaspora. Diejenigen, die ihre angestammte Kultur, auch die religiöse, nicht mehr pflegen, gehen erfahrungsgemäß rasch in der Bevölkerung der Gastgeberländer auf.

Damals waren Organisation und Aufbau der Bildungsarbeit weitgehend an Klöster delegiert. Lapidar heißt es an einer Stelle des Berichts von Mesrop: „*Dann erfüllte er das Land ... mit Abteilungen von Mönchen.*" Die einigende Kraft der gemeinsamen Sprache wurde vor allem im Gottesdienst unmittelbar spürbar. Hatte man vorher in griechischer und syrischer Sprache mit Hilfe von Dolmetschern die heilige Liturgie gefeiert, über lange Strecken hinweg auch unübersetzt und damit für das einfache Volk unverständlich, so wurden jetzt die Wahrheiten des Heils in der Muttersprache verkündet, gesungen und gelesen. Wo ein Armenier in dieser Sprache mit anderen zusammen Gott anrufen kann, da ist er zu Hause, auch heute, auch in der Fremde.

Konstantinopel war eines von Mesrops Reisezielen, ein anderes „*die Gegend der Iberer*", das heutige Georgien, für die er ebenfalls „*eine geordnete Buchstabenschrift der iberischen Sprache*" erfand, dann „*das wilde und träge und rohe Land der Albanier*" und manche Städte unterwegs, wo er „*Trost spendete, um geistliches Verlangen zu verbreiten.*" Das damalige Albanien lag im Unterschied zum heutigen östlich des Kaukasus am Kaspischen Meer.

Er selbst, der Katholikos Sahak und der durch seine Schriften wider die Irrlehren berühmt gewordene Eznik aus dem Dorfe Kolb übersetzten aus der syrischen und griechischen Sprache die Überlieferung der heiligen Väter, nachdem als erstes die Bibelübersetzung abgeschlossen war. „*Vieler heiliger Erzväter wahre Weisheit*" wurde so dem armenischen Volk zugänglich, durch Predigten und Unterricht ausgelegt, in Seelsorge umgewandelt, in tägliches christliches Leben assimiliert. Die wahrhaft umfassende Heilssorge Mesrops für die Menschen beschreibt Koriun — sicher idealisierend — so: „. . . *zu allen Zeiten seines Lebens, im Sommer und Winter, Tag und Nacht, ohne Erschlaffung und ohne Verzögerung*" trug er „*den alle erlösenden Namen Jesu mit sich. Und jede mit Christus bekleidete und geistige Seele wappnete er, und vielen Eingekerkerten und Gefesselten und von Gewalthabern Bedrängten schaffte er Befreiung und entriß sie mit der furchtbaren Gewalt Christi. Und viele ungerechte Verfügungen zerriß er. Viele Betrübte und Kleinmütige bestärkte er durch die trostvolle Belehrung zur erwartungsvollen Hoffnung auf die Offenbarung der Herrlichkeit des großen Gottes, unseres Erlösers Jesus Christus. Die gesamte Ordnung für den Dienst Gottes gestaltete er mit einem Male um.*"

Daß er daneben das Mönchsleben tatkräftig förderte, Klöster gründete, Skriptorien einrichtete, selbst in der Einsamkeit der Berge sich zum Gebet zurückzog und dann um so wirksamer seinen vielfältigen Diensten nachging, gehört ebenso zu den wesentlichen Zügen seines Erbes wie sein klarer Geist der Unterscheidung, wenn er um Beurteilung und Widerlegung von Irrlehren gebeten wurde.

Nach dem Tode des greisen Sahak, von dem er „*mit tiefer Trauer*" und „*wehmutsschwerer Betrübnis*" hörte, übernahm er bis zur Regelung der Nachfolge Sahaks dessen Amt mit Ernst und in überzeugender Lebensführung.

Doch bald kam auch für ihn „*die Vollendung*" seines Lebens. Er erkrankte und wurde „*inmitten seiner ergebenen Jünger weggenommen*". — „*Erleichtert und erfrischt*" saß er „*aufrecht inmitten der Versammlung, und er erhob die Hände beständig ausgestreckt zum Himmel*". Dabei habe sich ein „*wunderbares Gesicht*" gezeigt: „*eine einem Kreuze ähnliche, leuchtende und strahlende Gestalt über dem Hause, in welchem der Selige entschlief*". Diese sei dem singenden Beerdigungszug vorangegangen und als „*lichtbringendes Kreuzbild*" bis zum Abschluß der vorgeschriebenen Gedächtnisfeierlichkeiten „*von jedermann mit eigenen Augen gesehen*" worden. Drei Jahre später baute man über seinem Grab, nicht weit von Vagharschapat, eine „*herrliche Kapelle*".

Koriun schließt beschwörend, daß er diese Nachrichten nicht etwa aus zweiter oder dritter Hand habe, sondern daß er selbst „*Augenzeuge*" war und „*gegenwärtig bei den geisterfüllten Werken*" und daß er sie aufgezeichnet habe „*zum stärkenden Vorbild*" für die geistigen Söhne des Heiligen, bis in alle Zukunft. Sein letztes Wort in dieser Sache: „*Christus, dem menschenliebenden, sei Ehre in Ewigkeit. Amen.*"

Durch Mesrops Lebenswerk war die entscheidende Voraussetzung gegeben, auf seiner Grundlage der eigenständigen Schriftsprache nicht nur im Gottesdienst die Landessprache zu benutzen, was sich als wohltuend einigendes Band erwies, sondern auch eine selbständige armenische Literatur zu schaffen. Abgesehen von den Übersetzungen aus dem Syrischen und Griechischen, vor allem aus den Schriften der Kirchenschriftsteller, entwickelte sich eine originale Dichtung aus armenisch-christlichem Geist, der Farbe und Form der geschichtlichen Erfahrungen verschiedener Epochen durchdringt und gestaltet, ob es sich um Hymnen oder Lebensgeschichten, exegetische, d. h. bibelauslegende, oder geschichtliche Abhandlungen, philosophisch-theologische Werke oder die Niederschrift mystischer Erfahrung handelte[4]. Die erste Hälfte des 5. Jahrhunderts wird mit Recht das „*goldene Zeitalter der armenischen Literatur*" genannt.

Es ist völlig unmöglich, hier auch nur annähernd die Bedeutung dieses ersten starken Impulses für die folgenden Jahrhunderte armenischer Literatur darzustellen. Es kann nur um Hinweise gehen, die Freude wecken möchten an näherer Beschäftigung mit den Schätzen der armenischen Literatur, nur um das Vorzeigen von Bruchstücken und Bausteinen, die aufs Ganze schließen lassen[5].

Mesrop Maschtots hatte die dringende Notwendigkeit erkannt, dem neu christianisierten Volk inmitten heidnischer Umwelt die Bibel in der Landessprache in die Hand zu geben und ihm damit den „*Atem Gottes*" einzuhauchen, wie die Bibel im Armenischen heißt. Sie heißt nicht einfach „Buch" — biblia —, auch nicht „Heilige Schrift", sondern „*Astvatsaschuntsch Matean*", „*Atem Gottes*", göttlich inspiriertes Buch. „*Wenn ein Volk unausrottbares Verlangen nach überströmendem Leben hat*", schreibt der armenische Erzbischof von New York, Tiran Nersoyan, „*dann muß es an Gottes Atem teilhaben, von dem es von Anfang an, seit seiner Geburt, belebt war. Dieser Atem kann durchs Wort empfangen werden.*"[6] Sicherlich in Anlehnung an die Formulierung des Paulus im zweiten Brief an Timotheus (3, 16) geschah diese sinnvolle Namengebung für das Buch der Bücher: Atem Gottes.

Die meisterliche Bibelübersetzung und die der Kirchenväter blieben die Quelle für alle spätere eigenständige Sprachentwicklung. Das genau und vollständig alle phonetischen Eigenarten des Armenischen wiedergebende Alphabet blieb das Baumaterial dazu, lebendig bis heute und nur geringfügig ergänzt. Dies war das Fundament. Darauf konnten kommende Epochen sicher weiterbauen. Die schöpferischen Anregungen aus der Übersetzungsarbeit bewirkten offene und wache Auseinandersetzung mit zeitgenössischen Geistesströmungen und zugleich wachsende innere Unabhängigkeit von Nachbarn und Gegnern. Stürmisch entwickelte sich ein literarisches Schaffen, das nach Kennerurteil ein wesentlicher Beitrag zum Wachstum der Christenheit ist, gesättigt und durchtränkt vom Glauben des Volkes, das seine Geburt als Nation zusammen mit der Geburt seiner Kirche feiert.

Namen, die noch fremd sind, sagen nichts aus. Namen armenischer Autoren sind bei uns unbekannt und entsprechend nichtssagend. Dennoch seien einige wenige zusammen mit den Werken genannt, die zu ihnen gehören und die bedeutsam sind für das Selbstverständnis der armenischen Glaubensgemeinschaft und damit der ganzen frühen Kirche. Vielleicht öffnen sie eine Tür . . .

Der schon im Lebensabriß Mesrops erwähnte *Eznik von Kolb* wurde bekannt durch Verteidigungsschriften gegen Heiden und griechische

Philosophen, gegen Irrlehrer und Andersgläubige. Daher der Titel seines Werkes: *„Wider die Irrlehren“*[7]. Als Mitübersetzer der armenischen Bibel und der Kirchenväter hatte Eznik schon aktiv am Werk der Sprachgestaltung des Glaubens teilgenommen. Aufgrund dieser Vorarbeiten und seines umfassenden Wissens über die unterschiedlichsten philosophischen und theologischen Probleme seiner Zeit stellte er in geschliffenem Armenisch griffig und klar die Standpunkte der Gegner und dazu seinen wohlbegründeten eigenen dar. Besonders das zweite Buch, seine Widerlegung der Religion der Perser, trägt dazu bei, die heftigen religiösen Auseinandersetzungen zu verstehen, die Armenien als christliche Nation schließlich in den ersten Glaubenskrieg gegen die „Feueranbeter“ der östlichen Machthaber führte. Seine Themen sind auch heute noch aktuell. Sie werden von Eznik in scharfsinniger Weise dargelegt und beurteilt: der Ursprung des Bösen, falsche Astrologie, Träume und Traumdeutungen, der Sinn der Schöpfung und der Platz des Menschen in ihr, um nur einige zu nennen. Oft wurde dieses schmale, doch hochgeschätzte Werk seither von Gelehrten studiert, auch in andere Sprachen übersetzt und zur Klärung von Standpunkten als eine Art Handbuch praktisch genutzt.

Fast ein halbes Jahrtausend später, im 10. Jahrhundert, schrieb im Kloster Narek südlich des Vansees ein Mönch Lieder und Gedichte, Gebete und Hymnen, die weit über Armenien hinaus Geist und Herz ihrer Leser ergriffen und zum Teil ins tägliche Gebet der armenischen Kirche eingegangen sind. *Gregor von Narek* gilt als *der* Mystiker unter den Autoren seiner Zeit. Sein Hauptwerk, die *„Klagegesänge“*, Zwiegespräche mit Gott in eindringlichster Form, galten so viel unter den Gläubigen, daß dieses Buch jahrhundertelang von ihnen als Schutz gegen die Mächte des Bösen nachts unters Kopfkissen gelegt wurde und daß man es als Segenskraft bei Schwerkranken vorlas. Der Ruf der Heiligkeit des Verfassers war zu seinen Lebzeiten und danach so weit verbreitet, daß man ihn einen *„Engel in Menschengestalt“* genannt hat. Er kannte tiefe Niedergeschlagenheit und unsagbare Freude, bittere Reue und überschwengliche Dankbarkeit für die Gnade und den göttlichen

Funken des Geistes. In der Gegenwart Gottes erkannte er wie in einem unerbittlichen Spiegel die menschliche Gebrochenheit und Bedürftigkeit, aber er stellte sich ihr ehrlich und erfuhr selige, unzerstörbare Freude, wurde erfüllt von Frieden, Ruhe und bleibendem Trost. Nur ein kleines Beispiel vom Reichtum seines bilderreichen Ausdrucks: es ist ein Abschnitt aus dem Nachtgebet der Mönche, aus der Komplet, die den Tag beschließt und „voll-endet", wie das Wort sagt. Im klösterlichen Gebetbuch hat es noch heute seinen festen Platz.

„Grabe mit dem Kreuzeszeichen deinen Namen
auf den Türbalken meines Hauses.
Bedecke mit deiner Hand
das Dach meiner Behausung.
Bezeichne mit deinem Blut
Vorhang und Treppenstufen meiner Zellentür.
Drücke dein Siegel
auf die Fußspuren deines Bittstellers.
Schütze mit deiner Rechten
das Bett, auf dem ich ruhe.
Glätte jede Falte
der Decke meines Bettes.
Verteidige mit deiner Willenskraft
meine Seele in ihrer Angst.
Erhalte unversehrt
den Atem, den du meinem Leib gegeben hast.
Stelle rings um mich auf
die Truppen deiner himmlischen Streitmacht.
Ordne sie zu einer Schlachtlinie
gegen die Dämonenbande.
Gib mir süße Ruhe
in meinem Schlaf, der dem Tod so ähnlich ist,
längs dieser ganzen tiefen Nacht
durch die Fürbitte deiner heiligen und göttlichen Mutter

und aller deiner Erwählten.
Versetze in voller innerer Sammlung
meinen Gesichtssinn wie in einen Schutzraum,
meine Fähigkeit zur Erkenntnis.
Wolle sie mir im Frieden bewahren
und frei von allem Erschrecken . . ."[8]

Auch *Nerses Schnorhali,* wörtlich der Begnadete, schrieb Hymnen, die zum festen Bestandteil der armenischen Literatur wurden und auf diese Weise weiterleben im Gottesdienst. Er war in gleicher Stärke Theologe und Dichter. Im armenischen Buch der Hymnen gelten die seinen als die schönsten. Man muß sie gesungen hören von einem der Chöre, die sie als klingende Lob- und Flehrufe aufsteigen lassen. Geschriebene Worte sind zu armselig, um die Stimme des begnadeten Nerses zu hören.

Ein gelehrter Glaubensverteidiger Armeniens sei noch genannt, der weit im Osten des Landes, im Kloster Tatew, seine scholastische Gelehrsamkeit entfaltete und von dort aus in aller Schärfe gegen die Bestrebungen anschrieb, die römisch-katholische Ordensleute unternahmen, um als „Unitoren" die armenische Kirche zu latinisieren und ihrem Machtbereich einzuverleiben. So begeistert Nerses Schnorhali die Einheit der Christen beschworen hatte, so erbittert wandte sich *Gregor von Tatew* gegen die römische Missionierung, die er als beleidigenden Angriff auf seine Kirche verstand. Sein *„Buch der Fragen"*, das man wegen seiner Methode von Frage und Antwort oft mit Thomas von Aquins „Summa theologica" verglichen hat, machte ihn zum Vorkämpfer und Anführer einer Verteidigungsbewegung gegen die römischen Eindringlinge. Er lieferte — aus begreiflichen Gründen — das intellektuelle Werkzeug, um die traurige Spaltung zwischen Ost- und Westkirche noch zu vertiefen. Werden wir Heutigen im 20. Jahrhundert es noch erleben, daß die begonnene Versöhnung zur Einheit aller führt, die den Namen Christi tragen?

Zur Basis der Einheit gehört für jeden gläubigen Armenier die Sprache seiner Väter. *„Mesrop! Du stehst als unerschütterlicher diamantener Fels gegen die Zeit"*, dichtet Siamanto († 1915) dem Erfinder des armenischen Alphabets zu Ehren. Als Leuchtturm preist er ihn in seinem langen Gedicht *„Der Glanz der Erfindung"*. Als Weizenfeld und Brot, als Traube und Wein besingt er ihn, als unermüdlichen Arbeiter, der durch Beten und Fasten die Vision der armenischen Schrift erfleht hat, als Regenbogen göttlicher Liebe. Er redet ihn an als leidenschaftlich glaubenden Mönch, als Gottesmann, als Bruder des Verstandes und Schwester der Harfe, der ihn doch von seinem Becher einen Tropfen trinken lassen möge. Unvergessen bleibt Mesrop, dessen Bild groß in Stein gehauen vor der größten armenischen Handschriftensammlung der Welt, dem Matenadaran in Jerewan, steht.

Silvia Gaboudikian schreibt an ihr Kind, als es zu sprechen beginnt:

„. . . Höre, mein Kind, dies ist eine Botschaft aus der Seele deiner Mutter, wo sie am tiefsten ist:
Von heute an übergebe ich in deine Hände die armenische Sprache und ihre Schätze.
Sie hat den besternten Himmel der Zeit überquert,
sie ist mit dem Pfeil der armenischen Soldaten geflogen,
und durch den Genius Mesrop wurde sie in Buchstaben und Pergament verwandelt.
Sie wurde Hoffnung und Flagge und hat uns auf unserem Weg bewahrt."

Sie ist die Sprache der Klage, fährt die Dichterin fort, und die Sprache mütterlicher Wiegenlieder, aber auch die Sprache kämpferischer Schlachtrufe. Und sie bittet ihren Sohn:

„Halte sie hoch und rein,
wie den Schnee vom Ararat.
Birg sie an deiner Brust wie die Reliquien deiner Vorfahren.
Verteidige sie mit deinem Leben vor dem Schlag des Feindes,

als ob du deine Mutter verteidigen würdest . . .
und, mein Sohn, wo immer du bist,
und wie lange auch immer du noch unter diesem Mond wanderst,
selbst wenn du deine Mutter vergessen würdest –
vergiß nicht deine Muttersprache."[10]

Zur Sprache der Armenier als ihrer geistigen Heimat komme schließlich noch ein Lyriker zu Wort, der erst 1913 geboren wurde, im Alter von zwei Jahren durch die Massaker in der Türkei seine Eltern verlor, in Beirut aufwuchs und, nach Studien in europäischen Städten, dort lehrt, wo sich die schon bestehenden Gemeinden im Libanon durch viele Vertriebene vermehrt haben. Im Jahr 1936 schrieb Moushegh Ishkhan:

Die armenische Sprache

Die armenische Sprache ist Heimat und Hafen.
Dort gehören dem Wanderer zu eigen
Dach und vier Wände und Nahrung.
Er kann eintreten und findet Liebe und Stolz,
ausgeschlossen sind draußen Hyänen und Sturm.
Jahrhundertelang haben ihre Erbauer sich abgemüht,
ihre Räume hoch zu wölben.
Wieviele Bauern, die Tag und Nacht gearbeitet haben,
füllten die Schränke dieser Sprache,
hielten ihre Lampen brennend, ihre Öfen warm.
Immer wieder verjüngt, immer alt, so dauert sie
Jahrhundert um Jahrhundert auf dem Pfad,
auf dem jeder Armenier sie finden kann,
seine Heimat, wenn er verloren ist
in der Wildnis seiner Zukunft oder seiner Vergangenheit."[11]

III. IM KREUZ DER LEBENSBAUM

1. Kirche der Märtyrer

Mit der Aufteilung Armeniens unter Römer und Perser im Jahre 387 begann für die unter persischer Herrschaft lebenden Armenier ein harter Kampf ums Überleben als Christen[1]. Politische und kirchliche Differenzen, Intrigen zwischen Herrschern und ihren Satrapen, d. h. altpersischen Statthaltern der Provinzen, Machtkämpfe und unlautere Mittel zur Verfolgung politischer Ziele hatten schließlich zu jenem Vertrag geführt. Kaiser Theodosius der Große teilte Armenien mit dem persischen König Schapur III. zugunsten der Sassaniden. Sie waren ein persisches Herrschergeschlecht, Nachkommen des Priesters Sassan, das von 224 bis 651 an der Macht war. Für die Verwaltung Westarmeniens wurde ein oströmischer Gouverneur bestellt; und den östlichen Teil regierten von Vagharschapat aus weiterhin Arsakidenherrscher, bis diese Dynastie mit dem Tode von König Artasches (423-428) ihr Ende fand. Beide Landesteile waren durch den gemeinsamen Glauben, der nach der gewaltigen Arbeit Mesrops und Sahaks in gemeinsamer Sprache gefeiert und gelehrt werden konnte, fest miteinander verbunden.

Am Sassanidenhof beobachtete man die religiösen Aktivitäten in Armenien mit wachsendem Unbehagen, die starke nationale Eigenständigkeit des Vasallenstaates mit Mißtrauen. Die armenischen Christen wurden als Parteigänger Roms betrachtet. Zu ihrer Unterwerfung unter die Persermacht gehörte, so meinte man, daß sie dieselbe Religion annahmen wie ihre Beherrscher, nämlich den zarathustrischen Mazdaismus.

Ihren Namen hat diese Religion von ihrem prophetischen Stifter Zarathustra (griechisch Zoroaster) und ihrem guten Gott Ahura Mazda, dessen Gegenspieler der böse Geist Ahriman ist. Damit ist schon der grundsätzliche Dualismus angedeutet, der die Lehre des Propheten kennzeichnet, und zwar in doppelter Weie: einerseits zwischen geistiger und körperlicher Welt, andererseits zwischen guter und böser Welt. In die Kampfsituation, die sich daraus ergibt, ist der Mensch mit seiner Entscheidungsfähigkeit und -kraft vor die Wahl gestellt, wem er dienen will. Er wird damit viel ernster zur Verantwortung gezogen als in der vorausgegangenen Volksreligion. Er hat Anteil daran, daß der Sinn der Welt verwirklicht wird, nämlich das Reich des Ahura Mazda herbeizuführen, in dem alle Mächte des Bösen endgültig besiegt sind und nur noch das Gesetz des Guten herrscht. Der Widerstreit von Licht und Dunkel spielt in der heiligen Schriftensammlung des Mazdaismus, dem *Avesta,* darum eine wesentliche Rolle. Das Feuer wird als göttliche Gabe kultisch verehrt — daher die Feuerheiligtümer des Iran und die oberflächliche Bezeichnung der Perser als *„Feueranbeter"*. Die widrige Welt des Dunklen wird von koboldhaften bösen Wesen, den Devs, bevölkert, die auch in armenischen Legenden und Märchen auftauchen und ihr Unwesen treiben.

Zarathustra, der *„starke Spender allen Lebensglückes, der erste Prophet der iranischen Länder"*, wie ihn das Avesta im 76. Abschnitt nennt, soll 569 v. Chr. im heutigen Afghanistan geboren worden sein. Noch in unserem Jahrhundert hat er mit seiner Lehre starken Eindruck auf viele Menschen gemacht, vor allem durch die hymnische Verehrung Friedrich Nietzsches. Wenn sich auch die Armenier leidenschaftlich dagegen gewehrt haben, sich den zarathustrischen Mazdaismus aus politischen Gründen aufdrängen zu lassen, und ihrem Glauben treu geblieben sind, so sind doch manche seiner Züge in die Vorstellungswelt der Nachbarvölker des Iran eingesickert und haben vielleicht mit den Weg bereitet für die spätere Überflutung durch den Islam.

Mit allem Nachdruck betrieb Yadzegert II., der 438 den Sassanidenthron bestiegen hatte, die Einigung des gesamten Reiches unter seinem Szepter, wie er meinte, notwendigerweise auch unter der Religion der Perser. Er beorderte den Generalgouverneur Armeniens, Fürst Wassak von Siunik, und die Vertreter der ersten Adelsfamilien des Landes, unter anderen den General *Vartan Mamikonian,* an seinen Hof in Ktesiphon, südlich von Bagdad, und forderte sie auf, den christlichen

Glauben abzulegen und den Mazdaismus in Armenien auszubreiten. Die Fürsten erkannten, daß sie in eine Falle geraten waren. Was sollten sie tun? Weigerten sie sich, den Wünschen des Herrschers zu entsprechen, stand ihnen ein schlimmes Ende bevor, während ihre Familien in der Heimat gefährdet und das Land einer Gewaltbekehrung schutzlos und unvorbereitet ausgesetzt waren.

Um Zeit zu gewinnen, schützten sie vor, mit dem Vorschlag der Perser einverstanden zu sein, kehrten mit reichen Belohnungsgeschenken nach Hause zurück und bereiteten unverzüglich den Widerstand gegen die aufgezwungene Religion vor. Die siebenhundert Priester des Mazdaismus, die der Herrscher ihnen als künftige Missionare mitgegeben hatte, trugen ihre Sonnen- und Feuersymbole im vermeintlichen Triumph ins Land. Aber in den Ebenen von Bagrevand, am Araxeslauf zwischen Erzurum und dem Ararat, wurden sie von der wütenden bewaffneten Bevölkerung, die vom Erzpriester St. Gevond angeführt wurde, angegriffen, getötet oder zerstreut. Ein Jahr war zugestanden worden — August 450 bis August 451 — für die Umwandlung des Christentums in die persische Religion. Ein Jahr brauchten die Armenier, um ihren Widerstand zu organisieren und unter Vartan Mamikonian, einem Enkel des Katholikos Sahak, sich militärisch gegen die persische Zumutung eines Religionswechsels zu wehren.

Von Byzanz im Stich gelassen, von dem verräterischen armenischen Fürsten Wassak von Siunik hintergangen, sandte Vartan entschlossen einen Appell an König Yadzegert und versicherte ihm armenische Loyalität bei gewährter Glaubensfreiheit. Sein Schreiben lautete etwa so:

„Von diesem Glauben kann niemand uns abbringen, weder Engel noch Menschen, weder Schwert noch Feuer noch Wasser noch irgendetwas, auch nicht die grauenhaftesten Folterungen. Alle unsere Güter und unser Besitz sind in deiner Hand, unsere Leiber sind hier vor dir; verfüge über sie, wie du willst. Wenn du uns unseren Glauben weiter ausüben läßt, so werden wir hier auf Erden keinen anderen Herrn

wählen als dich und im Himmel keinen anderen Gott außer Jesus Christus, denn es gibt keinen anderen Gott. Solltest du aber über dieses große Zeugnis hinaus irgendetwas von uns erwarten — hier sind wir: unsere Leiber sind in deiner Hand, mach' mit ihnen, was du willst. Folterst du uns, so unterwerfen wir uns; das Schwert gehört dir, die Köpfe gehören uns. Wir sind nicht besser als unser Väter, die um ihres Glaubens willen ihre Güter und Besitztümer und ihrer Leiber ausgeliefert haben.

Deshalb befrage uns nicht weiter in dieser Sache, denn der Bund unseres Glaubens ist nicht einer mit Menschen, so daß er wieder verraten werden könnte, wie es bei Kindern üblich ist, sondern mit Gott, an den wir unauflöslich gebunden sind und von dem uns nichts ablösen oder trennen kann, weder jetzt noch später noch irgendwann, niemals in alle Ewigkeit."

Vartan schien mit seinem Angebot zunächst Erfolg zu haben, doch zweifelten einige Fürsten an der Einhaltung gegebener Versprechen des persischen Hofes. Es dauerte nicht lange, bis wieder Feindschaften ausbrachen, die schließlich zu einer großen, bewaffneten Auseinandersetzung führten. Im Mai 451 kam es zur Schlacht bei *Avarair* am Fluß Dermud, zwischen dem nördlichen Vansee-Ufer und der persischen Grenze. Nach Mitternacht, vor Beginn des Kampfes am nächsten Morgen, empfing die ganze Armee, angefangen mit Vartan, dem Befehlshaber, die heilige Kommunion. Gewappnet mit Glauben gingen alle zum Schlachtfeld. Der kleinen armenischen Armee von 66.000 Soldaten — Kavallerie und Infanterie — unter der Führung des Mamikonian-Fürsten stand die riesige persische mit 300.000 Kriegern gegenüber. Die Sassaniden führten Kriegselefanten mit sich, auf denen in eisernen Türmen Bogenschützen und Kommandanten saßen, die das ganze Schlachtfeld überblicken konnten. Tapfer und mutig wehrten sich die Armenier gegen die Überzahl des Feindes, doch Vartan fand mit der Eliteschar des christlichen Adels in diesem ersten Glaubenskrieg der Geschichte den Tod.

Äußerlich verloren die Armenier die Schlacht von Avarair, jedoch im Inneren hat der Kampf des Vartan den nachfolgenden Generationen immer wieder als Inspiration gedient. Vartan Mamikonian wurde zum Nationalhelden, den jeder Armenier kennt. Das Zeichen, das er gesetzt hat, galt als ein Beispiel des Glaubens, das die ganze Nation mehr als fünfzehn Jahrhunderte lang durch alle Verfolgungen, Massaker und schließlich während des versuchten Völkermords unterstützt und ermutigt hat. Bis heute kann man armenische Kinder in aller Welt das alte Lied singen hören: *„Ich bin Armenier, ich bin Armenier; ich bin ein Enkel des tapferen Vartan.“*

In Armenien gab man trotz der schweren Niederlage bei Avarair den Kampf nicht auf, sondern leistete in den Bergen einen dreißigjährigen Partisanenwiderstand, geführt von einem Neffen Vartans, *Vahan Mamikonian*. Die Feindseligkeiten zwischen Persern und Armeniern, die eine Zeit der Unordnung und Verwirrung für die Kirche mit sich brachten, wurden erst beigelegt, als ein neuer persischer König, der die Nutzlosigkeit aller Anstrengungen, die Armenier von ihrem christlichen Glauben abzubringen, endlich einsah. König *Valarse* rief religiöse Freiheit aus[2] und ernannte Vahan erst zum militärischen Befehlshaber, später zum Generalgouverneur über Armenien (484 und 485); ein kluger Schritt zum zivilen und religiösen Frieden im Lande. *Patriarch Hovhannes* verlegte unverzüglich seinen Sitz in die neue Hauptstadt Dvin, südlich des heutigen Jerewan, wo er unter dem Schutz der Regierung sein Amt ausüben und sich der dringend notwendigen inneren Reform der Kirche und des Volkes widmen konnte. Die Weisheit und Güte, mit der er seine Aufgaben erfüllte und aus den Ruinen der Kriege Neues aufbaute, machte seinen Namen zum meistgeehrten nach dem des heiligen Sahak.

Wegen der Bedrängnisse, die zur Schlacht von Avarair geführt hatten, war es den Armeniern nicht möglich gewesen, zur gleichen Zeit, 451, eine Delegation zum vierten ökumenischen Konzil nach Chalkedon zu entsenden. In jener Stadt am Bosporus, im heutigen Kadiköy, sollten Glaubensdifferenzen geklärt werden, die der Einheit der Kirche schadeten. Vor allem ging es um eine Glaubenslehre darüber, wie in Christus Gott und Mensch zu *einer* neuen Natur verschmolzen sind: um den sogenannten *Monophysitismus*, wörtlich die Ein-Natur-Lehre. Im Gegensatz dazu betonten die Vertreter der sogenannten *Zwei-Naturen-Lehre*, die in Chalkedon in einer verbindlichen Bekenntnisform definiert wurde, sowohl die Gottheit als auch die Menschheit Jesu Christi. Sie grenzten sich gegen die „*Monophysiten*" scharf ab. In schwieriger, von griechischer Philosophie geprägter Sprache, die für nichtgriechische Christen mißverständlich war, legten sie fest: „*Wir bekennen einen und denselben Sohn, unseren Herren Jesus Christus; derselbe ist vollkommen der Gottheit nach und vollkommen der Menschheit nach ... Er ist in zwei Naturen unvermischt und unverwandelt, ungeteilt und ungetrennt ... Die Eigentümlichkeiten einer jeden Natur bleiben bewahrt, indem sie zusammenkommen (geeint sind) zu einer Person oder Hypostase.*"[3]

Als die Armenier durch Briefe, Berichte und die Konzilsakten über die Ergebnisse der Zusammenkunft unterrichtet wurden, lehnten sie nach ihrem Verständnis diese Formulierung ab, weil sie ihnen als Irrlehre nach dem Muster des Nestorios erscheinen mußte, die von der Gesamtkirche bereits einhellig abgelehnt worden war. Den Armeniern ging es darum, Christus als unlösbare Einheit von Gott und Mensch zu glauben. Sowohl Griechen als auch Lateiner legten ihnen das als Monophysitismus aus, was sie mit Recht als Unterstellung zurückwiesen. Ihr Bekenntnis zu „*einer Natur in Christus*" bedeutete für sie das Festhalten an der Lehre der ersten drei Konzilien, die sie ausdrücklich anerkannten, bedeutete Treue zum Glauben ihrer Väter, den sie mit Leib und Leben zu bezeugen bereit gewesen waren. In der Sache war man sich viel näher als in der Weise des sprachlichen Ausdrucks; ein Mißverständnis mit verhängnisvollen Folgen, die sich bis heute auswirken. Denn da sich die Armenier nicht unter die Vormundschaft des mächtigen Byzanz begeben wollten, wurden sie von Byzanz auch oft genug im Stich gelassen. Die starke Eigenständigkeit der armenischen Kirche bezahlte sie mit ihrer Isolation von der Reichskirche, wie auch die anderen sogenannten nicht-chalkedonischen Kirchen, die Kopten, die Assyrer und andere[4].

Unter dem Vorsitz von Katholikos Babken (490-515) wurde in der Hauptstadt Dvin im Jahr 505 eine Synode der armenischen, georgischen und albanischen Bischöfe abgehalten, die mit Nachdruck den Glauben des Konzils von Ephesus (431) bestätigte, jedoch das Christusbild der Nestorianer und die Akte des Konzils von Chalkedon zurückwies. Spätere Versuche der Reichskirche, die Einheit mit der armenischen Kirche wiederherzustellen, schlugen fehl, obwohl es — auch auf armenischer Seite — bis in die Kreuzfahrerzeit hinein dazu Ansätze gegeben hat. Im Gegenteil, die Abgrenzung ging so weit, daß man sogar auf einer weiteren Synode in Dvin im Jahr 552 eine eigene Zeitrechnung wählte. Der zweihundertjährige Kalender des Andreas von Byzanz, in dem die Ostertermine errechnet waren, lief gerade um diese Zeit ab; so fing man neu an mit dem Jahr 1 und muß von unserem westlichen Jahresdatum die Zahl 551 abziehen, um aufs armenische Jahr zu kommen. Auch dies war Ausdruck der Eigenständigkeit, der „*Autokephalie*“ (wörtlich Eigenköpfigkeit!) und des Stolzes der armenischen Kirche, die ihre geistlichen Oberhirten schon seit dem 5. Jahrhundert nicht Patriarchen nannte wie die obersten Reichsbischöfe, sondern „Katholikos“, in der Mehrzahl „Katholikoi“, also wörtlich die „Allgemeinen“, für alle Verantwortlichen.

Knapp ein Jahrhundert später, im Jahre 642, fielen die Araber in Armenien ein und nahmen Römern und Persern die Oberherrschaft über dieses umkämpfte Land ab. Kultureller und religiöser Niedergang war die Folge. Erst im 9. Jahrhundert erreichte es eine armenische Dynastie, die der Bagratiden, daß Armenien wieder politisch unabhängig wurde. In der nun folgenden verhältnismäßig kurzen Periode von 160 Jahren — von 885 bis 1045 — entstanden wichtige Werke im rasch aufblühenden Handwerk, in der Architektur, in den Klöstern und ihren Bildungszentren. Obgleich vieles davon zerstört ist, gibt es doch noch einige eindrucksvolle Zeugen jener Erholungspause Armeniens, in der

Land und Leute aufatmen und sich schöpferischer Arbeit hingeben konnten.

2. Die Bilderwelt von Aghtamar

Einer dieser Zeugen ist die *Heilig-Kreuz-Kirche* auf der Insel *Aghtamar* im Van-See in der heutigen Osttürkei, der wie ein Türkis leuchtend als ein Kleinod in den Kranz der schneebedeckten Berge ringsum eingelassen ist. Die kleine Insel, die erst in unserem Jahrhundert ausgeplündert und verlassen wurde, trägt von vielen Gebäuden nur noch eines, das kostbarste, das wegen der Devisen der Touristen von der türkischen Regierung im Gegensatz zu anderen armenischen Kunstschätzen erhalten wird: eben die Kirche vom heiligen Kreuz.

Es geht die alte Sage, daß die Insel ihren Namen von einem schönen Mädchen Tamar hat — und einem „Ach"-Seufzer ihres Liebhabers. Ein armenischer Lyriker hat ihre tragische Liebesgeschichte, die in vielen Varianten immer wieder erzählt wurde, in einem Gedicht neu gefaßt. Hovannes Toumanian (1869-1923), „der Dichter aller Armenier" genannt, der großes Verständnis und immer eine hilfreiche Hand für andere Schriftsteller und für Bedürftige und Waisen hatte, schrieb als junger Mann von einundzwanzig Jahren die folgenden Verse[5]:

Bildtafel 3: **Die Insel Aghtamar im Van-See**
Die schöne Tamar, hier in armenischem Schmuck, hat nach einer Sage der Insel den Namen gegeben. Im Vordergrund stehen einige der charakteristischen Kreuzsteine (Chatschkare), die man rings um die Heiligkreuz-Kirche — links oben — zu Dutzenden findet.

Aghtamar

Allnächtliche Heimlichkeit:
Ein junger Mann wandert von seinem Dorf
zum Ufer des Van-Sees
und taucht in seine Wellen.
Ohne Boot oder Segel
teilt er mit starken Armen
die Wasser, schwimmt er voran
zur Insel, die vor ihm schwimmt,
wo ein einzelnes helles Licht
wie die Spitze eines Leuchtturms
auf der dunklen Insel
den Weg zeigt.
Die schöne Tamar schürt das Feuer
jede Nacht am Strand
und wartet ungeduldig
im nahen Gesträuch.
Der stürmische See wellt sich und brüllt,
aber das Herz des Jünglings schlägt hoch.
Er kämpft gegen die donnernden Wasser,
die in seinen Ohren dröhnen.
Tamars Herz brandet auf mit dem Wasser,
als sie die Wellenbrecher hört,
und sie brennt mit in dem Flackern,
das in der Nacht glimmt.
Stille jetzt. Am dunklen Ufer
findet ein schwarzer Schatten
den anderen, und dann
ist es wieder ein einziger Schatten.
Nur noch die Wellen des Van-Sees
berühren das Ufer und regen sich.
Murrend kehren sie zum See zurück

mit verwornnen Gerüchten.
Es war, als wollten sie zuflüstern
den Sternen über ihnen
Böses über die jungfräuliche Tamar
und ihr schändliche Namen geben.
Während das Wasser murmelt und klatscht,
endet die Zeit der beiden.
Einer taucht ein in den rauhen See,
die andere, zurückgelassen, betet.
„Wer ist das überhaupt,
so kühn und frech,
so trunken von seiner Liebe,
daß er wagt, nachts in den See zu geh'n?
Er kommt herüber von fremden Ufern,
unsere Tamar zu küssen?
Was denkt er sich, wer wir sind,
sie preiszugeben?"
Die zornigen Burschen der Insel
täuschen den Fremden, und eines Nachts
treten sie das Feuer nieder,
das Tamar entfacht hat.
Und Tamars Geliebter,
schwimmend noch, ist im Dunkel verloren.
Der Wind hebt seine Seufzer hinüber.
Ach! Tamar! ruft er.
Am Morgen die Wasser,
die erst jetzt sich kräuseln und glätten,
spülen an Land ihn.
Auf seinen kalten Lippen zwei Worte,
gefroren für immer:
„Aght'amar",
der neue Name der Insel.

Es ist gut, daß man sich der Insel mit dem Boot nähern muß, langsam übers sodahaltige, deshalb laugeweiche Wasser des tiefen hellgrün und -blau schimmernden Sees, der siebenmal so groß ist wie der Bodensee. Die früher bewohnte Insel ist jetzt ganz leer bis auf die eine Kirchenruine, die zu sehen Menschen aus verschiedenen Erdteilen anreisen. Es ist gut, sich auch nach der Landung am kleinen Kai dem Ziel langsam zu nähern, betrachtend, schauend, die karge Insel ohne Hast aufnehmend: im Frühling die mädchenhafte Anmut der Graslilien und den üppigen Wuchs des Natterkopfs und des giftigen Bilsenkrauts, den gelbleuchtenden Raps vor verwitternden Grabsteinen der Mönche, die hier schon im 8. und 9. Jahrhundert gelebt haben. Damals gab es ein blühendes Kloster hier. Lange Zeit war Aghtamar der Sitz eines Katholikos, einsam gelegen und doch mit einer mächtigen Ausstrahlungskraft weit hinaus ins Land, wie so viele entlegene Klöster Armeniens. Die Kirche und der Palast waren einst reich geschmückt mit Gold und Edelsteinen, so daß es auf dem blauen See, der die Pracht widerspiegelte und dadurch noch erhöhte, weithin funkelte wie ein irdisches Stückchen Himmel, „eine zweite Sonne", wie Besucher begeistert berichteten. Heute nähert man sich der Kreuzkuppelkirche vom heiligen Kreuz, dem in Armenien immer hohe Verehrung entgegengebracht wurde, auf steinigen Pfaden leicht hügelan, wo das Gebäude in einer Geländemulde als einziges stehengeblieben ist. Hoch im Giebel grüßt der Apostel Matthäus wie ein Inselwächter herunter, flankiert von auf ihn zuspringenden Steinböcken, Hirschen und Löwen in schrägen Reliefbändern, königlich aufrecht mit erhobener Hand, als wolle er die Ankommenden und Abreisenden segnen.

So gründlich die Vorbereitung auf die Begegnung mit dieser Kirche und ihrem einzigartigen Reliefschmuck auf allen Außenwänden[6] vor einer Reise auch gewesen sein mag — die wirkliche Begegnung im Licht eines hellen Tages übertrifft weit alle Erwartungen, mögen sie noch so hoch gewesen sein.

Wie bei vielen armenischen Kirchen, so ist auch hier der Grundriß ein Kreuz mit gleich langen Enden. Über dem Quadrat, das in der Mitte entsteht, wölbt sich eine mächtige Kuppel. Die Baukunst Armeniens war schon zu so früher Zeit so weit entwickelt, daß sie — längst vor der Einführung von Kuppeln im christlichen Abendland — komplizierte Kreuzkuppeln errichten und damit in geometrischen Formen das christliche Glaubensbekenntnis auf eindrucksvolle Weise in die Sprache der Architektur übersetzen konnte. Das Quadrat verkörpert das vergängliche, endliche, menschliche Dasein, den irdischen Kosmos mit den vier Himmelsrichtungen, den vier Elementen, das feste, ruhige Stehen auf der Erde. Der Kreis als in sich selbst zurückkehrende Linie ohne Anfang und Ende symbolisiert göttliche Vollkommenheit, überirdische, unvergängliche Kraft, das Ewige. Beides zusammen, wie es im Kreuzkuppelbau verwirklicht ist, deutet die Verbindung von Gott und Mensch an, das Geheimnis der Erlösung, wie es die Christen bekennen.

Auch hier haben die Baumeister die besondere armenische Gußsteintechnik angewandt, die den Bauwerken außerordentliche Festigkeit und Elastizität gab, so daß viele trotz schwerer Erdbebenstöße erhalten geblieben sind. Bei der Aufrichtung der Mauern versetzten die Bauleute zuerst Blöcke und dann feingeschliffene Tuffsteinplatten aus dem vulkanischen Material des Landes oder aus Sandstein wie in Aghtamar. Zwischen diese schichtweise hochgezogenen Platten wurde vulkanischer Schutt mit Mörtel eingegossen, der betonähnlich hart wurde. Es sollen auch organische Stoffe verwendet worden sein. Man hat Milchleitungen von den Bergen herab entdeckt, in denen die Herden ihren Beitrag zum Bau von Kirchen und Klöstern geliefert haben. Gerade diese eigenartige Verbindung von Stein, Sand, Geröll und Milch soll die besondere Beständigkeit der Mauerfüllung ausgemacht haben.

Der Bauherr der Inselkirche, *König Gagik* (Chatschik) Ardzruni (904-927), Herrscher des kleinen Königreichs Vaspurakan, soll an den Plänen zur Heiligkreuz-Kirche selbst mitgearbeitet haben; Architekt war der Mönch *Manuel*. So hat es der Chronist Thomas Ardzruni aufgezeichnet. Gagik ist mit einem Modell seiner Kirche auf dem Arm in königlichem Gewand auf der Westseite zu sehen.

Der plastische Außenschmuck ist in verschiedene Zonen gegliedert. Die etwa drei Meter hohe glatte Fläche des Sockels, auf der unzählige Pilger armenische Kreuze eingeritzt haben, ist durch ein vollkommen ebenmäßig und harmonisch gearbeitetes Band aus aufplatzenden Granatäpfeln — Bilder der Fülle und Lebensfreude! — abgeschlossen. Darüber sind ringsum eine solche Menge und Vielfalt an Menschen- und Tierdarstellungen zu sehen, daß man Tage brauchte, um sie anhand von Beschreibungen oder in Erinnerung an biblische Erzählungen zu „entziffern". Darüber läuft wieder ein Reliefband um die ganze Kirche herum, der sogenannte „Weinlaubfries", der zwischen reifen Trauben und dichtem Blattwerk viele kleine figürliche Szenen von erstaunlicher Lebendigkeit und verschmitztem Humor enthält. Die Fabulierfreude der Steinmetze, die mit dem spröden roten Sandstein aus der Gegend von Diyarbakir offensichtlich mit Lust umgingen, entfaltet sich hier am unbefangensten: da frißt eine Bärin süße Trauben, während sie ihr Junges säugt, da ruht eine zusammengekauerte Gazelle, Rehe spielen, Vögel picken im Gezweig der Reben, ein Mann ringt mit einem Bären, andere Männer ringen miteinander, großäugige Menschenmasken schauen aus den Blättern hervor; einer geht mit einer Steinschleuder auf Jagd, ein anderer rauft einem mit ihm Kämpfenden den Bart; schön geflochtene Körbe werden auf Schultern geladen, Raubtiere vom Spieß der Jäger getroffen — und wie vieles mag dem Be-

Bildtafel 4: **Reliefschmuck der Heiligkreuz-Kirche auf Aghtamar**
Im Westgiebel steht zwischen Tierfriesen der Evangelist Matthäus (oben). Rings um die Kirche läuft in ebenmäßiger Lebendigkeit das Granatapfelband, Symbol der Segensfülle, ebenso wie die üppigen Weintrauben. Auf der Südseite der Kirche segnet Christus mit dem Gestus der Ostkirche, auf dem Schoß seiner Mutter thronend, den Erdkreis.

trachter entgehen, der nur ein paar kurze Stunden auf der Insel sein kann!

In den vier Giebeln stehen aufrechte Figuren, die vier Evangelisten, die in alle Richtungen des Himmels schauen und so den ganzen Erdkreis segnen. Selbst unter der Dachtraufe und unterhalb des Tambourdaches hört der Schmuck nicht auf: runde Medaillons mit Halbfiguren, jagende oder gejagte Tiere, Früchte und Blätterranken aus Stein ziehen sich bis hoch hinauf.

Will der Betrachter alle Reliefs in guter Seitenbeleuchtung sehen, muß er sich einen ganzen Tag vom frühen Morgendämmer bis zum Sonnenuntergang Zeit nehmen. Denn das Licht, das die steinernen Bilder erst zum Leben erweckt und den sonst braungrauen Sandstein in warmem Rot aufleuchten läßt, spielte offenbar schon beim Entwurf dieser Kirche eine wesentliche Rolle.

So wird im ersten Licht des Tages das Menschenpaar Adam und Eva, das den übrigen Tag über im Schatten der Nordostwand bleibt, auf einmal lebendig. Der eindringliche Blick der großen Augen und das zarte Spiel ihrer Hände tritt hervor wie am Morgen ihrer Erschaffung. Wandert das Licht der Sonne weiter, so leuchtet es nach und nach den ganzen Gang der Heilsgeschichte von der Schöpfung bis zur Vollendung in Herrlichkeit aus, hebt ein Bild nach dem anderen heraus und läßt es wieder in den Halbschatten zurücksinken.

Nur wenige Reliefs können hier ein wenig näher betrachtet werden. Die Reihenfolge entspricht einem Rundgang von Nordosten nach Nordwesten, dem Sonnenlicht nach. Da die Inschriften später angebracht wurden, ist nicht in allen Fällen sicher, ob sie immer wirklich der Idee der Baumeister und Steinmetzen entsprechen. Manche aber sind völlig eindeutig. Da viele Besucher die Reliefs nicht zu verstehen scheinen und auch einschlägige Bücher behaupten, man könne mit diesen mythologischen Bildern heute nichts mehr anfangen, mag es erlaubt sein, wenigstens einige davon näher anzuschauen und auszulegen.

Rechts neben dem Urelternpaar ist der Lebensbaum zu sehen, um den sich eine riesige vierfüßige (!) Schlange windet. Eva kniet hockend davor, unterwirft sich ihrer listig flüsternden Stimme: „*Sollte Gott gesagt haben . . .?*“ Der Zweifel ist eingesät, das Vertrauen erschüttert, die gerade Haltung des vor Gott aufrecht stehenden Menschen gekrümmt. Doch Eva erhebt sich noch einmal und geht zu ihrem Mann.

Wie ein jugendlicher Ableger des Lebensbaumes wirkt der hohe Stamm des Bäumchens zwischen Adam und Eva, der Baum der Erkenntnis von Gut und Böse. Beide strecken gleichzeitig — nicht etwa Eva allein — ihre Hand nach der feigenähnlichen Frucht aus. Eva, „*die aus seiner Rippe genommene*“ wie noch heute auf armenischen Grabsteinen von Ehefrauen zu lesen steht, wenn sie neben ihrem Gatten begraben liegen — führt ihrem Mann zwar die Hand; aber beide scheinen in gleicher Weise zu hoffen, was ihnen die Schlange eingegeben hatte, daß sie nämlich vom Genuß dieser verbotenen Frucht „*wie Gott werden und Gut und Böse erkennen werden*“. Auf einmal war er verlockender geworden als alle anderen Bäume, dieser einzige ihnen vorenthaltene. „*Da sah die Frau, daß es köstlich wäre, von dem Baum zu essen, daß der Baum eine Augenweide war und dazu verlockte, klug zu werden. Sie nahm von seinen Früchten und aß; sie gab auch ihrem Mann, der bei ihr war, und auch er aß*“ (Genesis 3,6). Ihre Unschuld ist dahin. Fortan leben sie im Zwiespalt der Unerlöstheit, bis der „*zweite Adam*“ kommt, der auf der gegenüberliegenden Mittagsseite als Richter und Erlöser dargestellte Messias.

Auf ihn hat der Prophet Jesaja hingewiesen, der links neben dem Paar steht, auf ihn und seine Mutter, die neue Eva, die Gottesgebärerin, wie die Ostkirche sie gern nennt.

Die Ursünde des Menschen, das Sein-wollen-wie-Gott, kommt auch noch in weiteren Darstellungen zum Vorschein. Zum Herrn über Gut und Böse, Leben und Tod, macht sich Simson, von dem zwei Szenen folgen. Zweimal wird er tötend gezeigt: einmal, indem er mit bloßen Händen einen Löwen am Maul packt und zerreißt, „*wie man ein Lämmlein zerreißt*“; das zweitemal, wie er in seinem Zorn über die Philister dreißig davon mit einem Eselskinnbacken erschlägt, nur um ihre Kleider zu erbeuten. Er hatte sie als Pfand für eine verlorene Wette versprochen. Riesengroß und kraftstrotzend packt er einen der Philister hier am Schopf. Hilflos umfaßt dieser sein eigenes Handgelenk. Wie ein Häufchen Elend hängt er im festen Faustgriff des gewaltsamen Simson, der um sich Angst und Schrecken verbreitete und doch merkwürdigerweise als Vorbild galt. Es scheint seine Lust zu sein, die Schwächeren zu besiegen, sich an ihrer Niederlage zu weiden, und doch wird Simson als Großer in Israel gerühmt (Richter 13, 24-16, 31; Hebräer 11, 32). Entsprach dieser Held einem Wunschbild der Bauherren?

Ein paar Schritte weiter auf der Südseite sprüht der barfüßige kleine mutige Hirtenjunge David, dem seine gut vorbereitete Steinschleuder mit einigen Bachkieseln von der ausholenden Hand hängt, ebenfalls vor Siegesgewißheit. Auch er weiß, wie Simson, *„den Geist des Herrn"* auf seiner Seite. Der riesige Goliath in seiner vollen Rüstung, der das Schwert ebenso ungeschickt hinter seinen Hals hält wie den runden Schild vor seine Brust, wird ihm erliegen. Noch verhöhnt der Krieger zwar den jugendlichen Hirten, der unbewaffnet vor ihn hintritt, mit nichts als dem Vertrauen, daß der Gott Israels ihm helfen wird. Jedoch auf seinen Spott antwortet David ihm klar und sicher: *„Du kommst zu mir mit Schwert, Speer und Sichelschwert, ich aber komme zu dir im Namen des Herrn der Heere, des Gottes der Schlachtreihen Israels, den du verhöhnt hast. Heute wird dich der Herr mir ausliefern. Ich werde dich erschlagen und dir den Kopf abhauen. Die Leichen des Heeres der Philister werde ich noch heute den Vögel des Himmels und den wilden Tieren zum Fraß geben. Alle Welt soll erkennen, daß Israel einen Gott hat"* (vgl. 1 Samuel 17).

Man hat diesen David oft mit dem kleinen wehrlosen und doch tapferen und siegreichen Armenien verglichen, Goliath mit den mächtigen Reichen im Westen und Osten, den Eroberern von Norden und Süden. In den persischen Hofgewändern mancher Figuren wird der Gedanke an die heidnischen Feudalherren deutlich. Das verschmitzte, siegesgewisse, pfiffige Lächeln des David, das im Licht der Mittagssonne am übermütigsten wirkt, ist durchaus ein armenischer Charakterzug.

Nicht aufgeben, sondern mit geringen Mitteln große Wirkungen erzielen! Goliath macht ein langes Gesicht, etwas enttäuscht und ratlos sind die Mundwinkel herabgezogen. In all seiner protzigen Aufmachung ist er doch der Unterlegene.

Der schlanke höfisch gekleidete Mann in Turban und kostbarem Mantel links von den beiden ist laut Inschrift König Saul, Davids Amtsvorgänger, der Mann im Medaillon-Brustbild darüber der Prophet Samuel, der über das Geschehen an die Nachwelt berichtet. Beide weisen mit den Händen auf David hin, der trotz seiner späteren schweren Schuld ein großer König in Israel werden wird.

Die übrige Wand ist bevölkert von Heiligen und Tieren, Löwen, Ziegen, Bären, Lämmern, Adlern, auch Fabelwesen wie ein Greif und ein geflügelter Löwe, die auch in der iranischen Vorstellungswelt zu Hause waren, sind zu finden. Die Anregungen der Nachbarländer, die Armenien in seine Kunst aufgenommen hat, sind auch hier deutlich.

Auf der selben Südseite, der später ein Glockenturm vorgebaut wurde, sind im Mittagslicht noch andere wichtige Szenen zu erkennen. Links von diesem störenden Turm, der manche der ursprünglichen Reliefs verdeckt, thronen zwischen lebenslustigen Tiergruppen die Mutter Gottes mit dem segnenden Sohn auf dem Schoß, von den schutzmächtigen Erzengeln Michael und Gabriel flankiert, und Christus selbst im rechten Winkel zu ihr, halb gegenüber: hoheitsvoll, herrscherlich unter dem ihn erhöhenden Ehrenbogen, der rankengeschmückt aus ebenmäßig dekorierten Säulen herauswächst. Der Kreuznimbus hinter seinem Haupt, der Heiligenschein mit dem Kreuz, der Christus allein vorbehalten ist, zeigt seine Würde als Erlöser der Welt an. Die großen tiefen Augen sind auf den Betrachter gerichtet und zugleich in die Weite. Sein reiches, kostbar gesäumtes Gewand und das mit dem Kreuz bezeichnete Buch des Logos, das er mit der linken Hand auf dem linken Knie aufstellt, seine gedrungene, aber gerade Gestalt, sein im Südlicht scharf und ernst geschnittenes Gesicht sind die des Weltenrichters. *„Ich bin der Anfang und das Ende.“* Die rechte Hand ist zum Segen erhoben. Die Finger werden in der Weise

der orientalischen Kirchen gehalten: Daumen- und Ringfingerkuppen berühren sich. So wird ein Ring gebildet, das Symbol der Vollkommenheit, doch auch das Zeichen der Gott-Mensch-Einheit in Christus. Die übrigen drei Finger, die steil ausgestreckt sind — hier aus Versehen vier, während es beim Jesuskind auf den Knien Marias richtig drei sind — symbolisieren die Dreifaltigkeit Gottes, sein Wirken als Vater, als Sohn und als Heiliger Geist. Er ist der Pantokrator, der Allherrscher, wenn auch auf verborgene Weise, die nur dem Glauben offenbar wird.

Zwischen ihm und Abraham, dem Vater des Glaubens für Juden, Christen und Muslime, ragt hoch und aufrecht Moses auf, wie ein prophetisches Bindeglied zwischen dem Opfer des Ersten und dem endgültigen des Neuen Bundes, Isaak und Jesus. Sicher ist die Gruppe mit Abraham und seinem Sohn eine der eindringlichsten von Aghtamar. Das Licht eines frühen Nachmittags im Mai oder Juni verleiht der Szene die Kraft eben der Botschaft, die dem Werk des Bildhauers zugrundeliegt. Er muß sich ehrlich und gründlich mit jener dunklen, gefährlichen, rätselhaften Erzählung auseinandergesetzt haben, die ungezählte Kommentare hervorgerufen hat und doch niemals ganz ausgeschöpft werden kann. Er hat sie verstanden und so gestaltet, daß sie zur christlichen Botschaft wird.

Bildtafel 5: **Reliefschmuck der Heiligkreuz-Kirche auf Aghtamar**
Christus als Allherrscher wird hier, anders angeordnet als im Original, von zweien der vielen Vögel flankiert, die zur vielgestaltigen Tierwelt von Aghtamar gehören. Darunter halten zwei Engel das heilige Zeichen des Kreuzes dem Betrachter zur Verehrung entgegen. Der untere Rand zeigt drei Bildabschnitte der humorvoll wiedergegebenen Jonas-Erzählung: der Prophet wird dem merkwürdigen „Walfisch" direkt ins Maul gestopft; dieser verwandelt sich auf dem nächsten Bild in einen sassanidischen Drachen. Rechts außen liegt der beleidigte Jonas in der Mittagshitze unter dem Rizinusstrauch und grollt Gott.

Was ist zu sehen?

Auf schmaler hoher Fläche zusammengedrängt stehen am linken Rand ein langer Baum mit vielen Astansätzen am schlanken Stamm und kleiner Krone und Abraham in der Mitte, den Körper nach außen ins Freie, den Kopf zurück in den Winkel gewandt, wo oben aus der Ecke die Hand Gottes ihn anruft. Rechts außen, hart an der Kante der Wand, wo sie im stumpfen Außenwinkel zu Moses hin abknickt, kniet der Knabe Isaak auf einem Opferstein, die Hände auf dem Rücken gefesselt, vom Vater mit der linken Hand am senkrecht „zu Berge stehenden Haar" wie an einem kräftigen Grasbüschel gepackt, während er auf gleicher Höhe schon das Messer in der Rechten gezückt hält, um den Sohn, „*den einzigen, den er liebte*", zu schlachten. Doch der Widder, der statt Isaak das Leben lassen muß, das Tier, das statt des Menschen vom Gott Israels im Gegensatz zu den Göttern Kanaans gefordert wird, hängt schon mit den Hörnern im Geäst verfangen am Baum bereit. Die furchtbare Spannung der Erzählung löst sich in diesem Augenblick. Noch blickt Isaak verständnislos sinnend in die Ferne, Abraham schon in angespannter Aufmerksamkeit zu der Stimme hin, die ihn da von einem Gottesboten her anspricht:

„*Abraham, Abraham! Er antwortete: Hier bin ich. Jener sprach: Streck deine Hand nicht gegen den Knaben aus, und tu ihm nichts zuleide! Denn jetzt weiß ich, du hast mir deinen einzigen Sohn nicht vorenthalten.*" Reicher Segen wird ihm versprochen; die segnende Geste der Hand, die den Engel vertritt, deutet es an: „*Weil du das getan hast und mir deinen einzigen Sohn nicht vorenthalten hast, will ich dir Segen schenken in Fülle und deine Nachkommen zahlreich machen wie die Sterne am Himmel und den Sand am Meeresstrand*" (vgl. Genesis 22). –

Die äußerste Opferbereitschaft, die von Abraham verlangt wird, diese bestandene Probe seiner unbedingten Treue zu Jahwe, hat ihre Parallelen in der Geschichte Armeniens. Trost und Stärkung bedeutet dieses Bild für alle, deren Mut zum Vertrauen auf den unsichtbaren Gott schwer geprüft wird. Vater Abraham, bitte für uns!

Einige Schritte weiter westwärts breitet sich großflächig im Querformat die Parabel des erst flüchtigen, später gehorsamen und zuletzt beleidigt schmollenden Jona aus, mit orientalischer Lust am Erzählen inszeniert. Unter dem Medaillon mit dem ersten Blutzeugen der jungen Kirche, dem Diakon Stephanus, ist das Schiff zu sehen, das in Seenot geraten war. Denn Jona wollte sich vor seinem Auftrag drücken und nach Tarschisch fliehen, anstatt nach Ninive zu reisen. In den Augen der Hebräer lag Tarschisch am westlichen Ende der Welt, also in genau entgegengesetzter Richtung von Jonas Auftrag in Ninive, der assyrischen Hauptstadt am linken Tigrisufer! – Jona stellt sich der Schiffsmanschaft und wird als Schuldiger ins Meer geworfen, hier direkt, ohne Umweg, einem seltsamen Mischwesen ins Maul gestopft. Woher sollten armenische Steinmetzen auch wissen, wie ein Wal aussieht? Dieser hier mit seinen Schafsohren, den langen Wimpern, einem harmlosen Säugetiergesicht und langem, dem Schiffsbauch angeschmiegten Schuppenleib ist eher ein Märchentier. Gefährlicher schon ist der sassanidische geflügelte Drache, zu dem dieses Tier daneben geworden ist, während Jona drei Tage lang in seinem Bauch weint und betet. Schon öffnet er weit das Maul, um ihn wieder freizugeben und an Land zu speien, weil Jona jetzt bereit ist, seinen Auftrag zu erfüllen. Ein Heiligenschein umgibt jetzt seinen Kopf, da er im Gehorsam gegen seinen Gott vor dem König von Ninive erscheint und Buße predigt. Streng und nachdenklich sitzt dieser auf Kissen und Polstern, gekleidet wie ein Kalif. Er nimmt die drohende Botschaft tatsächlich ernst und ruft ein heiliges Fasten in der Stadt aus. Reue erfaßt die Bewohner von Ninive. Sie gehen in Sack und Asche, beklagen ihre Sünden, wie man es bei den vier Männern in den Medaillons rechts neben dem König sehen kann, und kehren um. Und wahrhaftig, Gott lenkt ein und bringt kein Unheil über sie. Da nimmt die Geschichte eine jähe Wende, die unterhalb des Königs dargestellt ist:

Jona nämlich mißfiel es „*ganz und gar, und er wurde zornig*". Er mißgönnt der vormals gottlosen Stadt die durch ihn selbst herbeigeführte Rettung und macht Gott massive Vorwürfe: „*Ach Herr, habe ich das nicht schon gesagt, als ich noch daheim war? Eben darum wollte ich ja nach Tarschisch fliehen; denn ich wußte, daß du ein gnädiger und barmherziger Gott bist, langmütig und reich an Huld, und daß deine Drohungen dich reuen. Darum nimm mir jetzt lieber das Leben, Herr! Denn es ist für mich besser zu sterben als zu leben. Da erwiderte der Herr: Ist es recht von dir, zornig zu sein?"* (Jona 4, 2-4)

Was jetzt kommt, ist auf dem Relief zu sehen: Jona hat sich draußen vor der Stadt unter einem Laubbaum im Schatten niedergelassen, verdrossen wie er ist, um abzuwarten, was mit der Stadt geschah. „*Da ließ Gott der Herr einen Rizinusstrauch über Jona emporwachsen, der seinem Kopf Schatten geben und seinen Ärger vertreiben sollte.*" Der bockige Diener geht sogar darauf ein und „*freut sich sehr*" über den Strauch. „*Als aber am nächsten Tag die Morgenröte heraufzog, schickte Gott einen Wurm, der den Rizinusstrauch annagte, so daß er verdorrte. Und als die Sonne aufging, schickte Gott einen heißen Ostwind. Die Sonne stach Jona auf den Kopf, so daß er fast ohnmächtig wurde.*" Und schon wird er wieder des Lebens müde, wünscht sich den Tod und sagt noch einmal: „*Es ist besser für mich zu sterben als zu leben.*" Das kleine Prophetenbuch endet abrupt mit einer Frage Gottes an ihn. Zunächst weist Jona sie, nackt in der heißen Mittagssonne liegend, unwillig ab. Hat er dann doch wohl darüber nachgedacht und die darin enthaltene Lehre früher oder später als Gottes Geduld und Menschenfreundlichkeit begriffen, die auch ihm galt? Die Anrede lautet: „*Dir ist es leid um den Rizinusstrauch, für den du nicht gearbeitet und den du nicht großgezogen hast. Über Nacht war er da, über Nacht ist er eingegangen. Mir aber sollte es nicht leid sein um Ninive, die große Stadt, in der mehr als hundertzwanzigtausend Menschen leben, die nicht einmal rechts und links unterscheiden können — und außerdem so viel Vieh?*" (Jona 3, 10-11)

Das „Zeichen des Jona", bereits im Neuen Testament und später ausführlich bei den Kirchenvätern als Vorausbild von Tod und Auferstehung Jesu Christi ausgelegt, spricht beredt von dem Gott, der tötet und lebendig macht, der droht und begnadigt, zornig handeln kann und in allem doch die Menschen unbändig liebt.

Die Westseite, gut zu betrachten, wenn man auf dem gras- und blumenbewachsenen Dach der großen Vorhalle steht, ist klar symmetrisch gegliedert. Wieder steht unter dem Giebel ein Evangelist: Matthäus, der die Ankommenden auf dem Weg vom Ufer zur Kirche grüßt. Darunter wuchert ein besonders gelungen ausgestaltetes Stück des Weinlaubfrieses, das sich hier mit einem früchtetragenden Granatapfelbaum verschlingt, wie auch die runden Nischenbogen hier und an der Ostwand mit breiten Granatapfelranken umlegt sind.

Darunter wechseln kunstvoll verschieden gestaltete armenische Steinkreuze mit Tierköpfen, die als Vollplastiken aus der Wand stehen, ähnlich den westeuropäischen Wasserspeiern[7].

Zwei stehende Seraphim, mit jeweils sechs augenbedeckten Flügeln, wie sie in den Visionen der Propheten vorkommen, erheben rechts und links außen ihre Hände und Unterarme zu anbetendem Lob Gottes; hier auf der Westseite sind sie majestätische Wächter über den sich neigenden Tag.

Nach innen zu, auf beiden Seiten des Mittelfensters, stehen links König Gagik mit dem Modell der Kirche auf dem ausgestreckten Arm, rechts der segnende Christus mit Kreuznimbus und dem Buch des Lebens. „*Ich bin das Licht der Welt*“, steht darauf geschrieben. Der König ist so prächtig gekleidet, wie es ihm als seinem Vasallen der Kalif von Bagdad gewährt hatte. Er ist gekrönt und in einen festlichen bestickten Mantel gehüllt. Christus ist schlichter gekleidet und auffälligerweise kleiner dargestellt als der irdische König. Gagik weist mit dem rechten Zeigefinger auf das Modell seiner Palastkirche hin, Christus mit der Segenshand und dem Buch der Frohen Botschaft auf Größeres, auf die Erlösung des ganzen Kosmos.

Verglichen mit diesen beiden Gestalten wirken die zwei Engel zwischen ihnen, die ihnen nur bis zur Hüfte reichen, wie Kinder. Mit vereinten Kräften halten sie unter dem Fenster ein großes Rund mit dem Siegeszeichen des Kreuzes zur Betrachtung fest.

Alle sechs Figuren stehen auf dem geschlungenen üppigen Granatapfelband, das die ganze Kirche umläuft, eine Basis überquellender Fruchtfülle. In der heidnischen Antike war der Granatapfel aufgrund seines Samenreichtums Symbol der Lebensfülle und Fruchtbarkeit, Attribut der Vegetationsgottheiten und der Aphrodite wie des Zeus und des Hermes; entsprechend auch im Alten Testament sowohl Liebeszeichen — so im Hohen Lied Salomos — wie auch Zeichen göttlichen Segens. In der bildhaften (allegorischen) Schriftauslegung der Kirchenväter wird er auf die Kirche und die Fülle ihrer Märtyrer und Mysterien gedeutet. Gerade Armenien ist durch alle Jahrhunderte mit dem Blut der Märtyrer getränkt worden. Sinnbild der Lebensfülle im Zusammenhang mit dem Lebensbaum ist der Granatapfel auch in der christlichen Kunst — oft zusammen mit Weintrauben —, wie auch hier auf Aghtamar und häufig in Buchmalereien. Als geschlossene Frucht findet er sich hier reichlich in den Schmuckbändern um Fenster und Nischen, in Jerusalem und anderswo auf Steinkreuzen, in Miniaturen und in schmiedeeisernen Gittern, als Metallschmuck auf Türen und in Fußbodenmosaiken. Als aufgesprungene Frucht mit der Menge seiner vom saftigen Fruchtfleisch purpurglänzenden Samenkörner stellt er die sich verschenkende barmherzige Liebe dar.

Ehe die Sonne untergeht, leuchtet sie noch kurz die rechte Hälfte der Nordwestwand aus, in deren Giebel St. Markus wacht. Auch hier wimmelt es im Reliefband unter der Dachtraufe und im Weinlaubfries von Menschen und Tieren. Unmöglich können bei einem kurzen Besuch alle originellen Einzelheiten wahrgenommen werden, so verschwenderisch viele sind es. Haben sich die Steinmetzen in der obersten Reihe unter dem Dach in den etwa zwei Dutzend individuell ausgeprägten Männerköpfen rundum vielleicht selbst dargestellt? Denkbar wäre es. Je weiter die Figuren vom Auge des Betrachters entfernt sind, um so tiefer sind die Profile geschnitten, bis hin zu den Vollreliefs an den vorspringenden Quadern. Man hat die Wirkung für den Schauenden sorgfältig mitbedacht.

Zwischen den Propheten Habakuk, der von einem Engel kräftig am Haarschopf gepackt wird, und Amos in einem Rundmedaillon steht ganz rechts außen im Abendlicht der junge Daniel aufrecht in der Löwengrube, furchtlos und unbefangen die Hände frei zum Gebet erhoben. Dies war der Grund seiner Anklage gewesen, dies ist auch der Grund seiner heiteren Unverwundbarkeit. Wegen der Platzenge stehen die gefährlichen Löwen im Handstand senkrecht neben ihm zu beiden Seiten. Die Schwänze zwischen den Hinterbeinen schüchtern eingezogen, lecken sie mit ihren langen Zungen dem hebräischen Jüngling, dem sie nichts anhaben können, ergeben die Füße. Die Bildhauer müssen Humor gehabt haben.

Daniel benachbart singen in der gleichen Haltung wie er jene drei Männer im Feuerofen, den der babylonische König Nebukadnezzar für sie besonders heiß hatte schüren lassen. „*Wie aus einem Mund*", heißt es, rühmten und priesen sie Gott mit den Worten:

„*Gepriesen bist du, Herr, du Gott unserer Väter,*
gelobt und gerühmt in Ewigkeit."

Selbst Glut und Feuer werden in diesem freudigen Schöpfungsgesang aufgefordert, den Herrn zu preisen (Daniel 3,66). Singend werden diese drei Hebräer Hanania, Asarja und Mischael vor der Tücke des Königs bewahrt. Auch sie sind ein ermutigendes Beispiel für die armenische Kirche in ihrer islamischen Umwelt, die sie so oft in den Feuerofen der Verfolgung geworfen hat. Wie viele Male mögen die Mönche des Heiligkreuzklosters den Lobgesang der drei jungen Männer im Feuer angestimmt haben!

„*Gepriesen bist du,*
der in die Tiefe schaut und auf Kerubim thront
gelobt und gerühmt in Ewigkeit. . . .
Preist den Herrn, Sonne und Mond, . . . ihr Sterne am Himmel,
. . . Regen und Tau, . . . all ihr Winde.
Preist den Herrn, all ihr Tiere, wilde und zahme . . .
Preist den Herrn, ihr Menschen!" (Daniel 3,54-82)

Wie ein abschließender Abendgesang nach dem Rundgang um die Kirche im Licht eines Tages lassen sich alle Bilder in diesem Lied Israels im Exil zusammenfassen. Auch die drei Reiterheiligen Zyriakus, Theodor und Georg mit ihren unterlegenen Ungeheuern des Bösen, dem Drachen, dem Panther und einem gefesselten Feind, müssen mit einstimmen:

„*Denn er hat uns der Unterwelt entrissen*
und aus der Gewalt des Todes errettet. . . .
Dankt dem Herrn, denn er ist gütig;
denn seine Huld währt ewig." (vgl. Daniel 3,1-97)

Nach dem Rundgang im Licht ins dämmrige Innere der Kirche zu treten, ist in den ersten Augenblicken ernüchternd, fast erschreckend. Der Fußboden ist zerstört, die Wände mit den einst bemerkenswerten, ausdrucksstarken Fresken sind abgeblättert, Risse und beschädigte Steine werden nicht ausgebessert, der Raum wirkt verwahrlost. Eben noch hat das Sonnenrad über dem Türsturz, eine in Stein verwandelte organische Kreisform, ein Bild des Unendlichen ohne Anfang und Ende, den Blick auf sich gezogen — dann folgt diese so augenfällig endliche, vergängliche, zerfallene Innenseite der Heiligkreuz-Kirche. Sie ist architektonisch für ihre Zeit — gebaut wurde sie von 915 bis 921 — nichts Besonderes, sondern wiederholt damals schon geläufige Bauformen der schon bewährten Kreuzkuppelkirchen. Doch welche vollkommenen Maße auch hier! Die hohe Kuppel, die einen von acht lichtspendenden Fenstern durchbrochenen Tambour überwölbt, überzeugt wieder einmal von der Baukunst dieses Volkes. Zwar gab es schon vorher Kuppeln über iranischen Heiligtümern, doch nahmen die armenischen Handwerker und Architekten so eigenständig und schöpferisch auf, was sie anderen abschauten, daß ihr Ruf sich rasch verbreitete und sie weit über ihre Landesgrenzen hinaus als Fachleute für Kuppel- und Festungsbau herbeigeholt wurden. Sogar der Kaiser von Konstantinopel ließ sich herbei, einen armenischen Architekten um Hilfe zu bitten, als durch ein Erdbeben die Kuppel der Hagia Sophia beschädigt war.

Stellt sich der Betrachter in die Mitte des Raumes und schaut dann senkrecht nach oben, so öffnet er sich ihm wie ein achteckiger Kristall, der von innen gesehen wird, über tausend Jahre alt, und doch jung wie eben geboren und aus dem Gebirge herausgebrochen, in makellosen Proportionen, in einer Schönheit, die nur gestaltet werden konnte, weil sie den Gesetzen der Natur abgelauscht war. Die Fensterreihe des Tambours, des Mauerreifs zwischen dem Quadrat der Vierung und dem Rund der Kuppel, ist noch zusätzlich gegliedert durch zwischen den Fenstern eingewölbte Nischen. Auch sie dienen nicht nur der Statik, sondern auch der Ästhetik. Harmonisch und streng, ausgewogen und klar ist dieser Raum. Selbst die zerstörte Königsloge, von der aus man ins Kloster und in den einstigen Palast hinübergehen konnte, hat ihre Würde bewahrt.

Von der Freskenmalerei, die den Außenschmuck bis hinauf in den Tambour innen fortsetzte, ist nicht mehr viel zu erkennen. In matten Farben ist noch manches von den Bildern der Passion zu sehen: das letzte Abendmahl, die Fußwaschung und die Kreuzigung; vielleicht hat man sie mit Rücksicht auf die islamische Umwelt ins Innere verlegt. Noch sind einige hohe asketische Gestalten in Priestergewändern erhalten, ein mongolisch wirkender Jesus beim Einzug in Jerusalem, dem das Volk in Scharen huldigt, ein paar Engelsflügel über dem Eingang aus einem der frühesten bekannten Bilder von der Wiederkunft Christi. Der Rest ist verfallen und verfällt von Jahr zu Jahr mehr. Was aber noch vorhanden ist, spricht eindringlich von einer Wahrheit, die nicht an Bauwerke gebunden ist und nicht mit verblichenen Farben vergilbt, sondern in den Christen weiterlebt. Auch in der Gemeinschaft der Heiligen lebt sie weiter, hier in einigen Aposteln, in Paulus, Andreas und Philippus, beim Hinausgehen zu grüßen: Widerschein der Herrlichkeit, für die sie gelebt haben. Mit ihnen gemeinsam lobt ein Armenier seinen Schöpfer.

Trotz der schon aufgenommenen Bilderfülle lohnt sich zuletzt noch ein Gang über den Klosterbezirk zu den alten, halb in den grasigen Grund eingesunkenen Grabsteinen der Mönche. Auf vielen von ihnen zeigen die eingeschnittenen Steinkreuze längst Verwitterungsspuren, oder sie sind von feinen rostbraunen und hellgrünen Flechten überwachsen. Überall aber ist klar ihre Grundaussage erkennbar, die das typische armenische Steinkreuz — den Chatschkar — kennzeichnet: aus dem Kreuz wächst der Lebensbaum.

Man versuche einmal, einen Chatschkar — wörtlich: Kreuzstein — nachzubilden in Holz, Ton, Stein oder Metall, oder auch nur einen zu zeichnen. Dann wird man selbst bei verhältnismäßig einfachen Formen, die noch ohne die Filigranarbeiten der späteren Zeit auskommen, den Formenreichtum und die gebändigte Kraft der oft schwierigen Materialbearbeitung viel bewußter wahrnehmen und erleben, als es bei der bloßen Betrachtung der Linien und Flächen möglich ist. Die Nachbewegung zieht hinein in das Werk des Künstlers, der nicht nur mit hohem handwerklichen Können, sondern auch mit Überzeugungskraft und Liebe zum Kreuz Christi ans Werk gegangen sein muß.

Da knoten sich elegant die sprödesten Steinbänder zu ebenmäßigen dreiblättrigen Ausläufern der Kreuzesbalken wie zu Blüten; da wölbt sich eine Sternenblume in der Mitte, da ranken Wurzeln aus seinem Fuß und schwingen sich auf zu neuen Kreuzen, neuer Fruchtbarkeit der Erlösung. Manchmal halten Arme, die aus dem Hauptstamm des Kreuzes wachsen, in ihren Händen kleinere Kreuze. Da quillt frisches Knospenleben aus allen Kreuzenden, kosmische Spiralen nehmen diese vitalen Bewegungen auf und spiegeln das kreisende Firmament, das Weltall und seine großen Gesetze.

Reife schwere Trauben wachsen, uralter Vätertheologie gemäß, am Baum des Kreuzes, und die Lebensfülle der Granatäpfel bricht überreif aus seinem Gezweig. Ährenähnliches Wurzelwerk treibt in den Grund, Weinstöcke und Fruchtbäume ranken daraus hervor.

In jedem Kreuz wächst ein Lebensbaum, in jedem Samenkorn seiner Botschaft keimt ein neues eigenständiges Zeugnis seiner unaufhörlichen Kraft. Erde und Himmel werden verbunden, der Kosmos wird zusammen mit dem Menschen in die Erlösung des leidenden und auferstandenen Gottes hineingezogen.

Man möchte den Bildhauern bei der Arbeit zuschauen, man möchte sie im Kloster Geghard, an den hohen Felswänden und in der Kuppel der aus dem Felsen gehauenen Kirche angeseilt, Leben aus dem toten Gestein schlagen sehen, an ihrer Hingabe an die Frohe Botschaft in Holz und Stein teilhaben. Je länger und öfter man Chatschkare betrachtet und in sie eindringt, sich in ihr Geschlinge und ihre strenge Klarheit und ihren organischen Schwung trotz ihrer harten, widerstrebenden Materie einzuleben lernt, desto deutlicher sprechen sie zu einem in derselben Sprache, in der die Armenier am dritten Sonntag in der Fastenzeit in einem nächtlichen Lobgesang nach einem Hymnus des heiligen Nerses Schnorhali singen:

„Sei verherrlicht, ewiger Vater eines Eingeborenen Sohnes,
den du gesandt hast, die verlorenen Schafe zu retten.
Durch die Verdienste der Passion deines Sohnes
führe uns weg vom Weg der Sünde.
Sei erhöht! Unsterbliches Wort und Licht!
Möge Dein göttliches Bild wieder aufsteigen.
Durch die Verdienste Deines heiligen Leidens
mögen auch wir uns wieder erheben,
geführt von deinem Licht,
die wir in Sünde gefallen sind.
Juble, du Wohnplatz des Heiligen Geistes,
beschützt durch die überlegenste Macht, Maria, Mutter Gottes,
aus der das Göttliche Wort geboren wurde.
Zusammen mit dem heimgekehrten Sohn rufen wir Dich an,
gütiger, wohlwollender Vater,
denn wir haben gesündigt gegen den Himmel und gegen Dich,
der unser Versagen gesühnt hat.
Komm zu uns mit Liebe, umarme uns,
denn durch deine Umarmung
werden wir von unseren Sünden gereinigt.“[9]

Der Weg über den Friedhof der Mönche läßt an die Menschen denken, die früher hier gelebt haben. Viele Jahrhunderte lang war diese Insel bewohnt. Man kann es an der Entwicklung der Chatschkare ablesen, die hier einen kleinen Ausschnitt armenischer Kunstgeschichte zusammenfassen. Von den einfachsten Formen an, die an Menhire erinnern, unbehauene oder nur wenig behauene, aufrecht stehende Steine aus der Frühzeit auch in anderen Kulturen, über oft nur sparsam gestaltete, senkrecht aufgestellte stelenähnliche Findlingsblöcke, bis hin zu den komplizierten Filigranbändern und -mustern des 13. bis zum 16. Jahrhundert, der Blütezeit der Steinkreuze, ist hier fast für jede Epoche ein Beispiel zu finden. Nur die ohnehin sehr seltene Darstellung des Gekreuzigten fehlt, die im islamischen Herrschaftsbereich verboten war.

Nicht nur als Grabsteine fanden die Chatschkare Verwendung, sondern sie wurden auch an Kircheneingängen aufgestellt, um den heiligen Bezirk zu kennzeichnen. Einige standen frei, einzeln oder in Gruppen, andere sind in die Architektur von Kirchen und Klöstern, in Wandflächen und Pfeiler eingefügt. Die hohen Felswände des Geghard-Klosters in der heutigen Sowjetrepublik Armenien bieten ein besonders vielgestaltiges Bild. Manche Chatschkare sollten an militärische Siege erinnern, manche an die Wiederherstellung einer Kirche oder eines Klostergebäudes. Als Segenszeichen markierten sie Brunnen und Brücken, Gebietsgrenzen und Wegkreuzungen. Einigen von ihnen wurden Heilkräfte zugeschrieben oder man stellte sie zur Abwehr des Bösen auf. Immer kennzeichnen sie einen Ort als christlichen. Gerade in der Missionierung der Anfänge, als man heidnische Tempel in Kirchen umwandelte oder solche an zerstörten Kultstätten neu baute, waren sie das Siegel des neuen Glaubens, der Übergabe des Landes an Christus. Durch ihre genauen Inschriften halfen sie später übrigens häufig, die zugehörigen Bauwerke zu datieren, deren Alter man sonst nicht hätte feststellen können.

Für einen Steinmetzen war es nicht nur eine anspruchsvolle künstlerische und handwerkliche Leistung, einen Chatschkar zu meißeln, sondern auch ein Akt des Glaubens. Die Steinbearbeitung war äußerst schwierig, denn das Material im Lande des Ararat ist zum großen Teil vulkanischen Ursprungs und setzt dem Werkzeug buchstäblich außerordentlich harten Widerstand entgegen. Vor allem war die schöpferische Formkraft des Bildhauers gefordert, die ihn zu immer neuen Variationen des einen Themas befähigte. Denn es galt die strenge Kunstregel, daß ein Motiv nie kopiert werden durfte, sondern unzählige Male neu und jeweils anders gestaltet werden mußte. Mit Stolz erzählen es heute die Reiseführer in Sowjetarmenien. Was sie *nicht* sagen: daß dafür nicht bloß künstlerischer Ehrgeiz, sondern in erster Linie eine starke, lebendige Liebe zur Botschaft des erlösenden Kreuzes nötig war. Davon zeugen viele bewegende Inschriften.

Diese Botschaft, daß in jedem Kreuz ein Lebensbaum keimt, kann schmerzhaft sein, wenn man den Satz umdreht: daß es neues Leben ohne das Kreuz nicht gibt. Daran dachte ich beim Abschied von der Insel, als wir vom Boot aus zurückschauten und am Kai die zwei türkischen Soldaten stehen sahen, die uns während des Aufenthalts bewacht hatten. Sie hatten unser Fotografieren beobachtet, unser Picknick, unseren kleinen Gottesdienst im Freien. Sie waren mir durchs hohe Gras gefolgt, als ich auf die Suche nach den ältesten Grabsteinen ging und ein paar flüchtige Aufzeichnungen machte. Freundlich und doch mißtrauisch behielten sie mit geschultertem Gewehr die Touristen im Auge. Vor einigen Jahren war hier in der Heilig-Kreuz-Kirche ein junger deutscher Reiseleiter von der Stelle weg verhaftet und für acht Monate ins berüchtigte Gefängnis von Diyarbakir gesteckt worden, weil er an dieser historischen Stelle, die erst Ende des letzten und Anfang dieses Jahrhunderts zerstört und entvölkert wurde, wahrheitsgemäß über den Völkermord an den Armeniern gesprochen hatte. Einige seiner Reiseteilnehmer hatten wohl auch Bücher in armenischer Sprache bei sich und in dieser ehrwürdigen Kirche ein Lied in der Sprache ihrer Väter gesungen. Das war zu viel. Die Spitzel griffen Rolf Baumann und hielten ihn fest. Eine ganze Reihe offizieller Bemühungen, ihn eher freizubekommen, war vergeblich. Acht Monate lang blieb er Gefangener des türkischen Staates, der die Wahrheit bis heute nicht eingestehen will und das Aufdecken der Fakten als Verleumdung bezeichnet. Die Wahrheit, von der die Chatschkare reden, kann schwer sein. Sie besteht im Eingestehen von Schuld, von der man sich nicht selbst befreien kann, auch dann nicht, wenn es die geleugnete Schuld der Vorfahren ist. Leugnung verhindert Versöhnung, verhindert den Segen des Kreuzes, der sich in der Lüge nicht entfalten kann. Wird eine Zeit kommen, in der die unterdrückten Minderheiten in der Türkei, darunter die wenigen noch übrigen Christen, laut und deutlich die Wahrheit sagen dürfen, ohne um Leib und Leben fürchten zu müssen?

Nicht nur das Schwere, sondern auch die Freude der christlichen Botschaft gehört in die Geschichten, die mit der Umgebung des Van-Sees verbunden sind. Sie kommt in den lebensfrohen Reliefs der Kirche auf Aghtamar zum Vorschein, sie belebt auch die Legenden, die zu den damals umliegenden Klöstern des Festlandes entstanden. Ein Beispiel, ein besonders liebenswertes, mag das belegen. Es stammt aus dem Kloster Narek; der schon erwähnte, 945 geborene Dichtermönch Gregor spielt die Hauptrolle der tierfreundlichen Erzählung:

Gregor von Narek und die Tauben

Dem großen Mönch, der schon so tief in die unsichtbare Welt eingedrungen war, daß er kein Zeitgefühl mehr hatte und keinen Kalender mehr besaß, wurden eines Tages, als er gerade aus der Kirche kam, drei zarte junge Tauben geschenkt. Er bat einen Bauern, sie zu schlachten und zu braten. Als die Essenszeit kam, wurden die Tauben auf den Tisch gebracht. Gregor forderte die Mönche auf, sich zu bedienen.

Es war aber Fastenzeit, und man durfte kein Fleisch essen. Die Tauben begannen sich zu regen und sprachen Gregor an: "Vater, weißt du nicht, daß du uns in dieser heiligen Zeit nicht essen darfst?"

Der Mönch erschrak. „Das wußte ich nicht, daß die heilige Zeit der Fasten schon begonnen hat. Verzeiht mir! Aber was soll ich tun? Könnt ihr nicht wegfliegen?" – Die Tauben antworteten: „Das können wir von uns aus nicht. Aber sprich ein Gebet über uns, und du und wir werden frei sein.“

Der Einsiedler rief den Namen Gottes an, machte das Zeichen des Kreuzes über die gebratenen Tauben, betete innig um seine Reinigung für das kommende Fest und um das Leben der Tauben. Kaum hatte er geendet, kehrte Kraft in sie zurück, und sie flogen befreit davon.

Die Mönche waren außer sich vor Staunen und fielen zu den Füßen des Vardapet, des gelehrten Theologen, nieder. Als sie aus dem Refektorium kamen, sahen sie, daß ein Wolf ihnen — ohne sie zu fressen! — Schafe in den Hof gebracht hatte. Auch der Wolf fiel dem Heiligen zu Füßen, und der heilige Vater sagte: „Wenigstens eines dieser Schafe soll schließlich dir gehören.“[10]

3. Die Botschaft der Ruinen von Ani

Nicht nur geographisch, auch geschichtlich ist es ein großer Sprung von Aghtamar im Van-See bis nach *Ani* an der heutigen türkisch-sowjetischen Grenze, östlich von Kars.

Die Stadt *Kars*, gewöhnlich Ausgangspunkt für die Besichtigung von Ani, war in ihrer früheren Geschichte längere Zeit königliche Residenzstadt. Aschot aus dem Geschlecht der Bagratiden hatte den Titel „König der Könige“ erhalten. Sowohl der Kalif von Bagdad als auch der Kaiser von Byzanz sandten ihm eine Krone (885). Sein Sohn Smbat I., der Märtyrer, wurde mit Hilfe des Emirs Yussuf verdrängt und von Gagik von Vaspurakan abgelöst. Er selbst erlitt Folterung und Kreuzigungstod (908). Kämpfe gegen verschiedene Rivalen waren vorausgegangen und blieben auch für die neuen Throninhaber nicht aus. Byzantiner und Seldschuken fielen ins Land ein (1021 und 1055), der gefürchtete mongolische Feldherr Alp Arslan (1064) und später die Georgier (1205). 1514 fiel Kars mit seiner Zitadelle in die Hände des Osmanen Murat III. Dreimal war die Stadt von den Russen besetzt (1805, 1854-1856 und, die längste Periode, 1877-1917), bevor sie drei kurze Jahre lang zur transkaukasischen, dann zur armenischen Sowjetrepublik gehörte. Erst seit 1921 ist sie türkisch.

Dem Fremden, der zum erstenmal hierherkommt, erscheint Kars immer noch wie ein Stück Rußland. Die Häuser aus der Besatzungszeit haben holzgeschnitzte Eingänge und Schmuckfassaden. Man ist an Filme aus Sibirien erinnert, während man sich mühsam von Pfütze zu Pfütze durch den aufgeweichten, von Pferdekutschen zerfurchten Morast einen einigermaßen festen Weg sucht. Holzfuhren gibt es hier noch, von mageren Pferdchen gezogen, und einen bunten Markt, auch offenbare Armut wie in Dostojewskis Roman „Die Erniedrigten und Beleidigten". Zum erstenmal seit meiner Kindheit hörte ich wieder das scharfe Pfeifen und Knallen langer Lederpeitschen und das sirrende, schabende Singen der sich im Wasser drehenden Schleifräder von fahrenden Messerschleifern. Schwärme von bettelnden Kindern folgen den Touristen und bedrängen sie. Einem unserer Gruppe ziehen sie gierig die entdeckten Süßigkeiten und Werbeluftballons einer westdeutschen Sparkasse aus den Taschen. Stumpfe und helle Gesichter sind es, die uns anstaunen, darunter ein uraltes, klagendes eines buckligen Jungen mit verwachsenen Knöcheln, der in seinen Lumpen lang neben uns herläuft und flehende Gebärden macht, nicht verstehend, daß wir ihn nicht verstehen können.

Wasserschleppende Frauen gehen langsam über den Weg, über den Schultern ein leicht gebogenes Joch, an dessen Enden schwere Eimer hängen. Sie gehen gerade und beherrscht, aber zugleich äußerst angestrengt und mühsam. Auch auf dem Feld tun sie die schwere Arbeit.

Die steinerne Brücke über den pappelbestandenen Fluß Kars Çayi wurde erst 1725 erbaut. Von ihr aus sieht man gut vor dem Blechdächergewirr der Wohnhütten die drei türkischen Bäder, die noch benutzt werden und aus denen Rauch und Dampfschwaden aufsteigen; auf der anderen Seite schaut man zur Festung hinauf, die zeitweise eine armenische Bagratidenburg war. Gebieterisch lagert sie über der Stadt. Heute ist sie zu militärischem Sperrgebiet erklärt und daher für uns unzugänglich. Die Nähe zur Sowjetunion ist deutlich.

Zu Füßen des Burgbergs steht die „Kümbed Camii", wie der Führer verheißt, die ehemalige armenische Apostelkirche. Jahrelang war sie Museum, Lagerhaus, Kino, dann diente sie wieder als Moschee, wenigstens das. Wir konnten nicht hineingehen. Nur wenige Jahrzehnte jünger als Aghtamar (unter dem König Abas von 930 bis 937 erbaut), folgt sie, jedoch ungleich schwerfälliger, dem gleichen Prinzip des Grundrisses: von einem Quadrat gehen die vier Apsiden aus, die zusammen ein Kreuz bilden. Von außen sind die Apsiden vieleckig, von innen rund, wie so oft bei den äußerlich festungshaft karg und gedrungen wirkenden Kirchen, die dann innen überraschend reich gegliedert und ausgestaltet sind. Schwer lastet der Tambour mit seinem Ararat-Kegeldach auf dem Unterbau. In den Zwickeln der hohen Blendarkaden um die schmalen Fenster, die als flach aufgesetzte Mauerbogen zugleich der Statik und dem Schmuck dienen, stehen die archaischen Reliefgestalten der Apostel unter einem ebenmäßigen und schönen Ornamentband. Fremdlinge sind sie geworden in diesem Land, aus dem man die Christen vertrieben hat und noch immer vertreibt. Auf dem klaren, strengen Eingangsportikus wächst dichtes Gras, wie auch auf dem Dach der Apsiden. Tauben umfliegen das Gebäude, hinter dem sich Abfälle und Schrott türmen. Als unsere kleine Gruppe zum Gasthof zurückgeht, ruft der erste Muezzin unterm grauvioletten Regenhimmel zum Nachtgebet; andere fallen ein in den arabischen Ruf, daß Einer nur Gott ist.

„Groß ist Allah!" weht es im Regen über die Stadt, die einst Gott in der Gestalt Christi kannte. Warum heute nicht mehr?

Am nächsten Morgen machen wir uns auf nach Ani, gespannt und froh über ein paar flüchtige Sonnenstrahlen, die bald wieder dem Regen weichen. Erinnerungen an Bilder aus Ani, der „Stadt der tausend Kirchen", wie man sie übertreibend gepriesen hat, Erinnerungen an Erzählungen und geschichtliche Daten, die man mir in Jerusalem genannt hatte, tauchen aus dem Gedächtnis während der Fahrt auf. Es muß ein imposantes Trümmerfeld sein, über das der Wiener Kunsthistoriker Josef Strzygowski 1913 in sein Reisetagebuch schrieb: *„Ani ist* *entschieden der Höhepunkt unserer Reise, durch die Fülle der Denkmäler wie durch die unerhörte Schönheit der Landschaft.*" Die Fülle der Denkmäler ist inzwischen durch Regierungsverbote nur noch teilweise zugänglich. Nur wenige ausgewählte Ruinen sind unter Bewachung durch bewaffnete Soldaten, die auf fest vorgeschriebenen Wegen führen, von denen keiner abweichen darf, nur rasch und oberflächlich zu betrachten. Fotografieren ist streng verboten; alle Apparate haben im Bus zu bleiben. Selbst flüchtige Skizzen werden mit Argwohn betrachtet und sind nicht erlaubt. Und was die „unerhörte Schönheit der Landschaft" angeht, so war sie von Regen verhangen, von Wolken bleigrau und dunkelviolett verschleiert, dennoch weit und großzügig. Wir sahen sie eine knappe Stunde lang während der Busfahrt zwischen Kars und Ani, unterbrochen von Kurdendörfern voller Kinder und niedriger Mäuerchen, auf denen Strohmistfladen als Brennvorrat für den langen und harten Winter an der Frühsommerluft trocknen sollten. Dann endlich kamen wir nach Ani, das lang erwartete.

Am „Löwentor" in der mächtigen sienabraunen Stadtmauer trabt im Wappenfeld eine geschmeidige Raubkatze einher. Sie gab dem Tor den Namen. Der hohe Bogen über den runden Türmen zu beiden Seiten des Tores ist zerbrochen, aber noch ist sein schöner, starker Schwung zu erkennen. Gewaltig zieht sich der Mauergürtel mit seinen ausbuchtenden Rundtürmen um die Nordspitze des Terrains herum, dessen langgezogenes Dreieck an den anderen Seiten durch die Flußschluchten des Arpa Çay (oder Achurian) und eines Nebenflüßchens gebildet werden.

Die erste Kirche, die wir sehen durften, war die Gregorkirche des Tigran Honents, am steilen Abhang zwischen dem Fluß und der kleinen Ebene, die sich vom Löwentor her bis zur Kirche sacht absenkt. Trotz des arg beschädigten, Wind und Wetter preisgegebenen offenen zweischiffigen Narthex-Vorbaues, trotz eingestürzter Mauern und verblaßter, abblätternder Fresken ist der Eindruck einer vollkommenen Form erhalten geblieben.

Die Bemalung mit ihren georgischen Inschriften und dem deutlich griechischen Einfluß zeigt bewegte Szenen der Kreuzabnahme und der Grablegung Christi zu beiden Seiten oberhalb der Eingangstür. Sie bereiten draußen auf den reich bemalten Innenraum vor, der bis in die Kuppel hinauf in biblischen Bildern und aus der Geschichte der Kirche zum Betrachter spricht. Über dem Türsturz bewacht ein aufrechter, großflügeliger Engel die Ein- und Ausgehenden. Klar zu erkennen sind Szenen aus dem Leben des heiligen Gregor Lusaworitsch, des Erleuchters, auch eine „Entschlafung Mariens", wie man die Darstellung ihres Sterbens oft nennt. In ein purpurnes Gewand gehüllt, liegt sie in völliger Ruhe mit geschlossenen Augen da, während Christus ihre kleine Seelengestalt behutsam in den Arm nimmt, um sie bei sich in die endgültige Herrlichkeit aufzunehmen. Der Schmerz der Trauernden, die nur den Tod wahrnehmen können, ist in Körperhaltung und Gebärde der Hände so sprechend gestaltet, daß der Beschauer ohne das Hindernis des Zeitabstands mit einbezogen ist in das Geschehen und davon mitbewegt wird.

Ähnlich lebendig ist die gegenüberliegende Szene, die ebenfalls Jesu Macht über den Tod zum Thema hat: die Auferweckung des Jünglings von Nain. Da liegt er in dem von oben sichtbaren Sarg wie ein Kind, das schläft, in Leinenbinden gewickelt. Links neben ihm, etwas unterhalb, kauert seine Mutter weinend am Boden, unter einem Fenster, das beide trennt von der aufrechten, ihnen zugewandten Gestalt Christi, der eine Hand segnend erhoben hat. *„Weine nicht — siehe, dein Sohn lebt!"* —

Wir mußten weitergehen. Leiser Nieselregen fiel in die offene Kathedrale, deren Tambour und Kuppel bei einem Erdbeben einstürzten und ein weites Himmelsrund freigeben. Die Kuppel der Hagia Sophia am fernen Bospurus hatte der bedeutende Architekt Trdat retten können, diese hier über seinem eigenen großen Werk nicht. Mächtige Bogen schließen den noch übrigen Raum in seinen oft als vollkommen bewunderten Maßen nach oben ab. Die zehn schmalen hohen Konchen der weiträumigen Apsis, schlank gewölbte Rundnischen, enden oben in einer konvexen Muschel. Das strenge Rechteck der Außenansicht ließ davon nichts ahnen. Vögel fliegen schrill und heiser schreiend über den Himmelskreis der zerstörten Kuppel. Die vier Hauptpfeiler, die sie einst getragen haben, sind in gestaffelte Bündelpfeiler gegliedert. In der Mitte jeder Seite leitet von einer runden Halbsäule aus ein beinahe zierlicher Zwickel in ein schlichtes Würfelkapitell nach oben über. Dicke, runde Wülste am oberen Rand der Pfeiler und der hochgelegenen Rundbogenfenster unterstreichen und mildern zugleich die Klarheit und Strenge des Baues. Die Fenster sind von Doppelhalbsäulen flankiert, auf denen quer über sie hinausragende Quader liegen, die wiederum einen in die Wand eingelassenen klaren Rundbogen tragen. Ruhe und Besonnenheit geht von dieser Weise zu bauen aus, überlegene Kraft. Nur flüchtig sehen wir noch rasch die beiden liturgisch wichtigen Räume zu beiden Seiten der Altarapsis; nördlich die sogenannte Prothesis, der Vor-Tisch, wo das Abendmahl vorbereitet wurde, und südlich das Diakonikon, ein Raum für die „Dienenden", eine Art Sakristei für die Priester. Flüchtig nehmen wir auch den fein gemeißelten Ornamentschmuck der Rundbogen auf der Außenwand wahr. Es geht alles viel zu schnell. Schon werden wir zum nächsten Besichtigungspunkt weitergetrieben.

Es ist die Moschee des ersten islamischen Herrschers der Stadt, des Seldschuken Menutscher, mit ihrem achteckigen rotbraunen Minarett. Wie ein Fremdkörper steht sie hier. Von den Fenstern ihrer geräumigen Halle aus sieht man hinüber und hinunter zu dem in der Tiefe rauschenden Fluß und zum sowjetischen Grenzgebiet mit seinen düsteren Wachtürmen. Wieviele Kämpfe haben hier getobt, wie viele Menschen durch Gewalt ihr Leben verloren! Die strategisch immer noch günstige Lage erinnert an Eroberungszüge und Verwüstungen früherer Jahrhunderte. Ein zerstörter alter Brückenkopf ist noch zu sehen, dahinter auf einem Hügelsattel das Hripsimekloster mit seinem eingefallenen Zitronenpressendach. Man darf nicht dort hinübergehen, so gern man auch seinen Weg durchs frische, nasse, hohe Gras, das von Blüten farbig gesprenkelt ist, selber suchte.

Es schmerzt zu denken, daß hier einmal blühendes christliches Leben war. Draußen vor der Tür der Moschee liegt ein zerbrochener Chatschkar aus schwarzem Stein, der im Regen dunkel glänzt. Das an den Balkenenden offene armenische Kreuz ist umgeben von je einem Granatapfel in den oberen und je einer vollen Traube in den unteren Ecken der Balken, verbunden durch eine einfache Schlinge. An der Stelle, an der sonst die Wurzeln des Kreuzes ansetzen, wächst eine Hand heraus, die ihrerseits an einem Stab ein kleines Kreuz hält; ein eindringliches Symbol zerstörter Kirche. So hält Armenien, vom Kreuz gehalten, sein Kreuz.

An der Kirche Aschots III. ist wieder, wie auch an anderem Gemäuer und an der leider vom begleitenden Soldaten verbotenen, nur noch zur Hälfte stehenden, ehemals neunzehneckigen Erlöserkirche, die berühmte Schalentechnik der armenischen Bauleute gut zu erkennen. Schicht um Schicht ist hier ihre Arbeit abzulesen.

In der Apostelkirche sind die Hauptträger des Zamatun, des oft weiten Vorbaues armenischer Kirchen für öffentliche Zusammenkünfte, gewaltig diagonal gespannte Bogen, die kreuzweise wie dicke Bänder übereinander liegen, wo man als Europäer eine glatte Nahtstelle oder einen Schlußstein am höchsten Gewölbepunkt erwartet. Bevor ich noch begriffen habe, wie diese Besonderheit technisch gemeistert wurde, müssen wir weiterziehen. Meisterhaft behauene und genial berechnete gewölbte Fenster in den Konchen geben immerhin so viel Licht, daß wir — schon im Hinausgehen — die zahlreichen, teils schon stark verwitterten Chatschkare erkennen können, die auch an den Außenwänden zu entdecken sind. Schwungvolle, organisch gewachsene und verzweigte Wurzelballen treiben aus dem Fuß der Kreuze, erinnern an die tröstliche Verheißung: in jedem Kreuz wächst neues Leben heran. Der Soldat, der zur Eile antreibt, scheucht mich auf, weil ich auf einem Stein sitzend rasch eine Skizze machen möchte. Nein, das gehe nicht, radebrecht er auf Englisch. Auch die Decke der Apostelkirche muß ich so zurücklassen ohne Bild, die schwarzen und roten Steinwaben und -sterne, die wohltuende Fünf- und Sechseck-Geometrie, mit der die Bauleute vollendet gespielt haben, auch die an Tropfsteinhöhlen erinnernden Stalagtitengewölbe am halb verschütteten Eingangstor, die natürliche Formen der umliegenden Felslandschaft aufnehmen und ins Ebenmaß der Kunst verwandeln.

Die große Konzeption hinter jedem dieser Bauten verraten auch einzelne Steinbrocken, die sorgfältig behauen auf Schutthügeln im nassen Gras liegen; einen davon nehme ich zum Ersatz dann doch mit, einen der Deckenwölbung entsprechend behauenen schwarzen Tuffstein. Im Kleinen gibt er vom Großen und vom Können der Steinmetzen ein anschauliches Zeugnis.

Die letzte Kirche, die wir sahen, war die des Königs Gagik I., der in einer der seltenen armenischen Vollplastiken vor seiner Kirche in mächtigem Turban mit dem Modell seiner Stiftung dargestellt war. Aber dieses Werk ist leider nicht mehr da. Das ganze Gelände verfällt immer mehr. Kein Restaurator geht hier ans Werk. Die türkische Regierung ist froh, wenn armenische Spuren verschwinden, läßt sogar an alten Kirchen militärische Sprengübungen vornehmen, um solche Spuren zu verwischen. Auch die grandiosen Ruinen dieser von Gagik erbauten Gregorkirche, die den Entwurf der berühmten Rundkirche von Zvartnots variierte, werden weiter verfallen. Im Kirchenraum liegen gut armbreite Kapitelle und schlankere Säulenstümpfe wie lebendige Wesen umher. Es ist ein Friedhof ohne Frieden. Der Schmuck mancher Kapitelle besteht aus einem meterlangen in Stein aufgerollten dicken Seil, dessen Enden sich in zwei flache Schneckenspiralen einringeln. In der Rille zwischen Säule und Kapitell ist es zu einer starken Kordel gedreht. „*Steintuchrollen wie Raubgut aus heidnischen Buden*", nennt Ossip Mandelstam in seiner Lyrik über Armenien, seinem letzten Gedichtzyklus, solche erstaunlichen Gebilde[12].

Mehr durften wir nicht sehen. Drüben überm Tal wachen sowjetische Grenzsoldaten darüber, ob etwas Verdächtiges geschieht; auf unserer Seite wachen türkische Soldaten darüber, daß durch Ausländer keinerlei Andeutung einer „Verunglimpfung des türkischen Staates", wie sie es nennen, zutage kommt. Es war uns vor Beginn der Reise ernstlich verboten worden, in diesen zwei Wochen über Armenien zu sprechen, weil es zu gefährlich sei.

Die hoch über dem Eingangstor auf der Innenseite aus schwarzem Gestein auf der Spitze stehend eingemauerte Swastika, die unter den vielen anderen Schachbrettmustern der Mauer auffällt, jenes uralte asiatische Glückszeichen, hat uns Deutsche als „Hakenkreuz" erschreckt. Wir können uns daran nicht mehr unbefangen freuen.

Der Blick zurück auf die Ruinen, auf die weitläufigen Spuren der einst blühenden Stadt, in der jetzt nur noch die Feldblumen blühen, macht in der Tiefe traurig und schwer. Der damals regentropfende Himmel schien dem zuzustimmen. Eine unendliche Melancholie liegt über der *„Stadt der tausend Kirchen"*, die so oft erobert wurde. Nach der Seldschukeninvasion, die 1065 zur Plünderung Anis führte, nach der Ermordung Könik Gagiks II. und seiner Söhne, die an byzantinischem Gift gestorben sein sollen, hatte die Bagratidenherrschaft in Ani ein Ende. In der Mitte des 13. Jahrhunderts zogen dann die Mongolen verwüstend durchs Land, und 1319 war es schließlich ein Erdbeben, das die Stadt endgültig buchstäblich ruinierte. Tamer Lan (auch Timur-Leng oder Timur Lenk, 1336-1405) interessierte sich schon nicht mehr dafür. Der mongolische Emir ließ sie bei seinem Überfall auf Armenien links liegen.

Nur etwa ein halber Kilometer Fußweg vom Löwentor ist nötig, um außerhalb der Stadtmauern auf freiem Feld eine Kirchenruine zu besuchen, die zuletzt noch einer freundlichen Erinnerung Platz macht und den düsteren Eindruck aufhellt. Es ist die auf sternförmigem Grundriß erbaute Kirche des Hirten. Über den Anlaß ihrer Errichtung gibt es eine feinsinnige Legende, die etwas vom dicht bevölkerten, wohlhabenden Handelszentrum Ani erzählt und davon, wie hartherzig der Reichtum machen kann, schließlich vom Sieg eines demütigen armen Hirten.

Die Kirche des Hirten

Als Ani noch eine blühende Stadt war, lebte in den Bergen ein armer Schafhirt, der einmal im Jahr, am Ostersonntag, hinunter zur Stadt zu kommen pflegte, um zu beten und im Haus Gottes eine Kerze anzuzünden. Der einsiedlerische Hirt wurde alt, und seine Füße dienten ihm nicht mehr so gut wie früher.

Eines Ostervorabends machte er sich wie gewohnt in die Stadt Ani auf und wanderte die ganze Nacht auf gebirgigen Wegen. Die Frühlingsnacht war dunkel, und manche Pfade führten zu Abgründen, so daß er umkehren mußte. Viele Devs, Koboldgeister, die Ani verlassen hatten, als es christlich wurde, bedrängten ihn und erlaubten ihm nicht, den Beginn des Morgengottesdienstes rechtzeitig zu erreichen. Steine wurden ihm in den Weg geworfen, die ihn in den Abgrund drängen sollten. Er fand seinen Weg nur unter größten Schwierigkeiten, bis er endlich die Kirchen von Ani erreichte. Sie hatten dort das „Kyrie eleison" bereits gesungen. Alle Kirchen waren durchflutet vom Licht angezündeter Lampen und von Menschen erfüllt. Der Einsiedlerhirt versuchte sich mit den Ellenbogen seinen Weg zu bahnen; er versuchte es an der ersten Kirche, dann bei der zweiten, der dritten, der zehnten — aber vergeblich: niemand machte ihm den Weg frei, und der alte Mann hatte keine Kraft mehr, sich durchzusetzen. Er ging zu allen Gotteshäusern, aber umsonst. Er konnte das Morgengebet nicht hören, und die Kerze, die anzuzünden er gelobt hatte, konnte er nicht anzünden. Und Gott etwas im voraus zu versprechen, war schon ein Sünde für sich, denn man weiß nie, was kommt. Der alte Einsiedler war sehr traurig; er ging auf den Stadtplatz und weinte.

Bald strömten die Leute aus den Kirchen. Einige fuhren mit Kutschen, andere ritten auf Pferden, die meisten gingen zu Fuß. Die jungen Männer trugen golddurchwobene Gewänder und die Frauen bestickte Kleider. Alle sahen den zerlumpten, grauhaarigen, tränenüberströmten Mann und gingen vorüber. Die Lumpen und seine Tränen rührten niemanden.

Zuletzt kam der Bischof mit seinen Begleitern, näherte sich dem alten Mann und fragte ihn freundlich: „Warum weinst du an diesem freudigen Morgen?" – „Ich hatte Pech, ich konnte heute nicht beten." – Mahnend sagte der Bischof: „Alte Männer sollten nicht faul werden, sondern noch früher als die jungen zur Kirche kommen." – Der Hirt wehrte sich: „Ich war nicht faul; die ganze Nacht habe ich gekämpft, um nach Ani zu kommen. Meine Muskeln sind nicht mehr löwenstark, und ich bin nicht mehr so flink wie ein Hirsch. Außerdem sind die Leute rücksichtslos zu alten Menschen. Sie haben mir keinen Platz gemacht, um mich zum Beten durchzulassen. Laßt sie in ihren Kirchen beten; mein Herr Bischof, ich bitte dich, für diesen alten, armen Schafhirten eine eigene Kirche zu bauen."

Der Bischof lächelte und sagte väterlich: „In dieser Stadt Ani kostet es viele Taschen voll Gold, eine Kirche zu bauen." Der alte Mann verbeugte sich und sagte fest: „Morgen früh, bevor die Trommel zum drittenmal erklungen ist, wird ein Wildesel an deiner Tür halten, der einen Korb auf dem Rücken trägt. Leere den Korb, und du kannst eine Kirche für einen alten Hirten bauen." Er sagte dies und machte sich wieder zu den Bergen auf.

Am nächsten Tag beim dritten Trommelwirbel kam der Bischof die Stufen seines Marmorpalastes herab und sah wirklich einen Wildesel am Brunnen trinken. Auf seinem Rücken trug er einen ausgedienten Korb, wie ihn die Bettler für ihr Brot haben. Der Korb war so schwer, daß ihn drei junge Männer gemeinsam kaum von dem Eselsrücken herunterheben konnten. Der fromme Bischof besprengte das Gold mit Weihwasser, während er folgende Worte sprach: „Wenn du unreinen Ursprungs bist, so zerfalle in Erde und Asche!" Doch das Gold blieb Gold und verwandelte sich nicht in Asche. Da rief der Bischof die Baumeister von Ani herbei, um die Kirche des Hirten errichten zu lassen. Bis zum heutigen Tag wird sie die Kirche des „Hoviv", des Hirten, genannt. Sie überstand alle Erdbeben und sogar den Durchzug der türkischen Horden.

So alt ist diese Legende offenbar schon, daß sie bereits vor dem letzten Erdbeben, das die Stadt entvölkert hat, schriftlich aufgezeichnet war. Ani blieb verlassen. Nur die Steine reden dort noch und einige wenige Ausgrabungsfunde. Von Kindern, die beim Löwentor schon auf uns warteten, als wir in den Bus einsteigen wollten, erhandelten wir einige Münzen, die von einem neuen Kapitel armenischer Geschichte erzählen: vom Königreich am Mittelmeer, von Kilikien.

4. Kilikien — das armenische Königreich am Meer

Offenbar wurde in Ani mit byzantinischen Münzen bezahlt. Für sie ist charakteristisch, daß sie häufig Thron und Altar im Bild vereinen: Der Kaiser, oft als „doulos Christou", als Diener Christi, bezeichnet, repräsentiert zugleich die höchste weltliche und die höchste kirchliche Instanz. Auf vielen Münzen ist auf der einen Seite er selbst, auf der anderen Christus als Allherrscher oder als Verkünder des Evangeliums mit dem Buch dargestellt, beide in der Regel in strenger Frontalansicht. So ist es auch auf den abgegriffenen, dünnen, zum Teil mit schwarzer Patina und giftgrünem Span überzogenen Silber- und Kupfermünzen, die wir in Ani von den kurdischen Kindern erstanden haben. Deutlich

Bildtafel 6: **Kilikien, das armenische Königreich am Mittelmeer**
Von oben nach unten sind im Mittelfeld die Ruinen der Burgen Lambron, Sis und Anavarza zu sehen. Links oben ist ein bekanntes Bildnis des Katholikos Nerses Schnorhali wiedergegeben, rechts gegenüber das des Königs Levon I. mit der kreuzgeschmückten Krone und vier Löwen auf dem Gewand. Sie spielen auf seinen Namen — Levon, Leo, der Löwe — an. Auch das Siegel seiner goldenen Bulle, das von beiden Seiten gezeigt wird, trägt das Bild des starken Löwen: einmal als Thronsitz für den König, das andere Mal als Kreuzträger.

ist auf einer das Reifendiadem des Kaisers mit dem Kreuz gekrönt; auch dies ein Zeichen für die Verbindung von weltlicher mit geistlicher Macht[13]. Nach dem Untergang des römischen Imperiums war das byzantinische Reich für viele Jahrhunderte eine überragend starke Macht in Europa und im Vorderen Orient[14]. Eines der Zeichen dafür, die noch heute davon erzählen, ist die byzantinische Goldmünze, die bis ins 12. Jahrhundert hinein die einzige Fernhandelsmünze war. Wegen ihrer gleichbleibenden Güte war sie überall sehr begehrt und deshalb auch weit außerhalb des byzantinischen Herrschaftsbereiches verbreitet. Funde im Balkan und in den Küstenländern Vorderasiens lassen auf die ausgedehnten Handelswege der damaligen Zeit schließen. Auch Ani gehörte zu den wichtigen Umschlagplätzen internationaler Güter, vor allem unter der guten Regierung Aschots III. des Barmherzigen (953-977), unter dem die Stadt blühte und gedieh. Wie später in den Häfen Kilikiens mit ihren wichtigen Ost-West-Beziehungen, wurden schon in Ani in alle Himmelsrichtungen Waren geschickt und von dort andere importiert. Im Norden war Trapezunt (das heutige Trabzon) am Schwarzen Meer, im Westen Byzanz (das seit 330 nach seinem Kaiser Konstantinopel hieß), im Osten waren Städte in Indien und sogar in China, im Süden Ägypten wichtige Handelspartner der armenischen Kaufleute. Ihre Teppiche, ihre gut gearbeiteten Metallgeräte, ihr kostbarer Schmuck, ihre sorgfältig gegerbten Pelze und ihre begehrten Waffen tauschten sie ein gegen Porzellan und Gewürze, Glas und Baumwollstoffe[15]. Weite Wege reisten mit den Handelsgütern auch die Zahlungsmittel. Durch wieviele Hände mögen die alten Münzen des großen Reiches gegangen sein, bis sie im 20. Jahrhundert im zerfallenen Ani von kurdischen Kindern aus dem Schutt gebuddelt und feilgeboten, endlich in Deutschland auf meinen Schreibtisch gelangten!

Auf der am besten erhaltenen ist auf der Vorderseite der segnende Christus zu erkennen, bärtig wie auf Ikonen, die als Vorbilder für die Münzprägung gedient haben, und mit dem Heiligenschein, der ihm als Erlöser allein zusteht, dem bekannten Kreuznimbus. Sein Gewand ist ein kostbarer Mantel, vorn mit einer Fibel zusammengehalten. Zwar sind die Gesichtszüge nicht mehr vorhanden, aber dort, wo Stirn und Hand waren, schimmert das Kupfer rötlich in mattem Glanz durch die jahrhundertealte Schwärze der Patina. Nur Haupt und Hand sind so herausgehoben, die Inbilder der Vollmacht eines Menschen.

Kaiser Justinian II. war es, der Ende des 7. Jahrhunderts als erster das Bild Christi auf die Vorderseite seiner Goldmünze gesetzt hat. Von da an eroberte es sich allmählich den beherrschenden Platz in der Münzsymbolik, wurde zum sprechenden Zeichen der byzantinischen Reichsidee. Der Kaiser selbst, der sich auf die Rückseite meiner Kupfermünze setzen ließ, ist kleiner und schmächtiger als die Christusfigur. Er hält das Kreuzszepter in der Rechten, das ebenso wie das Kreuz auf seiner Krone anzeigen soll, unter wessen Oberherrschaft er seine kaiserliche Macht ausüben will; wenigstens formell, denn die harte Wirklichkeit sah oft anders aus. Er trägt ein Festgewand, in dessen neun quadratischen Schmuckfeldern auf der Brust die kostbaren Stickereien der kaiserlichen Purpur- und Brokatgewänder angedeutet sind. Doch bei aller Prachtentfaltung versteht er sich als Diener eines Größeren.

Zweifellos verwandt mit der Kleinkunst der byzantinischen Münzen war die Münzprägung in „Kleinarmenien", wie man Kilikien zur Unterscheidung vom nördlichen Mutterland genannt hat. (Dieses „Kleinarmenien" ist allerdings nicht zu verwechseln mit dem „Armenia minor" der Römer, das viel weiter nördlich im Quellgebiet und am Oberlauf des Flusses Halys liegt.) In Kilikien wurden die meisten Münzen in Sis geschlagen. Der Armenienkenner Josef Weig aus Regensburg — „sein Andenken sei gesegnet!", sagt man im Orient — hat mir einst eine solche geschenkt und erklärt. Sie ist etwa so groß wie die Markstücke, die zur Zeit in Westdeutschland im Umlauf sind, jedoch viel dünner und in der Prägung weicher und feiner. Dieser Denar (armenisch Tank) des ersten kleinarmenischen Königs Levon I. aus der Dynastie der Rupeniden (oder auch Rubeniden, je nach Ost- oder Westdialekt) wurde in Kizkalesi, dem armenischen Korygos, gefunden. Dort gibt es noch eine leidlich erhaltene Landburg und eine etwas besser erhaltene Meerburg an der Mittelmeerküste; beide Anlagen wurden laut Torinschriften von Levon I. gegründet. Bis 1448, nach dem Untergang Kilikiens allerdings unter den Königen von Zypern, blieb der Ort eine christlich-armenische Bastion im islamischen Umfeld. So führt die Betrachtung dieser Münze mitten in die Geschichte jenes Fürstentums und Königreichs, das immerhin fast drei Jahrhunderte lang am östlichen Mittelmeer bestanden und so manchen Kreuzfahrerstaat überlebt hat.

Auf der Vorderseite zeigt die Münze den König auf dem Thronsessel, der mit zwei Löwenköpfen verziert ist — ein staufisches Motiv! Schon ist der Einfluß der europäischen Ritter deutlich, die auf dem Weg nach Jerusalem gern bei den christlichen Armeniern Rast gemacht und ihre Vorräte aufgefrischt haben. In der rechten Hand trägt Levon ein Kreuz, einen Lilienstab, der an die Bourbonen erinnert. Sein voller Lockenbart ist durch ein Halbrund silbriger Punkte angedeutet. Sein faltenreiches Gewand ist schlichter als das kaiserliche auf der Ani-Münze, doch auch seine Krone steht unter dem Zeichen des Kreuzes. Um dieses winzige Monument des Königs herum schließt sich ein Rand wie eine zierliche Perlenschnur, auf der die Zeile der armenischen Umschrift steht. Da ist zu lesen: „Levon, Takavor Hayotz", Levon, König der Armenier. Fast wie ein Ornament wirkt diese schöne, steile, strenge Schrift. Man merkt ihr an, daß sie in Felsen gehauen, in Basalt geschnitten, in Metall gegossen, auf Pergament gemalt wurde. Gerade und fest ist sie, voller Widerstand. Ossip Mandelstam schrieb, daß er diese Sprache möge, in der „die Lettern wie Zangen, die Wörter wie Spangen aussehn"[16]. So klingt sie auch gesprochen, diese Sprache, die Mandelstam im selben Gedichtzyklus die „Wildkatze unter den Sprachen" nennt. Man muß laut vor sich hinsprechen, was hier auf dem Münzrand steht, um ihren Klang zu schmecken: „Levon, Takavor Hayotz".[17] Auf der Rückseite der Münze steht, woher der König seine Würde hat: „durch den Willen Gottes". Diese Rundzeile umschließt zwei stehende Löwen mit fein gelocktem Fell, die mit dem Rücken nach innen sich am Perlenring aufrichten, die beiden Köpfe rückwärts einander zugewandt, zwischen sich den senkrecht aufgestellten Kreuzstab. Levon hatte eine Vorliebe für Wortspiele mit seinem Namen. Levon, Leo, heißt ja Löwe. Auch die Wappensteine am Eingang seiner Burg tragen rechts und links von ihm, der auf dem Thron sitzt, zwei aufgerichtete Löwen[18]. Ein Stück plötzlich lebendiger Vergangenheit, einen kleinen Reflex großer Geschichte hat man mit dieser alten Münze in der Hand, einen originalen Zeugen jener Zeit, in der Kilikien gegründet und nach bewegten Ereignissen wieder aufgelöst wurde. Eine knappe Zusammenfassung seiner Geschichte, in die zu vertiefen sich lohnt, muß hier genügen.

Die grausige Invasion der Seldschuken ins Bagratidenreich mit seiner Hauptstadt Ani (1064) richtete furchtbares Unheil an. Was wir heute nüchtern „Sachschaden" nennen — verbrannte Häuser, ausgeraubte Kirchen, zerstörte Paläste, verwüstete Gärten — bedeutete die Vernichtung unersetzlicher Werte. Noch schlimmer war, wie mit den Menschen verfahren wurde: Mord und Totschlag auf offener Straße, Raub von Frauen und Mädchen, die auf öffentlichen Plätzen geschändet und oft danach getötet wurden, auf Pflastersteinen zerschmetterte kleine Kinder, ehrwürdige alte Menschen, die in den Lachen ihres Blutes lagen, schildert ein zeitgenössischer Historiker voller Entsetzen[19]. Der Fall Anis war mit diesem turanisch-seldschukischen Raubüberfall aus dem Norden besiegelt, das Ende der Bagratidenherrschaft im Kernland Armeniens gekommen.

Doch die Kraft dieses Volkes war nicht gebrochen. Viele flüchteten in Scharen nach Westen in die Balkanländer bis hin nach Polen, wo sie neue Kolonien aufbauten. Andere wanderten nach Süden ins Taurusgebirge und in die kilikische Ebene bis zum Mittelmeer. In diesem seit der Antike häufig umstrittenen Durchgangsland lebten neben anderen Volksgruppen seit langem auch Armenier. Dafür, daß sie dort siedelten, hatten zu verschiedenen Zeiten auch mehrere byzantinische Kaiser armenischer Abstammung auf ihren siegreichen Feldzügen in den Südosten gesorgt. Sie bildeten den Grundstock des neuen künftigen armenischen Reiches Kilikien.

Ein Jahr nach dem seldschukischen Ansturm auf Ani hatte der Katholikos Gregor II. König Gagik von Kars in den Taurus begleitet und in Zamanta seine Residenz bezogen. Damals gab es bereits vom Kaiser als Lehen anerkannte kleine Herrschaftsbereiche einiger Adeliger, die diese im entvölkerten Kilikien neu aufgerichtet hatten. Auch Edessa (heute Urfa), die berühmte Stadt der theologischen Gelehrsamkeit, und Marasch, Melitene (heute Malatya) und Antiochia (heute Antakya) wurden von Armeniern verwaltet, die als byzantinische Beamte eingesetzt waren. Vor allem zwei Familien waren es, die für das rasche Aufblühen des durch Kriegszüge arg geschundenen Landes von Bedeutung waren: Westlich der Kilikischen Pforte leitete Hetum mit dem Zentrum der gewaltigen Festung Lambron seinen Machtbereich. Er war nicht abgeneigt, sich Konstantinopel und damit der byzantinischen Reichskirche anzunähern — eine Quelle endloser Auseinandersetzungen. Im Osten dagegen hatte sich der Adelige Ruben festgesetzt, der mit den Bagratiden verwandt zu sein behauptete, um seine Autorität zu sichern. Er setzte sich mit Leidenschaft für die Eigenständigkeit der armenischen Kirche ein und riskierte dafür sogar die Feindschaft des Kaisers.

Die armenischen „Barone", wie sie sich nach westlichem Vorbild nannten, versuchten durch Ausfälle ins Umland ihre Herrschaftsgebiete stets zu erweitern. So regierte der Sohn Rubens, Konstantin I., schon über ein wesentlich größeres Gebiet als sein Vater. Die von ihm eroberte Burg Vahka diente den Rubeniden sieben Jahrzehnte lang als ihre Residenz. Konstantins Sohn Thoros (oder Theodoros) wiederum eroberte in der kilikischen Tiefebene die wichtige Stadt Sis dazu, die später Sitz des Katholikos wurde, und die mächtige Burg Anavarza (oder Anazarba), die er weiter ausbaute.

Es ist hier nicht der Ort, all die verworrenen Kämpfe und Ränke nachzuzeichnen, die in den gut zweieinhalb Jahrhunderten nach Gründung Kleinarmeniens sein Geschick bestimmten, all die Schlachten und Bündnisse, die wieder verraten wurden, die menschlichen Stärken und Schwächen seiner Herrscher und ihrer Widersacher von außen und innen[20]. Es kann nur um einige wenige Grunddaten gehen, um einige herausragende Ereignisse und Entwicklungen.

So kamen gegen Ende des Jahrhunderts (1097) Fremde ins Land, die großen Einfluß gewannen und umgekehrt viel Gewinn von den Armeniern hatten. Die europäischen Kreuzfahrer, die von Kleinasien her mit erschöpften Truppen durch die orientalische Hitze gegen Jerusalem zogen, waren überrascht und froh, die christlichen Armenier in Kilikien vorzufinden und von ihnen Freundschaft und Unterstützung zu erfahren, ihre Vorräte und Kräfte aufzufrischen und ihre Gastlichkeit kennenzulernen. Sie waren in den Osten gezogen, um die heiligen Stätten aus den Händen der Moslems zu befreien, aber durchaus nicht ohne eigene Interessen wahrzunehmen. Daß die Kreuzritter auf ihrem Weg lateinische Fürstentümer gründen konnten, verdankten sie nicht zuletzt den Armeniern, die sich als starke christliche Enklave in islamischer Umwelt großzügig und militärisch tüchtig an ihre Seite stellten. Die Schenkung von Burgen, Ländereien und Privilegien an den Deutschen Orden[21], die zahlreichen Eheschließungen zwischen den armenischen Baronen und dem fränkisch-lateinischen Adel, die florierenden wirtschaftlichen Beziehungen zwischen den kilikischen Handelsstädten und Venedig, Genua, Marseille und kastilischen Städten festigten ihre Beziehungen[22]. Kilikien wurde zum west-östlichen Knotenpunkt und Umschlagplatz auch für kulturelle Güter. Bis heute lassen sich sprachliche, künstlerische, liturgische Spuren der gegenseitigen Beeinflussung entdecken.

So geht der in der römisch-katholischen Kirche weltweit bekannte Blasius-Segen, der am 3. Februar alljährlich mit der Bitte um Bewahrung vor Krankheit und Not mit dem Zeichen zweier überkreuzter Kerzen gespendet wird, auf den armenischen Bischof Blasius von Sebaste zurück, der wahrscheinlich um 316 unter Licinius enthauptet wurde. Seine Bischofsstadt, das heute türkische Sivas, ist auch bekannt geworden durch die vierzig Märtyrer von Sebaste, die in einem Eissee ertränkt wurden. Ihre weitverbreitete Ikone, die — wie der Blasius-Segen — auch bei uns vielen bekannt ist, ist nur eines von vielen Beispielen jahrhundertelanger lebhafter gegenseitiger Anregungen zwischen dem Orient und Europa.

Levon aus dem Geschlecht der Rubeniden hatte den Wunsch, dem Fürstentum Kleinarmenien, das inzwischen fast hundert Jahre lang bestand, endlich die Würde eines Königreichs zu verschaffen. Er mußte, damit seine Krönung rechtskräftig war, seine Krone aus der Hand eines Kaisers erhalten. Der byzantinische Kaiser, dessen Macht beständig sank, kam für ihn nicht mehr in Frage; er wandte sich an Kaiser Friedrich I. Barbarossa, den Rotbärtigen. Dieser hatte im Mai 1189 mit seiner Kreuzzugsarmee Regensburg verlassen und bereits schwierige Hindernisse überwunden, als er von Kleinasien her sich dem kleinarmenischen Herrschaftsgebiet näherte. Es reichte damals immerhin schon bis Cäsarea (heute Kayseri), tief ins Landesinnere. Levon schickte höflich und erwartungsvoll eine Gesandtschaft entgegen. Eine zweite Gesandtschaft unter der Leitung des berühmten Katholikos *Nerses von Lambron*, dem viel an einer friedlichen Einigung mit der Westkirche gelegen war, kam zu spät, um den Kaiser noch lebend anzutreffen. Groß war Levons Enttäuschung, als er die schlimme Nachricht bekam, daß Friedrich beim Baden oder Durchqueren des Flusses Salef (heute Gök-Su) nicht weit von Seleukia ertrunken war. Aus der Königskrone, die er vom Hohenstaufenkaiser erhofft hatte, wurde vorerst nichts. Trotz dieses Schlages gewährte der Fürst den Rittern des dritten Kreuzzugs volle Unterstützung und half mit bei der Unterwerfung Akkos in Palästina und der Eroberung Zyperns duch Richard Löwenherz von England. Er wurde dafür reich belohnt. Der Herrscher des Heiligen Römischen Reiches Deutscher Nation, Heinrich VI., und Papst Cölestin III., die auf Armeniens Einigung mit Rom hofften und entsprechende Ankündigungen Levons glaubten, sandten den kaiserlichen Kanzler Konrad von Hildesheim mit zwei Kronen in den Osten: eine war für Amalrik von Zypern bestimmt, die andere für Levon I. in Kilikien. Trotz nicht geklärter theologischer und kirchenpolitischer Schwierigkeiten fand seine Krönung schließlich doch statt. Am 6. Januar 1199 wurde sie in Tarsus, dem Geburtsort des Apostels Paulus, in der Kathedrale glanzvoll gefeiert. Erlauchte Gäste gaben dem Ereignis seine gebührende Ehre: der armenische Katholikos Gregor VI. Pahlavuni, der gemeinsam mit dem päpstlichen Legaten, dem Kardinal Konrad von Wittelsbach aus Mainz, die Krönung vornahm; der griechisch-orthodoxe Erzbischof und der jakobitische Patriarch aus den Nachbarkirchen, sogar eine arabische Gesandtschaft aus Bagdad und viele Adelige zeigten durch ihre Anwesenheit, daß Kilikien ein ernstzunehmendes Königreich war.

Unter Levon und später unter seinem Schwiegersohn Hetum I., der über vierzig Jahre lang regierte, erlebte das Land seine höchste Blüte. Beide Herrscher waren geschickte Verhandlungspartner, die allerdings auch vor Täuschungen zu ihrem Vorteil nicht zurückschreckten und denen der Zweck so manches Mittel heiligte. Auch die Töchter Hetums mußten diplomatischen Zielen dienen und wurden unter politischen Rücksichten an Kreuzfahrerdynastien in Antiochien, Sidon und Zypern verheiratet. Selbst die Mongolen konnten durch eine Reise des kilikischen Herrschers zum Khan nach Karakorum (1253) besänftigt und an ihrem räuberischen Einfallen gehindert werden. Ein Nachteil des Übereinkommens mit den Mongolen zeigte sich jedoch bald, als sie von dem Mamelukensultan aus Ägypten 1260 bei Nazareth vernichtend geschlagen wurden und dessen General Baybar von Süden her brandschatzend und raubend ins jetzt ungeschützte Kilikien vordrang. Als Hetum von einer Reise aus Täbriz zurückkam, wo er zum Schutz seines Landes hatte verhandeln wollen, fand er es verwüstet und trat die Königswürde resignierend an seinen Sohn Levon II. ab. 1270-1289 konnte der neue Herrscher die Kriegswunden weitgehend heilen. Als Marco Polo 1271 den Mittelmeerhafen Ayas sah, pries er die große Stadt mit ihrem ausgedehnten Handel in seinem Reisebericht.

Neue Angriffe der Mameluken folgten jedoch und, was noch schlimmer war, gegenseitige Angriffe der fünf Söhne Levons nach dessen Tod, weil sich die Brüder über die Thronrechte nicht einigen konnten. Durch ihre Zerstrittenheit gelang es den Ägyptern, den stark befestigten Patriarchatssitz Hromkla am Euphrat zu stürmen, der dort seit

1151 eingerichtet war. Furchtbare Menschenschlächtereien und Plünderungen waren die Folge, auch unter den weiteren Herrschern, von denen im Abstand von nur wenigen Jahren mehr als einer heimtückisch umgebracht wurde. Schließlich gab es keinen Thronerben mehr. Man wich aus auf einen entfernten französisch-katholischen Verwandten, Guy des Lusignan, der wenig Interesse am Fortbestand armenischer Tradition hatte und einen westlich geprägten Hof mitbrachte. Auch er wurde Opfer eines Meuchelmords (1344). Während der Regentschaft eines nach ihm gewählten Königs Konstantin III. (1344-1363) fielen wieder die Mameluken ins Land, die 1347 den letzten wichtigen Hafen, Ayas, eroberten und sperrten. Sie und die mörderisch von Asien her nach Europa schleichende Pest, die als „schwarzer Tod“ die Bevölkerung rasch dezimierte, setzten dem Königreich ein Ende. Der fünfte und letzte Levon, der vielleicht illegitimer Thronfolger war[23], sah sich von Gegnern umringt, und zwar nicht nur von Mameluken, sondern auch von neidischen armenischen Baronen. Er kapitulierte und wurde als Gefangener 1375 zusammen mit seiner Gemahlin Marguerite von Soissons und ihren beiden Kindern nach Kairo gebracht. Was wohl aus diesen dreien geworden ist? Die Geschichtsbücher sagen nichts darüber. Sie berichten lediglich, daß Jehan Dardel, ein Franziskanermönch, an europäischen Königshöfen das Lösegeld für Levon V. sammelte und ihn tatsächlich freikaufen konnte. Levon reiste nach Paris, wo er im November 1393 starb. An der Seite der französischen Könige setzte man ihn in einem feierlichen Staatsbegräbnis im Zölestinerkloster bei, das in den Revolutionswirren des 18. Jahrhunderts aufgelöst wurde. Heute kann man Levons Grabmal in St. Denis besuchen.

Was bleibt von Kilikien, diesem erstaunlichen Ableger Großarmeniens? Es stehen noch immer Reste imposanter Burganlagen[24], es gibt noch Münzen, die von vergangenen Herrschern erzählen, es gibt — weit in der Welt verstreut, wie die Armenier selbst — in Bibliotheken und Privatsammlungen noch einige gerettete herrliche Beispiele kilikischer Buchmalerei, die damals zum letztenmal zu hoher Meisterschaft gelangte[25]. Der Name *Thoros Roslin,* der auf Kunstpostkarten und in Bildbänden von Jerewan über Jerusalem, Köln, London bis New York und Los Angeles zu finden ist, mag für alle anderen Künstler stehen, die es außer ihm noch gegeben hat und die ihr Leben dem schöpferischen, friedlichen, fruchtbaren Armenien gewidmet haben, das nicht untergeht. Und es gibt — außer seinen noch immer gesungenen Hymnen — die maßvollen und sprachgewaltigen Briefe des guten *Nerses Schnorhali,* der ein ermutigender Ökumeniker war. Einige Sätze aus seinen Briefen an den byzantinischen Kaiser Manuel I. Komnenos (1143-1180) werfen ein Licht auf seine vorbildliche Haltung, die auch in Zukunft lebendiges Erbe Kilikiens bleibt:

„*Laßt uns nicht einander gegenseitig kritisieren im Geist der Feindseligkeit und mit unnützen Streitigkeiten, wie es bisher geschehen ist, ein Vorgehen, von dem die Kirche in all den Jahren weniger Nutzen als Schaden hatte; laßt uns die Angelegenheit in Demut und Ruhe prüfen.*

. . . *Man sollte in allen Kirchen Eures Herrschaftsgebietes Anweisung geben, zu Gott zu beten, daß unsere gute Absicht nicht vom Satan, dem Widersacher Gottes, gehindert werde, sondern daß Gott sie in seinem Erbarmen zu einem guten Ende führe. Wir haben unsererseits an alle Kirchen im Osten und in Großarmenien*" (d.h. in Kilikien und im armenischen Mutterland) „*geschrieben, daß man dort die gleichen Flehrufe an Gott richten möge. Laßt uns endlich der Krankheit, die schon so lang dauert, ein Ende machen und damit dem Kummer Gottes wegen unserer Spaltungen. Von jetzt an binde Gott die Kinder des neuen Zion durch das Band der Liebe zur Einheit zusammen. Laßt uns ihm, der die Quelle unserer Freude ist, zusammen mit den Engeln für unsere Versöhnung jubelnd danken.*"[26]

Nicht auszudenken, welche einigende Kraft davon ausgehen könnte, wenn alle Christen seinen Rat beherzigen würden, all die vielen Konfessionen und Gruppen, die sich auf Christus berufen! Ausgegangen war das Werk Christi von Jerusalem, dem Glaubenszentrum vieler, die seinen Namen tragen. So ist Jerusalem die älteste Heimat auch der armenischen Kirche. Doch bevor wir uns Jerusalem zuwenden, sei ein Exkurs zu armenischen Inseln im Abendland erlaubt.

5. Armenische Inseln in Europa

Nach den furchtbaren Verwüstungen in Großarmenien, die erst durch die Seldschuken, später durch die Mongolenstürme unter Dschingis-Khan und seine Nachfolger angerichtet worden waren, und nach dem Ende Kilikiens als Königreich geriet die Bevölkerung Armeniens mehr und mehr unter islamische Herrschaft. Der türkische Führer Osman, der dem späteren Reich seinen Namen geben sollte, konnte bis zum byzantinischen Teil Kleinasiens vordringen und in den ersten Jahrzehnten des 14. Jahrhunderts auf kämpferische Weise den Islam

Bildtafel 7: **Armenische Inseln in Europa**
Im Mittelfeld ist oben der Gründer des Mechitaristenordens zu sehen, wie er als Abt auf der Insel San Lazzaro bei Venedig aussah, Mechitar von Sebaste, unten der heutige Generalabt des Mechitaristenklosters in Wien, Seine Exzellenz P. Gregoris Josef Manian. Zwischen beiden ist ein Flabellum abgebildet, ein in der Liturgie gebrauchter Stabaufsatz aus verzinntem Kupfer (1770). Links davon ist eine ostarmenische Mitra (Inful) aus dem 19. Jhd. zu sehen; rechts ein Vardapetstab (18. Jhd.) aus Kilikien, das Würdenzeichen eines Priesters mit dem Doktorgrad der Theologie. An seiner Spitze thront das Kreuz auf der Weltkugel, flankiert von zwei Schlangen- oder Lindwurmköpfen. — Unten links ist ein Beispiel armenischer Teppichwebkunst gegeben, ein sog. Wolkenbandkasak; rechts ein Pluvialefragment aus Westarmenien (1711), Teil eines liturgischen Gewandes mit dem Kreuz im Zentrum. Unter dem Kreuz stehen die Gottesmutter und Johannes der Evangelist. Umgeben ist es von Sonne, Mond, Sternen und Blumen, Symbole für den ganzen Kosmos.

mitbringen. Neue Mongolenstürme brachen ein. Timur Lenk, auch Tamerlan genannt, ihr Führer, war bekannt für seine gnadenlose Grausamkeit gegen jeden Widerstand. Weder Muslime noch Christen wurden verschont. Doch nach seinem Tod (1405) gewannen die Osmanen manche ihrer Gebiete wieder zurück. Ihre Macht wuchs deutlich, als der osmanische Sultan Mohammed II. im Jahr 1453 Konstantinopel, die letzte christliche Bastion im Nahen Osten, erobern konnte. Da er die Armenier als begabte und loyale Untertanen schätzte, die er für wichtige Ämter seiner Regierungsverwaltung gut brauchen konnte, gewährte er ihnen den Sonderstatus einer religiösen Minderheit, die sich selbst verwalten durfte. Das im Osmanischen Reich gültige Verwaltungssystem konnte die vielen Völkerschaften innerhalb seiner Grenzen nur dadurch regieren, daß die Millets, die einzelnen Bezirke, relative Eigenständigkeit bewahrten. 1461 erhielten die Armenier ausdrücklich das Recht, unter einem Patriarchen, der zugleich gesetzlicher Vertreter der Armenier und aller nicht griechisch-orthodoxen Christen war, die kirchlichen und weltlichen Angelegenheiten selbst zu regeln. Man schätzte vielfach die Armenier wegen ihrer hohen Bildung und ihrer Sprach- und Verhandlungsgewandtheit und betraute sie mit verantwortungsvollen Ämtern[27].

Die Kämpfe zwischen dem Osmanischen Reich und den Persern nahmen indes kein Ende. Sultan Selim I. eroberte 1512 Kilikien und weite Teile Ostarmeniens bis Täbriz. Die Grenzlande blieben unruhig, die Armenier unterdrückt und belastet von der häufig feindlich gesonnenen moslemischen Mehrheit, Jahrzehnt um Jahrzehnt. Ein knappes Jahrhundert nach Selims Raubzug, mit dem er nach Osten ausgegriffen hatte, sah sich der persische Schah Abbas I. in einem der Grenzkämpfe zum Rückzug gezwungen. Dabei zerstörte er, um dem Feind nichts übrig zu lassen, die armenischen Gebiete und entvölkerte sie auf brutale Weise, indem er Tausende von Familien aus ihrer Heimat deportierte und weiter östlich — soweit sie die Strapazen überlebten — ansiedelte: teils in Afghanistan, teils bei Isfahan, wo bald eine blühende neue armenische Kolonie entstand. Neu-Dschulfa mit seinen fleißigen und handelstüchtigen Armeniern belebte die Wirtschaft des Schahs, wie er es erhofft hatte[28].

Gediegene Handwerksarbeiten entstanden, vor allem in Silber- und Goldschmiedewerkstätten und in Teppichwebereien, die weithin berühmt waren. Solch tüchtigen Untertanen gewährte der Schah gern Privilegien und auch religiöse Freiheit, so daß sie Kirchen und Klöster bauen und sich wieder einmal ein eigenes kleines Armenien in der Fremde bauen konnten.

Doch im Kernland nahmen die Schwierigkeiten, vor allem in den Ostprovinzen, kein Ende. Ein allgemeiner Niedergang des kirchlichen Lebens war — von wenigen Ausnahmen abgesehen — die Folge. Von den zu wenigen Seelsorgern, die den Armeniern zur Verfügung standen, waren nicht alle von ihrer Berufung durchdrungen, sondern unter dem ständigen Druck träge und gleichgültig geworden. Viele armenische Familien waren der islamischen Welt ausgesetzt, ohne geistige und geistliche Nahrung von ihren eigenen Seelsorgern zu bekommen. Es gab zwar auch die große Glaubenstreue, den Starkmut im Verborgenen, die ungebrochene Liebe zu Christus und seiner Gemeinde, die allen Widrigkeiten zum Trotz durchhält und an ihnen noch wächst. Aber es gab auch das Abflauen, das Nachgeben und Erlahmen, wo die Ermutigung und die Seelsorge fehlten.

In jener Zeit wurde in Sebaste, dem heutigen Sivas in der Osttürkei, ein kleiner Manuk geboren (1676), der mitten im Widerstreit späterer Meinungen über sein Lebenswerk als großer spiritueller Lehrer und Sprachgelehrter, als Ordensgründer und geistlicher Vater vieler Söhne die „Sonne Armeniens" genannt wurde[29]. Seinen neuen Namen Mechitar, unter dem er berühmt wurde, erhielt er bei seiner Diakonatsweihe. Tröster bedeutet dieser bei Armeniern noch heute beliebte Name, und sein Träger machte ihm Ehre.

Bei einem Priester lernte der Knabe lesen und schreiben, bei zwei frommen Schwestern nicht weit vom Elternhaus erhielt er weitere Erziehung und geistliche Anregung, da sie wie kontemplative Ordensfrauen lebten und seinen Wunsch, Mönch zu werden, mit Freude verstärkten. Schon sehr früh, mit fünfzehn Jahren, erhielt der Knabe im nahegelegenen Heilig-Kreuz-Kloster nach damals üblichem orientalischem Brauch die Weihe zum Diakon. Doch seine Sehnsucht nach konsequentem, klarem, weiterführenden geistlichem Leben wurde dort nicht erfüllt. So wandte er sich an einen Gast des Klosters, Bischof Michael aus Edschmiatsin, und bat ihn, sein Schüler werden zu dürfen und ihn auf seiner Reise mitzunehmen. Die anfängliche väterliche Fürsorge des Bischofs schien sich aber bald in damals leider oft übliches bequemes Sich-bedienen-Lassen zu verwandeln, so daß Mechitar von neuem leer ausging. Sollte die lange und beschwerliche Reise über Erzurum zum berühmten Sitz des Katholikos in Edschmiatsin, dem Gelehrtenzentrum, vergeblich sein? Durfte Mechitar wiederum nicht hoffen, gründlich ausgebildet zu werden, statt nur Laufbursche und Hausdiener zu sein?

Die Begegnung mit einem Jesuitenpater, der Mechitars Vorgesetzten besuchte, brachte eine unerwartete neue Anregung: die Berührung mit der abendländischen Kirche und der Lehre der seit der Kreuzfahrerzeit immer noch „fränkisch" genannten Priester der römischen Kirche. Fragend und suchend wandte sich Mechitar der Lektüre westlicher Theologie zu, zugleich betend um Klarheit. Mit Hilfe eines ihm wohlgesonnen Mönches gelang ihm die Flucht zum Kloster auf der Insel im Sevansee, das für sein vorbildliches Mönchsleben bekannt war. Dort wollte er einen neuen Anfang wagen. Obwohl er sich gern dort in die strenge Lebensordnung einfügte und man ihn gern behalten hätte, mußte er weitersuchen, in der ihn oft bedrückenden Ungewißheit über seinen späteren Auftrag weiter um Weisung bitten. Seine Biographen berichten, daß ihm eine nächtliche Vision entscheidend weitergeholfen und ihm die Kraft gegeben habe, aus der geborgenen Welt des Sevan-Klosters erneut aufzubrechen und sich der nächsten Karawane nach Sebaste anzuschließen. Zurück in seinem Kloster Surb Nschan, Heilig-Kreuz, verfolgte er mit wacher Aufmerksamkeit alle theologischen Kontroversen, die zwischen den sogenannten Unierten, den mit Rom verbundenen armenischen Christen, und den Nicht-Unierten, den seit dem Konzil von Chalkedon von Rom getrennten Armeniern, ausgetragen wurden. Er studierte kritisch die Literatur, die er darüber bekommen konnte und versuchte, ein klares Bild der geschichtlichen Entwicklung und der gegenwärtigen Schwierigkeiten zu gewinnen. Immer mehr fühlte er sich angezogen von der „katholischen", der umfassenden Wahrheit der Kirche, die auch das einigende Petrus-Amt des Bischofs von Rom umfaßt. Sein Wunsch, Rom zu sehen und im Abendland so gründlich zu studieren, wie es ihm in Armenien nicht gelungen war, führte ihn über Aleppo. Dort begegnete er erneut einem Priester der „Gesellschaft Jesu", der intensive Glaubensgespräche mit ihm führte. Im Frühjahr 1695 legte er, zusammen mit einem Freund und Reisegefährten, in die Hände des Jesuiten P. Anton Beauvollier das katholische Glaubensbekenntnis ab. Dieser stellte ihm für seine Studien in Rom ein Empfehlungsschreiben aus und entließ ihn, nach Mechitars ausdrücklichem Wunsch, zur Weiterreise. Aber schon in Zypern wurde er krank. Die Reise nach Westen war beendet. Es begann eine Odyssee durch Armenien, bis er wieder in seinem alten Kloster in Sebaste ankam. Die Klarheit seiner Lebensführung, die er trotz mancher harter Anfeindungen durchhielt, machte ihn bald bekannt. Im Frühjahr 1696, mit zwanzig Jahren, wurde Mechitar zum Priester geweiht.

Sein seit langem gehegter Wunsch, eine Gemeinschaft gut ausgebildeter Ordensleute zu gründen, die aufrichtige Treue zur armenischen Nationalkirche mit dem Bekenntnis zur katholischen Wahrheit der Gesamtkirche verbinden sollte, war lebendiger als je zuvor. Trotz unablässiger Schwierigkeiten, körperlicher und seelischer Leiden, weiteren unruhigen Wanderlebens, gelang es ihm 1701 in Konstantinopel, mit Gleichgesinnten einen Anfang zu machen. Nach außen hin eine Buchbinderei, nach innen hin ein Kloster nach den Prinzipien des Einsiedlermönches Antonios, war sein im Stadtteil Pera gepachtetes Haus in aller Abgeschiedenheit eine vitale Keimzelle des künftigen Ordens der „Adoptivsöhne der Jungfrau, Lehrer der Buße", wie sich die Brüder zunächst nannten. Aber der Streit zwischen Unierten und Nicht-

Unierten flammte immer wieder von neuem auf. Die Neugründung konnte nicht geheim bleiben und war bedroht. Im September entschloß sich die Gruppe, nach Griechenland aufzubrechen, zur Halbinsel Morea, wie der Peloponnes damals hieß; zu dieser Zeit stand er unter venezianischer Herrschaft. Dort wollte Mechitar die junge Gemeinschaft von zehn Männern sich festigen lassen und im Schutze der katholischen Oberhoheit zu wirken beginnen. So wurde das Fest Mariä Geburt, der 8. September 1701, zum Geburtstag der Mechitaristen-Kongregation, wie sie allerdings erst viel später in Italien genannt wurde. Vorläufig gelobte die Gründergruppe mit Mechitar, ihrem gewählten Oberen, nach der orientalischen Regel des Antonios zu leben. Der Aufbruch und die Überfahrt über Smyrna, wo Mechitar bereits steckbrieflich gesucht wurde, waren voller Hindernisse. Doch endlich hatte die Schar, die bald „Padri Armeni" genannt wurde, eine neue Bleibe gefunden, konnte sich der Seelsorge und dem Bau eines Klosters widmen, der Kultivierung des gepachteten Landes und dem Studium. 1708 begann man mit dem Bau einer Kirche, die der Erzbischof von Korinth weihte. Zwar ließ die erbetene Anerkennung der Gemeinschaft durch Rom jahrelang auf sich warten, doch endlich kam sie und gliederte offiziell die junge Gründung dem weltweiten Gesamtorganismus der Kirche ein. Die Freude war groß. Den Mönchen war zur Auflage gemacht worden, sich entweder für die Regel des Basilius oder für die des Augustinus oder für die Benedikts zu entscheiden. Ihre Wahl fiel auf den Mönchsvater des Abendlandes, Benedikt von Nursia, dessen berühmte Regel schon im 12. Jahrhundert von Nerses von Lambron, dem unionsfreundlichen Bischof in Kilikien, übersetzt und bekannt gemacht worden war. Mechitar war nun Abt, seine Gemeinschaft ein Benediktinerkonvent.

Doch das blühende Kloster bestand nicht lange. Im 1714 ausgebrochenen Krieg zwischen der Türkei und der Republik Venedig wurde es gänzlich zerstört. Mechitar und eine Gruppe seiner Leute hatten sich im Winter nach Venedig aufgemacht, und einige wenige Freiwillige waren zurückgeblieben, um weiter den Gottesdienst zu halten und das Kloster zu überwachen. Wehrlos mußten sie miterleben, daß ihre Arbeit von elf Jahren in Flammen aufging. Sie selbst wurden als Gefangene der Türken beinahe getötet, dann aber für viel Geld von armenischen Kaufleuten freigekauft und in Konstantinopel ausgelöst. Im März 1716 folgten sie den anderen Mönchen nach Venedig, wo ihnen die Republik mit Freuden Aufnahme gewährte; denn ihr guter Ruf war ihnen längst vorausgeeilt. Da man wegen der drangvollen Enge in der Stadt keine weiteren Ordensgemeinschaften aufnehmen durfte, bot man den Mönchen die ehemalige Leproseninsel San Lazzaro in der Lagune vor der Stadt an, ungefähr zwischen Riva degli Schiavone und Lido. Mit neuem Mut setzten die neuen Bewohner der Insel die dort verfallenden Gebäude und die Kapelle instand und begannen wieder ihr monastisches Leben, das sie in Griechenland hatten aufgeben müssen. Wiederum an einem 8. September, sechzehn Jahre nach ihrer Gründung, zogen die armenischen Benediktiner in San Lazzaro ein. Mechitar bewährte sich als Vater seiner Mönche, als Architekt der Um- und Neubauten, als Dozent für Philosophie und Theologie, als gütiger und strenger Novizenmeister für die sorgfältig ausgewählten ausschließlich armenischen Schüler und Seminaristen. Außerdem trat er hervor als Sprachwissenschaftler und Herausgeber einer reich bebilderten Bibel, eines umfassenden Wörterbuchs und einer vielgerühmten Grammatik, als Autor eine Katechismus, als kluger Ratgeber für viele Korrespondenten im In- und Ausland. Fast zweiunddreißig Jahre lang wirkte er unermüdlich, bis er am 27. April 1749 starb. — Wird ihn die Kirche, zu der er sich unter so vielen Opfern bekannte, vor dem Vergessen bewahren und ihn, trotz abgebrochener Anläufe zu einem entsprechenden Prozeß, in den Kanon ihrer Heiligen aufnehmen?

Nach dem Tode des Gründers entstand eine Spaltung unter den Brüdern, die dazu führte, daß einundzwanzig von ihnen in Triest ein Zweigkloster gründeten. Auch dort blühte bald wissenschaftliches und spirituelles Leben, dem jedoch Napoleon durch seine Eroberung ein ähnlich jähes Ende bereitete, wie damals die Türken der Neugründung in Griechenland. Als „Armenische Akademie", in die Mechitar sein

Haus in kluger Weise umbenannt hatte, blieb San Lazzaro bei Venedig verschont. Die Mechitaristen von Triest, wie sie sich jetzt selbst nannten, die unter Kaiserin Maria Theresias Schutz begonnen hatten, konnten ihr Werk als österreichische Untertanen in Wien fortsetzen und durch Kaiser Franz eine Bleibe im ehemaligen Kapuzinerkloster im VII. Bezirk finden; heute Mechitaristengasse 4. Auch hier entstand ein Zentrum geistigen Schaffens, das weit über die Landesgrenzen hinausstrahlte und durch seine Schulen und Seminare, sein Museum, seine Bibliothek und seine apostolische Tätigkeit bis heute segensreich wirkt[30].

Für das Mechitaristenkloster in Wien, eine „Insel" armenischen Lebens in Österreich, gilt genauso wie für die Mönche in Venedig, was eine Tafel auf dem Friedhof von San Lazzaro über ihr Leben sagt:

„*Freiwillig verließen sie ihr Vaterland*
und kamen zu dieser einsamen Insel,
weihten sich Gott, dem höchsten Herrn, zum Dienst,
der Gottesmutter und dem armenischen Volk.
Gemeinsam strebten sie nach demselben Ziel,
Patres und Laienbrüder, Söhne Mechitars.
Ihre Hoffnung war auf Gott allein gerichtet.
So erwarten sie den Tag des Lebens,
an dem der Tod besiegt und alles erneuert wird.
In verklärter Gestalt
mögen sie dereinst in den Himmel aufgenommen werden."

Es mag erlaubt sein, von den Mechitaristen in Wien noch einige persönliche Eindrücke anzufügen, etwas aus ihrer Welt zu erzählen. An einem kühlen, sonnigen Sommermorgen 1983 fand ich in der Nähe des Volkstheaters den Eingang zur Kirche, über dem mir zum erstenmal seit vergangenen Jerusalemer Tagen armenische Schrift in der Öffentlichkeit begegnete. Zwei schlichte Türme, eine Fassade aus dem vorigen Jahrhundert, eine halboffene Tür, dann drinnen eine verschlossene Holztür mit Glasfenstern. Ein vergilbtes, mit Reißzwecken schief befestigten Pappschild gab Auskunft: „Diese römisch-katholische Kirche wurde im Jahre 1874 von den Mechitaristen anstelle einer alten Kapuziner-Kirche erbaut. Sie ist ‚Maria-Schutz' geweiht. Der Gottesdienst ist in altarmenischer Sprache und Form (Ritus). Alle römisch-katholischen Gläubigen können hier ihre Sonntagspflicht erfüllen und die Sakramente empfangen." Befremdlich wie dieses Schild schienen mir auch die abgeblätterte Farbe, die verstaubten Ecken, eine gewisse südländische Nachlässigkeit. Doch vergessen war dieser erste Eindruck dann bei der freundlichen Begrüßung an der Klosterpforte um die Ecke. Eine halbe Stunde später könne ich zum „Pater Generalabt"[32], bei dem ich schriftlich angemeldet war, kommen, dann habe er Zeit.

Ein farbiges Kalenderblatt über dem Pförtnertisch hielt mich noch einen Augenblick fest: der Ararat. Vor wenigen Wochen hatte ich ihn gesehen. „Oh!" fragte der ältere Herr interessiert, „von der sowjetischen Seite aus?" — „Nein, noch näher, von Dogubayazit aus, in der Osttürkei." Seufzendes Bedauern: „Wir können da nicht hin, wir nicht."

Später daß ich dann wartend im Besuchszimmer. Geschnitzte schwere Möbel, ringsum Bilder aus der Geschichte Armeniens mit Ausnahme einer großflächigen Darstellung des kleinen Moses, der in seinem Körbchen am Nilufer entdeckt wird — von einem armenischen Maler? Bald kam der Abt, schmal und hoch, obwohl er nicht groß ist, ruhig klar, zunächst knapp und streng: „Was wünschen Sie?" Kurz wiederholte ich, was ich in dem Anmeldebrief mit der Bitte um einen Besuch des Museums geschrieben hatte. Doch er schien darüber hinwegzugehen. „Also, was wünschen Sie?" Er hatte sich gesetzt und auch mich dazu aufgefordert. Auf dem runden Tisch zwischen uns lagen meine Fragenliste und Karteikarten. Ich suchte nach einer neuen Formulierung, während seine durchdringend forschenden Augen wiederholten, was er nun zum drittenmal fragte: „Was wünschen Sie genau?" — Ich legte ihm ein wenig ratlos meine Liste vor. „Darf ich Sie diese Dinge fragen?" Er sah sie rasch durch. „Gut", sagte er dann, „gehen wir in die Bibliothek hinauf." In einem altertümlichen Aufzug mit durchsichtigem Metallkorb fuhren wir nach oben. Der Fußboden der Kabine war ein Mosaik, wahrhaftig, schon wieder der doppelgipflige Ararat. Fast wagte ich nicht, darauf zu treten, jedenfalls nicht auf den schneebedeckten Gipfel. Der Abt lächelte. „Ich habe ihn nämlich kürzlich gesehen", sagte ich verlegen. Er schien schwerhörig zu sein. Skeptisch und belustigt zugleich vergewisserte er sich: „Sie haben den heiligen Berg der Armenier gesehen?" — „Ja, ich war in Armenien Ende Mai, Anfang Juni." — Jetzt senkte er den Kopf und schaute den Ararat am Boden der Kabine an. „Sie Glückliche", sagte er leise. „Haben sie auch Ani gesehen?" — „Ja." Erst später las ich, daß aus einer alten Adelsfamilie in Ani stammt. Er hat es nie sehen können.

Er schloß die Bibliothek auf wie einer, der seine Schatzkammer öffnete, und so war es ja auch[33]. Viel zu rasch gingen wir von einem Raum zum anderen. Wie oft hatte er das mit Besuchern schon getan! Mir aber war alles neu, und ich war überrascht und überfordert, so vieles so schnell aufzunehmen. „Dies ist die armenische Literatur, sehr alte Handschriften", so und so viele und aus so und so vielen Jahrhunderten. Er gab präzise Daten, aber ich konnte sie nicht behalten. In einem Raum stand eine Art Holzturm mit Glasfenstern, ein Geschenk des Kaisers zu einem Jubiläum. In ihm sind die besten Handschriften aufbewahrt. Darum herum sind auf einer mit Glas und Tüchern überdeckten Schräge besondere Bücher aufgeschlagen ausgestellt. Nur ganz flüchtig nahm ich sie wahr.

Da war der handgeschriebene Koran, den die Türken vor Wien zurückgelassen hatten. Eine persische, wunderbar illustrierte Handschrift schimmerte in frischen Farben und Gold, tausendjährige armenische Schriftzüge flößten Ehrfurcht ein, eine Abschrift des Agathangelos, unter dessen Namen ein großes Geschichtswerk berühmt wurde. Auch ein Palimpsest war zu sehen, ein nach Tilgung der ursprünglichen Beschriftung nochmals beschriebenes Schriftstück, aus dem 9. oder 10. Jahrhundert. Es war zu vieles und ging zu rasch.

Zuletzt zeigte mir der Abt in diesem Raum noch einen Brief Franz Werfels mit einer alten Ausgabe seines Romans „Die vierzig Tage des Musa Dagh“, auf den das Kloster stolz ist, und unter den vielen Übersetzungen auch eine armenische Ausgabe dieses bekannten Buches vom Widerstand tapferer Armenier zu Beginn unseres Jahrhunderts. Und schon wurde die vergilbte Decke wieder über Bücher, Ehrenurkunden, Orden, Auszeichnungen und Raritäten gebreitet. Leise bemerkte der Abt, der mehr und mehr von seinem gütigen und zugewandten Wesen zeigte: „Sehen Sie, was macht die Sonne? Sie gibt Leben, aber sie macht auch dieses.“ Und er verglich die sattviolette Unterseite des Schutzstoffes mit der hellgrau verblichenen Oberseite.

Dann kamen wir an einem aus Holz gearbeiteten Modell der großartigen Rundkirche von Zvartnots vorbei, der Rekonstruktion eines Architekten. „Kennen Sie das?“ Mir fiel der Name nicht ein; Zeichnungen davon hatte ich schon gesehen. Er verstand mein Gemurmel nicht. „Sie kennen das nicht? Wirklich nicht?“ Die leise Rüge des Lehrers, der von seinem Schüler enttäuscht ist, klang durch, und der schämte sich gebührend. Die nächsten Fragen jedoch konnte er zur Zufriedenheit des Meisters beantworten: Wer die beiden Männer rechts und links der nächsten Tür auf den gewebten Wandbehängen seien. Der eine saß im Mondschein schreibend über ein großes Schriftstück gebeugt, der andere schien ein schwärmerisch aussehender Jüngling zu sein, der zu singen im Begriff ist. Ja, es stimmte zum Glück: Mesrop Maschtots, der das Alphabet der armenischen Sprache entwickelt hat, und Sayat Nova, der Dichter der Liebes- und Troubadour-Lieder mit seinem tragischen Ende. Dann zeigte der Abt mir das „Buch der vierzig Säulen“, eine arabische Kostbarkeit. „Die Orientalen übertreiben gern ein bißchen“, kommentierte er verschmitzt lächelnd. Denn die Stadt, um die es sich in diesem Buch handelt, habe nur zwanzig Säulen gehabt; vierzig aber brauchte man, um eine bedeutende Stadt zu sein. So zählte man die zwanzig Säulen, die sich im Wasser spiegelten, einfach dazu . . .!

Als er mich eine armenische Inschrift vorlesen lassen wollte, mußte ich passen. Wie zu erwarten, fand der Meister es nicht gut, daß ich kein Armenisch lesen konnte. „Das müssen Sie lernen", forderte er zu Recht, und er sagte es noch einigemale mit Nachdruck.

Als wir an den Tisch kamen, über dem ein großes Porträt seines Ordensgründers Mechitar von Sebaste hängt und wo in einem Wandschrank einige seiner wichtigen Werke untergebracht sind, hielt er inne. Ich sollte mich setzen und ins Gästebuch schreiben. Aber nun schämte ich mich doppelt, daß ich es nicht in seiner Sprache tun konnte. „Macht nichts", sagte er sanft. „So möchten Sie bitte in deutscher Sprache schreiben." Er fügte es freundlich beharrend in seinem ein wenig altertümlich gewählten Deutsch mit leisem ungarischem Akzent hinzu. Während ich einen knappen Satz des Dankes schrieb, erzählte er weiter. „Dies ist die erste in Europa gedruckte armenische Bibel. Mechitar hat sie übersetzt mit großer Mühe und großem Fleiß. Er schreibt darin seinem Volk, er habe keine Kosten und keine Mühe gescheut. Er hat gewußt und es im Vorwort aufgeschrieben: ‚Du, mein liebes Volk, brauchst die Heilige Schrift. Dafür ist keine Plage zu groß.' Und er hat sie schön ausgestattet, damit man sie gern ansieht und darin liest." Er deutet auch auf ein kleines Büchlein, nur eine Handbreit hoch. „Mechitar war Wissenschaftler, Sprachwissenschaftler. Wissen Sie, was er außer der Bibelübersetzung noch geschaffen hat?" — Brav antwortete ich ihm: das erste armenische Wörterbuch, das den Sprachschatz möglichst vollständig erfassen sollte. „Richtig. Aber er war nicht nur Wissenschaftler, sondern fürs Volk konnte er als Seelsorger und Prediger auch ganz einfach sprechen. Dies nämlich ist ein kleiner Katechismus für Kinder mit den wichtigsten Glaubenswahrheiten. Mechitar hat gesehen, wie wenig das Volk über Gottes Wahrheit wußte und machte sich gleich an die Arbeit. Im Vorwort schreibt er: Wenn auch nur ein einziger Junge durch dieses Büchlein zum Glauben komme, so habe sich alle Mühe gelohnt."

Nur zur Ehre Gottes habe Abt Mechitar gearbeitet, die sei sein höchstes Ziel gewesen. Der Abt strahlte, als er dies sagte, und er blickte kurz zum Bild seines Ordensvaters auf, als ob er im vertrauten Gespräch mit ihm sei. Etwas von der Ehre, der Herrlichkeit, dem Glanz Gottes ist auch in seinen klugen, dunklen, unbestechlich klaren Augen, von denen man sich immerfort durchschaut und doch angenommen fühlt. Er legte die Unterarme auf die obere Kante des Schrankes neben dem Tisch und wartete, bis ich meine drei Zeilen in dem Gästebuch endlich fertiggeschrieben hatte. „Schnorhagal yem", — danke! — war mein letztes Wort vor der Unterschrift. Ich sagte es, indem ich das Buch zuklappte, laut und deutlich, indem ich ihn ansah. Ein überraschtes kurzes Aufleuchten und dann ein kleiner Wortschwall auf armenisch, den ich leider nicht verstand, waren seine erfreute Antwort.

Er nahm sich viel Zeit, von Raum zu Raum mehr. Trotzdem überlagerten sich die Eindrücke in so schneller Folge, daß ich sicher nur einen Bruchteil von der Vielfalt aufnehmen konnte, die es da zu sehen und zu hören gab. Doch einige Splitter blieben haften. So schien es ihm wichtig zu sein, mir die Bedeutung des Namens Chatschaturian zu erklären: Geschenk des Kreuzes; und seitdem höre ich den Namen des Komponisten anders. Auch die Begeisterung und das stille Leuchten, mit dem Generalabt Gregoris Manian demütig von dem nächtlichen Gesicht des jungen Mechitar erzählte, das jener im Sewan-Kloster hatte, wird bleiben. Vor einem großen, hellen Gemälde, das den blauen Sewansee in lichter Dämmerung zeigt, stand er mit gesenktem Kopf und sprach wie zu sich selbst: „Mechitar wußte lange Zeit nicht, welchen Auftrag er für sein Leben hatte. Oft war er traurig und einsam und betete lang in der Nacht, allein in der Klosterkirche. Immer wieder hat er sich an die Gottesmutter gewandt und sie gebeten, ihm doch dabei zu helfen, den Willen Gottes herauszufinden und zu tun. Und einmal in der Nacht hat sie ihm deutlich geantwortet. Er kniete vor dem Bild, das sie mit ihrem Sohn zeigt — wir haben eine Kopie in unserer Kirche, die zeige ich Ihnen nachher —, und hörte sie liebreich zu sich sagen: ‚Erbitte von mir, was du willst, und ich will es dir gewähren.' — Mechitar war verwirrt und glücklich. Er sagte zu ihr: ‚Ich will das, was du willst.' — Da antwortete sie ihm: ‚Fiat! Es geschehe.' " Der Abt schaute auf das Bild wie in weite Ferne und lächelte. Dann schaute er mich an und schloß: „In Ängsten und Ratlosigkeit muß man zur Mutter Gottes gehen. Sie hilft."

Auch zum Bild des Dichtermönchs Gregor von Narek, einem modernen Gemälde eines ekstatisch aufblickenden Mannes mit entrücktem Blick und ausgezehrtem Gesicht, fiel ihm etwas ein. Er zitierte mehrere Literaturhistoriker, die ihn über alle Maßen schätzen und zu den größten der Weltliteratur zählen, und rundete ihre Meinungen ab mit einem sowjetrussischen Urteil über Gregor: Keiner habe wie er so viele Kapitel des Lebens in drei kurze Sätze fassen können, nämlich — langsam und betont spricht der Abt sie aus, nachdem er sich bei seiner Schülerin noch rasch prüfend nach den Hauptwerken des Dichters erkundigt hat —, nämlich: „Herr, ich habe gesündigt. — Ich bereue. — Richte mich auf."

Langsam konnte ich mir vorstellen, daß dieser Abt, damals noch als Pater Gregoris Josef Manian, in Istanbul, wo er jahrzehntelang eine große Schule mit gutem Ruf geleitet hat, ein gesuchter Prediger war, ein geist- und wortbegabter Seelsorger, dessen Leben und innere Haltung mit seiner Verkündigung im Einklang standen. Seine Autorität durchdringt seine freundliche Bescheidenheit wie das Licht ein Glasfenster, das von außen grau und unscheinbar aussieht, von innen aber, wenn die Sonne durchscheint, in lebendigen Farben glüht. Die Lauterkeit dieses Menschen werde ich nicht vergessen. Sie gehört zum Besten, was mir auf der Suche nach Armenien begegnet ist.

Dazu gehört, daß er Humor hat. In einem Raum mit Seidenteppichen und feinen Stickereien, „von armenischen Händen gemacht", hängt auch eine Öllampe, wie man sie in Kirchen verwendet[34]. Er zeigt auf die charakteristischen armenischen Porzellankugeln, die an denselben Ketten wie die Lampe hängen. Sie gleichen eher Eiern als Kugeln und sind mit lebhaften Keramikmalereien geschmückt. „Kennen sie den Trick dabei?" fragte er. Nein. „Die Mäuse in der Kirche lieben nämlich das Öl, das Fett. So klettern sie an der Wand hinauf und an der Kette wieder hinab. Aber wenn sie zu der glatten Kugel kommen, rutschen sie ab und purzeln hinunter." —

In einem großen Raum, in dem Paramente ausgestellt sind, gibt es die wunderbarsten Gewänder, unglaublich feine Stickereien in Rot und Weiß und Gold. Auf ein Meßgewand machte er mich besonders aufmerksam. „Das ist ein historisches Gewand! Als Roncalli, der spätere Papst Johannes XXIII., noch Nuntius in Istanbul war, da war er auch einmal bei uns. Er hat am Nachmittag die Sakramentsandacht gehalten und dieses dunkelrote Gewand angehabt. Er sah in unserer Kirche das Bild der heiligen Jungfrau, die blau und rot gemalt ist, und er sagte: Ihr tut recht daran, daß ihr das Gewand der Mutter Gottes rot gemalt habt; denn ihr habt viel Blut für euren Glauben vergossen." Eine barocke Wendung, wie sie zu Johannes paßt, eine gute Erinnerung, die sich mit dem tiefroten „historischen" Festgewand der Liturgie verbindet.

Zuletzt zeigte er mir die Kirche. Wieder machte er, wie in den Räumen des Museums, sorgfältig alle nötigen Lichter an, wieder hieß er den Gast vorausgehen, so unangemessen es diesem auch vorkommen mußte. Vor dem Tabernakel machte er eine kleine, aber deutliche Verbeugung, die er sofort erklärte: „Die Armenier machen keine Kniebeuge vor dem Tabernakel, nur eine Verneigung." Er erklärte die Wandbilder, die Maria-Schutz über dem ganzen armenischen Volk ausdrücken, und beeilte sich, liebenswürdig hinzuzufügen, daß deswegen die anderen Völker keineswegs ausgeschlossen seien! Mit besonderer Freude erläuterte er die „Rosa mystica", das Gnadenbild der heiligen Jungfrau, das nach einem Krieg wieder aus seinem Versteck geholt und neu aufgestellt worden war. Die Herzlichkeit, mit der er von der „heiligen Jungfrau" sprach, erinnerte mich an das, was ich über seine Maipredigten in Istanbul gehört hatte. Von weit her seien nämlich die Leute gekommen, um ihn zu hören, inkognito sogar die nicht-unierten Armenier; und das will etwas heißen. Er liebt und verehrt Maria, und sie scheint ihn glücklich zu machen.

An einem der Seitenaltäre schaltet er ein zusätzliches Licht an für eine junge Heilige, deren Bild in grausigem Realismus aus Gips, bunt bemalt, in einem Glassarg unter der Altarplatte liegt. Es ist eine Märtyrerin mit offen klaffender Halswunde, aus der breit frisches rotes

Schlagaderblut strömt, eine in Wien viel verehrte Heilige offenbar, deren Namen ich sofort wieder vergessen habe. Dies ist nicht armenisch, dachte ich, dies ist wienerisch-römisch-katholisch. Erbarmen!

Ein Bild des heiligen Antonius in der Wüste gibt es auch. „Ursprünglich hießen wir ja Antoniter", erinnert der Abt. — „Leben Sie nicht nach der Regel des heiligen Benedikt?" frage ich. „Doch, doch", bestätigt er, „wir sind armenische Benediktiner." Beim Hinausgehen bittet der freundliche Führer, auf die Stufen zu achten. Beim Ausschalten der Lichter, das sorgfältig und langsam geschieht, erzählt er noch von einer Feier am vergangenen Sonntag, der Traubenweihe. Man darf nämlich vor dem Fest Mariä Himmelfahrt, das am Sonntag vor oder nach dem 15. August gefeiert wird, keine Trauben essen. Man enthält sich der ersten Trauben, bis sie geweiht sind. Nach dem Gottesdienst dann haben sich die Gläubigen mit den Priestern im Garten versammelt und gemeinsam nach der Weihe der ersten Früchte des Weinstocks fröhlich zusammen gefeiert und Trauben gegessen, sie sicher mehr genossen, als wenn sie ohne die kleine Askese der Wartezeit davon probiert hätten. „Schön!" finde ich das. „Warum nicht?" lächelt Pater Generalabt. „Es darf in der Kirche doch auch schön sein?!" —

Der Abschied ist da. In seiner großzügigen Gastfreundlichkeit hat Vater Abt seine Zeit weit überzogen. Aber wir gehen trotzdem noch in den Speisesaal. „Ich hatte Ihnen doch von dem Wandbild des Malers Schnorr von Carolsfeld erzählt, das können Sie noch sehen." Es soll das größte Bild sein, das er je gemalt hat, eine die hohe Stirnwand des Refektoriums ausfüllende Darstellung der Speisung der Fünftausend, die mich mit aller Macht der Erinnerung in meine Kinderzeit und Mutters Kinderbibel, von Schnorr von Carolsfeld gefühlvoll illustriert, zurückführt. Der Maler habe damals kein Honorar haben wollen, man habe ihm nur die Farben und das übrige Material ersetzt. Aber als der Kaiser dieses Bild gesehen habe, sei er so begeistert gewesen, daß er den Künstler zum Direktor seiner Kunstakademie machte. Also bekam er doch ein Honorar, ein viel höheres, ein wahrhaft kaiserliches. — Einer der Mechitaristen deckt gerade den Tisch ab; einfache

Holztische, einfaches Geschirr. Noch im Hinausgehen erläutert der Abt Gegenstände und Bilder, aber ich kann nun wirklich nichts mehr fassen. Im sonnigen Hof verabschiedet er sich, deutet noch hinüber zur Druckerei: „Die Unsrigen haben diese Gebäude dazugekauft. Früher war hier ein Kapuzinerkloster. Die Unsrigen haben es weiterentwickelt, seit 1811 ist viel geschehen. — Nun, vielleicht kommen Sie mit Ihren Kolleginnen und Kollegen wieder. Wenn Sie Fragen haben, können Sie schreiben. Ich werde Ihnen antworten. Auf Wiedersehen." Den Dank wehrt er fast ab. Schmal und hager steht er im Gegenlicht vor dem hellen Grün des Gartens. Disziplin und Liebe, Straffheit und Güte zeichnen sein damals schon sechsundsiebzigjähriges Gesicht, ein vom Geist Gottes geprägtes Leben seine aufrechte Haltung, jahrhundertejunger Adel seine demütig-gerade Gestalt. Als Wohltat empfand ich im Rückblick nicht nur diesen Menschen selbst, sondern auch die Tatsache, daß es Armenier gibt, die zur Einheit der Gesamtkirche gehören, ohne ihre Eigenart aufzugeben. Die große Vielfalt der Nationen und Rassen darf sich widerspiegeln in Jerusalem und Rom, braucht sich nicht abzusondern in nationalem Stolz. Wenn alle die Demut und den Willen hätten, dachte ich im Weggehen, sich unter den Primat des Petrusamtes zu beugen, wären viele Schwierigkeiten, die nicht in der Lehre, sondern in menschlicher Schwäche ihre Ursachen haben, aufgehoben.

Das Wappen der Mechitaristen-Kongregation ist sowohl ein großes Programm als auch eine treffende Charakterisierung des derzeitigen Generalabtes von Wien. In den vier Kreuzbalken stehen die vier armenischen Buchstaben für die Worte des Ordensnamens: „Worte kir Kusin Wardapet apasch dscharuthian". Das bedeutet: „Adoptivkinder der Jungfrau, Prediger der Buße". Dazu sind vier Symbole dargestellt, die für den Generalabt und für die Mönche die wichtigsten Grundsätze der Ordensregel versinnbildlichen: Glocke, Feuer, Stab und Buch. Sie sind noch Erbe des Wüstenvaters Antonios und bedeuten für den Generalabt, daß er die ihm anvertraute juristische Institution mit Aufmerksamkeit, Liebe und Klugheit führen solle in die wissenschaftlichen Arbeiten im Kloster fördern möge. Für alle übrigen in der Kongregation vertreten Glocke, Feuer, Stab und Buch zudem die einzelnen Gelübde des Gehorsams, der Keuschheit, der Armut und der Bereitschaft zur Ausübung des Missions- und Predigeramtes. Wie lang mag es noch Nachwuchs in den überalterten Konventen von Venedig und Wien geben, die diesen Idealen folgen[35]?

Es ist ein großer Sprung von Wien nach Jerusalem, nicht nur geographisch. Dennoch soll er hier gewagt werden. Auch Jerusalem birgt eine armenische Sonderwelt, außer der kühl und abweisend wirkenden unierten Kirche, die meist geschlossen ist, in der Nähe der Via Dolorosa die höchst lebendige nicht-unierte Gemeinde mit ihrem Patriarchat, das seit 1311 besteht. Hier hat sich mir das Tor Armeniens aufgetan, hier ist eine Insel armenischen Lebens orientalischer Prägung, das in Treue sein Erbe bewahrt und doch hellwach den Erfordernissen der Gegenwart antwortet.

Bildtafel 8: **Armenier in Jerusalem**
Die Szene in der oberen Mitte zeigt Jesu Einzug in Jerusalem, rechts und links gerahmt von Jüngern aus einer Darstellung der Himmelfahrt Christi (beides nach Miniaturen des armenischen Patriarchats in Jerusalem, aus dem Evangeliar der N. und S. Pidzak, 1346). Darunter ist vor dem schmiedeeisernen Gitter im St. Jakobskloster, Jerusalem, ein Teil der Prozession dargestellt, die das Osterfeuer von der Grabeskirche zum armenischen Viertel bringt.

IV. BARI LUIS – GUTES LICHT
Ausblicke für die dritte Gerenation im Exil

1. Die Armenier in Jerusalem

Geht man durchs Jaffator in die Altstadt Jerusalems hinein und läßt sich dann nicht geradeaus, leicht bergab, vom Treiben des Bazars in der Davidstraße einsaugen, sondern widersteht den Strudeln des Tourismus und wendet sich rechts, leicht bergauf, dem Berg Zion zu, so führt der Weg an der mächtigen Zitadelle vorbei durch die „Armenian Orthodox Patriarchate Road" ins armenische Viertel. Es nimmt rund ein Sechstel der Jerusalemer Altstadt ein. Von den ungefähr viertausend Armeniern, die heute in Israel leben, wohnen allein dreitausend hier.

Unter dem Refektorium, dem Speisesaal der Mönche hindurch, das wie eine Brücke zwischen zwei Gebäuden in der Höhe des ersten Stockwerks über die Straße gebaut ist, gelangt man aus dem dunklen Engpaß der Durchfahrt zu dem weiten Rasenplatz vor der neuen Schule des armenischen Patriarchats zur Rechten und zum hohen runden Torbogen mit seinem schweren eisernen Tor zur Linken. In die eine Armspanne dicken Mauern sind orientalisch wirkende tiefe Nischen eingebaut, in deren Schatten manchmal kleine Schulkinder in ihren roten Uniformen sitzen und warten – ein malerisches Bild, das viele Jahrzehnte lang gleich geblieben ist. „Dieses Tor wurde im Jahr des Herrn 1642 durch Patriarch Krikor gebaut", sagt eine Inschrift. In drei Sprachen, auf armenisch, arabisch und französisch, steht über dem Eingang auf einer marmornen Tafel zu lesen: *„Armenier-Konvent des heiligen Jakob"* und darüber die arabische Inschrift des Sultans Sayed Abu Muhammad el-Zahir Chakmak von Ägypten, datiert nach dem islamischen Jahr der Hidjra 854, die auch im Eingangsraum über dem 1900 errichteten Trinkwasserbrunnen zu finden ist.

Schon in diesem Eingang stoßen völlig verschiedene Welten zusammen, die etwas von der Vielfalt und Zerrissenheit der heiligen Stadt und den unterschiedlichen Ausprägungen des Judentums, des Christentums und des Islam widerspiegeln. Drinnen folgt rechterhand ein tunnelähnlicher Durchgang, der im Sommer erfrischend kühle Dämmerung bietet, bis sich links ein Durchgang zum Innenhof des Patriarchats öffnet. Im gleißenden Tageslicht des Orients leuchtet der gelbbraune Sandstein. Die Reliefs der Steinkreuze an den Wänden sind scharf ausgeleuchtet, treten in ihrer fremdartigen, doch harmonischen Ornamentik ringsum plastisch hervor.

Dieser Innenhof führt ein stilles, intensives Eigenleben, das für den betrachtenden, länger verweilenden Besucher, der nicht nur als Tourist durcheilt, immer lebendiger wird, je öfter er hierher kommt. Viele armenische Patriarchen und Mitglieder der Mönchsgemeinschaft vom Kloster des heiligen Jakob fanden hier ihren letzten Ruheplatz. Manche der Grabsteine geben Aufschluß über die Geschichte des Klosters und des Patriarchats, so einer der ältesten, unter dem die Gebeine des Patriarchen Abraham ruhen: „*Dies ist das Grab und der Ruheplatz des Bischofs Abraham und Patriarchen des apostolischen Stuhls von Jerusalem während der Regierungszeit des Sultans Saladdin 1192 A. D.*“[1].

Von ganz verschiedenen Zeiten und den unterschiedlichsten Kultureinflüssen sprechen diese Chatschkare. Pilger von weither haben sie hier anbringen lassen, um ihr Kommen auch noch nach der Heimkehr aus der Stadt des heiligen Grabes sichtbar zu vergegenwärtigen, ob durch komplizierte persische Sternen- und Bändermuster oder durch schlichte, ein wenig schief ins Mauergestein eingegrabene kahle Kreuze ohne jeden Schmuck.

Steht man vor dem Haupteingang der Kathedrale, zwischen dem schwungvoll ebenmäßig geschmiedeten Eisengitter mit seinen stilisierten Granatäpfeln und Trauben an den Enden der starken Metallstreifen und der im Nachmittagslicht goldgelb glimmenden Kirchenmauer, fallen rechts in der Ecke zwei breite, leicht geschwungene Bretter auf, die im rechten Winkel zueinander an Ketten und schmiedeeisernen

Haken frei aufgehängt sind; eines aus Eisen, das andere aus hartem Holz. Es sind altertümliche Klappern, die anstelle von Kirchenglocken benutzt wurden, wenn diese den Christen verboten waren. Noch heute rufen sie zu bestimmten Zeiten, von jungen Männern in eindringlichem raschem Rhythmus mit Hämmern geschlagen, zu Gottesdiensten der Gemeinde oder zu den Gebetszeiten der Mönche. Hier heißen sie „nakus", auf dem Athos „simandron", wie manche Griechenlandfahrer sich gern erinnern, so Erhart Kästner, der sie in seiner „Stundentrommel" lebendig beschreibt.

Zu beiden Seiten des Haupteingangs finden sich hinter kunstvollen Gittern ungewohnterweise zwei in die Wand eingelassene Altäre, der eine dem heiligen Georg, der andere Nikolaus geweiht, beide von farbenprächtigen Kacheln geschmückt. Es wird erzählt, daß diese Altäre von den armenischen Mönchen in den Jahren 1187 bis 1194 benutzt wurden, als die Kirche von Saladdin geschlossen worden war, und dann wieder 1656 bis 1659, als das türkische Regime sie wegen des Streits über die Eigentumsrechte an der Kathedrale geschlossen hatte. So ruft schon der Vorraum der Kirche die Erinnerung an die schwierige Geschichte der Armenier im Heiligen Land wach; schon hier draußen in der hellen Sonne mahnt das Bild des enthaupteten Apostels Jakobus an den Anfang der Kirche durch Blutzeugenschaft — um wie viel mehr erst der Innenraum! Der Überlieferung zufolge steht die Kirche über dem Fleck Erde, auf dem Jakobus der Ältere, Sohn des Zebedäus und Bruder des Johannes, im Jahre 44 enthauptet wurde. Armenischer Tradition gemäß wurde das Haupt des Apostels Jakobus zu Maria gebracht, die gerade in seinem Haus war und die seine Bestattung an Ort und Stelle anordnete[2]. Immer wieder begegnet man deshalb Bildern, auf denen die Gottesmutter seinen Kopf auf ihrem Schoß hält, ihn auf einer Schale gleichsam darbringt.

Hier auf dem Berg Zion sollen sich nach dem ersten Pfingstfest, von dem die Apostelgeschichte berichtet, im Hause Jakobs, des sogenannten Herrenbruders, der auch Jakobus der Jüngere genannt wird, des gewählten Hauptes der christlichen Gemeinde und des ersten Bischofs von Jerusalem, die Jünger oft versammelt haben; hier lebte ein geistiges Zentrum der jungen Kirche. Ungefähr um das Jahr 60 fand dieser andere Jakobus ebenfalls den Märtyrertod. Man warf ihn von der Tempelzinne ins Kidrontal hinunter, so die Legende, und Gläubige begruben ihn dort. Erst im vierten Jahrhundert wurden seine Gebeine zum Platz seines Hauses auf dem Zionshügel übertragen, wo auch das Haupt des älteren Jakobus verehrt wird. Es ist nicht bekannt, wann dieser Ort als die Grabesstätte des einen oder des anderen heiligen Jakobus identifiziert wurde, doch zeigen Pilgerbeschreibungen der Kreuzfahrerzeit, daß er damals schon lang für die Grabstätte des Hauptes des Jakobus gehalten wurde, dessen Leib in einem Steinsarg vor der spanischen Küste aufgetaucht sein soll: in Santiago, St. Jakob, dem berühmten Wallfahrtszentrum des Mittelalters. Hier in Jerusalem liegen die Wurzeln jenes Pilgerweges, der quer durch Europa seine Ausläufer bis zur spanischen Westküste, dem Atlantik, erstreckte[3]. Beide Apostel zusammen sind die Patrone des armenischen Patriarchats von Jerusalem.

Es ist gut, daß der Besucher der weiten, hohen Kirche ohne jedes elektrische Licht erst eine kleine Weile warten muß, bis sich seine Augen an die Dämmerung darinnen gewöhnt haben. Rundum an den Wänden und an den mächtigen Trägerpfeilern beleben Bilder, düstere und freundliche Szenen der armenischen Kirchengeschichte, den Raum. Die vierzig Märtyrer von Sebaste, die in einen Eissee gestürzt wurden, sind da zu sehen, mehrere klare und ernste Darstellungen der jungfräulichen Gottesmutter mit dem Kind, Heiligenlegenden, Bischöfe und Könige, Mönche und Soldaten, Welt- und Heilsgeschichte eng ineinander verwoben, wie immer bei dieser Nation.

Bei der grausamen Invasion der Perser im Jahre 614, die viele christliche Stätten verwüsteten und unter den Mönchen in der judäischen Wüste grausige Blutbäder anrichteten, wurde die erste Kirche, die hier stand, teilweise zerstört, im 8. Jahrhundert wieder aufgebaut, weitere drei Jahrhunderte später durch die Anstrengungen armenischer Adeliger und frommer Pilger restauriert. So wie sie heute ist, wuchs sie langsam im Lauf der Jahrhunderte, die sich wie Patina an ihr ablagerten.

Der Grundbestand des jetzigen Baues wurde während der Besatzung durch die Kreuzfahrer im zwölften Jahrhundert, etwa zwischen 1142 und 1165, errichtet. Möglicherweise hatte der Katholikos Gregor Pahlavouni, der 1142 Jerusalem aus Anlaß eines Konzils besuchte, ihre Vergrößerung veranlaßt und ein Hospiz für armenische Pilger in der Nähe bauen lassen. Es gibt aber auch die Vermutung eines Historikers, daß König Thoros II. von Kilikien die heutige Kirche gestiftet habe. Er hatte etwa 1163 Jerusalem besucht, als es unter der Herrschaft des Königs Amalrik I. stand.

Das erste Zeugnis von der Schönheit der neuen Kathedrale ist von dem Pilger Johannes von Würzburg überliefert, der auch das armenische Hospiz erwähnt. Fra Niccola da Poggibonsi beschreibt St. Jakob in seiner „*Reise über die Meere*" (1346-1350) als „*eine große, schöne Kirche mit zwei Türen und einer Zisterne am Eingang. Auf halbem Wege in die Kirche befindet sich in der Wand eine Apsis, die einen sehr schönen Altar umschließt; unter dem Altar ist ein großer, roter Marmorstein mit einem Loch, das vier Finger breit und eine Handbreit tief ist, und hier wurde St. Jakob enthauptet, und hier brennen immer drei Lampen. Besagter Ort wird von den Armeniern gehalten.*"

Ein anderer Pilger, Johannes Poloner, sagt in seiner „*Beschreibung des Heiligen Landes*" (1422): „*Auf unserem Weg* (zu Davids Festung) *kommen wir zuerst zur Kirche der Armenier. Diese Kirche ist rund mit dicken Mauern und extrem starken Stützgewölben; sie hat vier quadratische Pfeiler in der Mitte und keine Fenster außer einem einzigen runden, verglasten ganz oben, aber zweihundert oder mehr Lampen. Als ich dort war, brannten tatsächlich hundertzwanzig Lampen in einem Leuchter, und niemals sah oder hörte ich von solcher Frömmigkeit der Leute. Auf der linken Seite der Kirche wird der Platz gezeigt, an dem St. Jakob der Ältere enthauptet wurde.*"

Auf den Teppichen der unbestuhlten Kirche kaum hörbar, gehen während der Gottesdienste und auch sonst viele Gläubige, oft mit Kindern an der Hand, ehrerbietig gebückt, leise, manchmal auf Zehenspitzen, durch eine schmale, von perlmuttenen Intarsien schimmernde

Tür in die heute links liegende Kapelle mit der erwähnten Marmorplatte über dem Grab des Apostelhauptes. Sie verneigen sich tief, küssen den Altar, zünden eine der schlanken, sich nach oben verjüngenden bräunlichen Kerzen an und gehen nach kurzem Gebet durch eine andre, noch schmalere Tür wieder hinaus. Es ist eine schweigende, ehrfürchtige, nie abreißende Kette von Betern, die da wie ein endloses Band durch das enge Nadelöhr der beiden Kapellentüren gezogen wird, ein Sinnbild des nie abreißenden Lobgesangs dieser vitalen, gerade in Verfolgungszeiten unbezwingbar glaubensstarken Kirche. Die verhaltene Pracht der Altäre, die Kraft in den Gesichtern und Händen der abgebildeten Könige und Priester und Laien, die kostbaren blauweißen Kacheln aus Kütahya in der heutigen Türkei, die mannshoch den Sockel der Pfeiler und Wände bedecken, die Lichtbahnen, die durch die Kuppelfenster hereinfallen, geben dem Raum eine dichte Atmosphäre religiöser Hingabe, die schwer zu beschreiben ist. Kaum einer kann sich ihr entziehen, selbst die eiligen westlichen Gruppen nicht, die Surb Hagob, wie die Kathedrale auf armenisch heißt, ebenso rasch erledigen wollen wie ihr übriges Programm und denen es hier zum Glück nicht gelingt. Das Geflüster verebbt, das Herumlaufen läßt nach, die Gesichter werden aufmerksam und still, als ob die spürbare Gegenwart des Geistes, der seit bald zweitausend Jahren seine Kirche leitet, auch auf hastig Vorüberschlüpfende sanft und unwiderstehlich herabkäme und sie innehalten ließe.

Ein vielgereister und überbeschäftigter britischer Schriftsteller, der nach all seinen unterschiedlichen Eindrücken und Erfahrungen in Jerusalem vor seiner Abreise noch eine halbe Stunde Zeit fand, hatte sich hier eingefunden, um sich noch einmal zu sammeln. Diese eine letzte freie halbe Stunde wollte er in seinem „St. James's" verbringen, weil es für ihn, wie er sagte, die einzige Kirche der Stadt war, in der er eine so dicht geistlich gefüllte Stille gefunden hatte, in der er es leicht und natürlich fand, sich der Meditation und dem Gebet zu öffnen. „There I saw the glory and the misery of this nation", sagte er. Die Herrlichkeit und das Elend, die Schönheit und die tiefe Traurigkeit dieser Nation, die er sah, hallen wider in ihrer Liturgie und sprechen ebenso eindringlich durch diesen Raum. Er ist eine Einladung, niederzufallen und anzubeten, allen offensichtlichen Widrigkeiten und Nachteilen zum Trotz, unter denen die Armenier seit der Gründung ihrer Kirche als christliche Minderheit in heidnischer und islamischer Umwelt immer gelitten haben.

Dieser Eindruck verstärkt sich noch während der langen Gottesdienste, die ihn mit menschlichem und göttlichem Leben sichtbar füllen. Wer Surb Hagob wirklich kennenlernen will, darf darauf nicht verzichten und muß sich Zeit nehmen, viel Zeit. Er wird es nicht bereuen, selbst wenn ihm manche „Sehenswürdigkeiten" der rastlosen Stadt dadurch entgangen sind. Er sollte sich dem melodischen Auf und Ab der liturgischen Gesänge, dem Murmeln der Gläubigen, den kraftvollen Lesungen in der rauhen, kantigen und doch klingenden Sprache des armenischen Hochlandes überlassen, dem Kommen und Gehen der Gemeinde zuschauen, die Verehrung des Kreuzes und der Bilder auf sich wirken lassen. Er darf und soll die Blicke schweifen lassen hinauf zu den dichten Gehängen der Lampen und Porzellankugeln an langen Ketten, verschwebenden Weihrauchnebeln, wenn sie in Lichtstreifen eindringen und sie durchwandern, nach vorn zum Flackern der Kerzen über dem Altar und dem geheimnisvollen Schimmern der Leuchter und der anderen Altargeräte. Er wird die Chorknaben beobachten, die in ihren farbigen Gewändern in einem lockeren, zum Altar hin offenen Quadrat fast in der Mitte des Raumes stehen, auf dem Boden sitzen oder knien und sich lässig sicher bewegen. Er wird dem für ihn unverständlichen, aber doch geordneten Hin und Her der Ministranten zuschauen, kleine Kinder auf dem Arm der Mütter und Väter beobachten, tuschelnde, kichernde Mädchen und müde, verarbeitete alte, versunken betende Gestalten sehen und auch hoch aufgerichtete, stolze; er wird nach innen gewandte große schwarze Augen wahrnehmen und aufmerksam nach außen gerichtete schnelle Blicke aus den gleichen armenischen dunklen Augenpaaren, die ein Merkmal des Volkes sind.

Er wird über die Hingegebenheit der Priester staunen, die gemeinsam das Mysterium des menschgewordenen Gottes feiern und in den wichtigsten Augenblicken der Messe — wenn Brot und Wein durch die herabgeflehten Gaben des Geistes zu Fleisch und Blut des auferstandenen Herrn werden — durch einen vor dem Altarraum herabgelassenen Vorhang verborgen werden. Er wird vielleicht erschrocken einen Schritt zurückweichen, wenn ein weißbärtiger Mönch mit zerfurchten Zügen an ihm vorbeikommt und gesegnetes Brot an die Gemeinde austeilt. Darf er teilhaben? Versteht er diese schöne liturgische Geste richtig? Gehört er dazu, zur weltweiten Kirche? — Es wird ihm schmerzhaft die Zerrissenheit der Kirche bewußt werden, wenn er die Hand nicht ausstreckt, wie es manche der Touristen vielleicht aus Neugier tun, und die Einheit der Kirche herbeisehnen — gerade in einem solchen Augenblick.

Jerusalem, die Stadt, von der die Kirche ausging, ist heute der bedrückendste Spiegel ihrer Zerrissenheit, aber eben dadurch eine Aufforderung, unermüdlich die Einheit aller in Christus zu suchen.

Architektonisch ist die vierundzwanzig Meter lange und siebzehneinhalb Meter breite Kathedrale ein ausgezeichnetes Beispiel mittelalterlicher Handwerkskunst. Der kreuzförmige Grundriß, der wie alle Kreuzkuppelkirchen auf das Geheimnis des Heils im Kreuz hinweist, ist gegliedert durch die vier mächtigen im Pilgerbericht erwähnten Pfeiler, die Bogen und Mauerkranz für die hohe lichte Kuppel tragen. Diese ist — abgesehen von Lampen und Kerzen — mit ihrer Fensterreihe die einzige Lichtquelle in dem weiten Raum; eine organische Konstruktion aus zwei übereinandergelegten Dreiecken sich überschneidender Steinrippen, die zusammen einen sechseckigen Stern bilden, dessen Zacken sich zwischen den rundbogigen Fenstern aufstützen: ein Meisterwerk der Erbauer. Sie wiederholt das Modell der Kirche von Haghbat, die im 10. Jahrhundert hoch oben im armenischen Gebirge erbaut wurde[4].

Der Taufbrunnen der Kirche steht in der Seitenkapelle des heiligen Stephanus, die zugleich als Sakristei dient. Dort werden die Kinder der

Gemeinde in sie eingegliedert durch das Sakrament der Initiation, das in ausdrucksstarken Zeichen ausgestaltet ist. Während der Taufe wird das Kind dreimal in lauwarmes Wasser ganz eingetaucht. Tod und Auferstehung zu neuem Leben werden so viel sinnfälliger dargestellt als bei einem bloßen Benetzen des Kopfes, wie es im kirchlichen Westen üblich ist. Das Sakrament der Firmung, bei der das Kind zum Zeichen seiner Würde mit dem heiligen Chrisam gesalbt und die Gabe des Heiligen Geistes auf sein Leben herabgerufen wird, schließt sich an die Taufzeremonie unmittelbar an. Eine Besonderheit der armenischen Taufliturgie ist der Narot, die Taufflechte. Der Priester flicht sie nach dem Eingangsgebet aus roten und weißen Bändern, die das lebenspendende Blut und Wasser symbolisieren, die aus der Seite Christi kamen und seit Anfang der Kirche auf Eucharistie und Taufe gedeutet worden sind[5].

„*Quell des Lebens, Spender der Gnaden,*
Geist, gekommen herab von der Höhe,
du hast ausgeteilt deine unverderblichen Gaben
unter den Aposteln.
. . . Du hast errichtet und erneuerst allzeit deine neue Kirche,
so daß ihre Kinder erstrahlen ob deiner verschiedenen Gaben."

So singt die armenische Kirche bei der Taufsalbung in einem zuversichtlichen Geisthymnus. In flehender Wiederholung wird unzählige Male die Bitte wiederholt: „*In Frieden lasset uns zum Herrn beten!*", die wie ein Rhythmusinstrument alle Fürbitten begleitet und den Grundton im Feiern dieser zu allen Zeiten verfolgten Kirche anstimmt. Der Glaube ist für den Armenier „kein Hemd, das er wechseln kann, wenn es ihm unbequem wird", wie neulich einer der in der Schweiz lebenden Exilsarmenier sagte, sondern eher seine Haut, ein Lebensorgan. Eher geht er zugrunde, als daß man es ihm nehmen kann. Und ihm diese lebendige atmende Haut zu nehmen, bedeutet sein Martyrium — wie in der Legende vom heiligen Bartholomäus, dem Vorerleuchter Armeniens.

Nicht nur die Feier des Sakraments, auch sein stoffliches Zeichen wird sehr ernstgenommen. So wäscht man das Kind nach der Taufe mit besonderer Vorsicht und gießt danach das gebrauchte Wasser in die Erde, damit keine Spur des Myron, des mit dem Taufwasser vermischten Salböls, sich mit unreinem Wasser vermischen kann.

Wie oft hat die Taufe als Siegel des Christseins den Armeniern Verfolgung und Tod eingebracht, wie oft haben sie mit dem Leben bezahlt für ihre Zugehörigkeit zum Leib Christi! So ist die Bitte verständlich, *„daß Er dieses Kind und uns selbst von allem Leid, Zorn, Not und Gefahr errette"* und *„dieses Kind bewahre durch seine Gnade"*. Die armenische Kirche lebt, auch ihre Märtyrer leben als der Same der Kirche, und sie wird weiterleben.

Die zwei Throne gegenüber dem Hauptaltar in der Mitte der Kirche gleichen einander nicht. Der eine, der prächtigere mit dem Kuppeldach, stellt den Thron des heiligen Jakob dar, unter dem sein Leichnam begraben wurde, nachdem er vom Kidrontal hierher überführt worden war; ein eisernes Gitter markiert das Grab, von dem er später noch einmal zum Hauptaltar übertragen wurde. Der bescheidenere Thron ist der auf der rechten Seite, der gewöhnlich vom Patriarchen benutzt wird, während der andere hauptsächlich Gegenstand der Verehrung ist. Nur einmal im Jahr, am Fest des Jakobus, ist er für kurze Zeit besetzt. Am Ende des Gottesdienstes nämlich empfängt der Patriarch von diesem ehrwürdigen Sitz aus, der die apostolischen Wurzeln der Kirche vergegenwärtigt, das Gehorsamsversprechen der Mitglieder der Mönchsgemeinschaft.

Es gibt noch weitere verborgene Kapellen, in die der Besucher gewöhnlich nicht kommt. Eine aber darf er besuchen, die Kapelle von Edschmiatsin, die rechts an die Hauptkirche angrenzt. Dieser Raum ist der frühere Narthex, der Vorhof für die noch nicht vollends in die Gemeinde aufgenommenen Anwärter auf die Taufe, die Katechumenen. Die im Jahr 1633 zugemauerten Bogen des Eingangs lassen sich noch gut erkennen, vor allem von draußen, vom Hof aus. An den Innenwänden fallen die vielen auserlesen schönen Bilderkacheln auf, die aus der Geschichte Gottes mit seinem Volk erzählen, eine Art „biblia pauperum" in höchst lebendiger Sprache. Im Westen nannte man die in Stein oder Holz gearbeiteten Bildergeschichten so, weil die Armen im Mittelalter des Lesens nicht kundig waren und so in ihrer „Armenbibel" ablesen konnten, in welchen Ereignissen sich die Frohe Botschaft der Heiligen Schrift kundtat. Hier erzählt in blauer und gelber Farbe mit den Glanzlichtern wohlerhaltener Glasur eine Bilderwand aus den Werkstätten von Kütahya aus dem Alten und dem Neuen Bund, vom Leben Jesu und der Heiligen. Die Kacheln stammen aus der Zeit zwischen 1719 und 1727. Sie wurden von dem Mönch Elia angebracht, der, obgleich er nur eine Hand hatte, diese und die meisten anderen Kacheln in der Kirche und der näheren Umgebung sachkundig verlegte. Ursprünglich waren viele davon für den Schmuck in der Grabeskirche gedacht, aber nun sind sie hier vereint und hier auch daheim. Als einzigartige Sammlung sind sie ein Hauptanziehungspunkt für viele Kunstliebhaber[6].

Dem Altar dieser Seitenkirche ist der Name „heiliger Sinai" gegeben worden. Darunter liegen drei Felsbrocken vom Sinai, vom Tabor und vom Jordan. Man hat sie für Pilger hierher gebracht, die in alten Zeiten keine Möglichkeit hatten, jene heiligen Stätten zu besuchen. Sie sind von Sagen und Legenden reichlich umwoben. Die beliebteste und rührendste ist jene, die erzählt, daß diese schweren Steine zum Trost für die Jungfrau Maria durch Engel herbeigeschafft worden seien, weil sie die weite Reise zum Mosesberg nicht unternehmen konnte . . .[7].

Lang möchte man hier verweilen, schauen, betrachten, den großen Linien vom Sinai durch die Wüste nach Jerusalem, von hier aus denen der Pfingsterzählung nachsinnen, die mit Menschen vieler Sprachen und Landschaften verknüpft ist: „*Parther, Meder und Elamiter, Bewohner von Mesopotamien, Judäa und Kappadokien, von Pontus und der Provinz Asien, von Phrygien und Pamphylien, von Ägypten und dem Gebiet Libyens nach Zyrene hin, auch die Römer . . . , Juden und Proselyten, Kreter und Araber*" (Apostelgeschichte 2,9-11). Wie aktuell ist diese Schriftstelle angesichts der armenischen wechselvollen Geschichte, der bunten und schweren Geschichte des Christentums bis heute und der oft schwierigen Gegenwart der heute etwa 25.000 Christen in Jerusalem, die eine kleine Minderheit sind! Übrigens gab es schon in den ersten Jahrhunderten christlicher Geschichtsschreibung Autoren, die in dieser Aufzählung aufgrund ihrer Kenntnisse der Gemeinden im Mittelmeerraum statt „Judäa" in die Nachbarschaft Kappadokiens „Armenien" gerückt haben. Die Geographie jedenfalls spricht dafür, daß sie recht haben könnten.

Auch die Bibliothek des Patriarchats ist ein beredtes Zeugnis christlicher Geschichte in Palästina. Sie ist nach einigen Umquartierungen in vergangenen Jahrhunderten[8] heute — nur wenige Schritte von der Kathedrale entfernt — in und hinter der Kirche vom heiligen Theodoros untergebracht, die 1266 von König Hetum aus dem armenischen Königreich Kilikien am Mittelmeer erbaut wurde. Nur neun Schritte breit und doppelt so viele lang, wirkt diese Kirche fast heimelig, wenn man aus der weiträumigen Kathedrale kommt. Auch hier sind die Wände mit den gediegen gearbeiteten Kütahya-Kacheln bedeckt, die den Räumen etwas wie eine Wohnatmosphäre geben. Auch hier finden sich Chatschkare in großer Zahl, aus ganz verschiedenen Zeitabschnitten. Erzbischof *Norayr Bogharian,* seit 1949 mit dem Amt des Bibliothekars betraut, hütet hier über viertausend Manuskripte, von denen das älteste aus dem 8. Jahrhundert stammt. Er hütet sie wie seine eigenen Kinder. Die Art, wie er sie behutsam aus dem Regal nimmt, sorgfältig und langsam öffnet, mit feinfühligen Händen geradezu ehrfürchtig die alten Seiten aufschlägt und wendet, dabei die Miniaturen mit kleinen Stofftüchlein bedeckt, wenn er weiterblättert; wie er sacht über einen Einband streicht, während er bedächtig etwas erklärt oder fragt, zeigt seine Liebe zu diesem unersetzlichen Erbe der Väter. In Jahrzehnten hingegebener Arbeit von hervorragender Sachkenntnis und weltweit von Fachleuten anerkannter Akribie hat er einen vollständigen detaillierten Katalog der Handschriften in acht schweren Bänden zusammengestellt und herausgegeben. Er wurde in der

Druckerei des Patriarchats von Jerusalem gedruckt und ist auch in deutschen Universitätsbibliotheken zu finden.

Das armenische Kloster vom heiligen Jakob ist immer ein Zentrum der Gelehrsamkeit gewesen. Werke, die hier studiert wurden und sich in der Bibliothek befinden, wurden zum Teil erhalten durch armenische Übersetzungen, obwohl die Originale verloren sind. Um nur einige aufzuzählen: die berühmte Kirchengeschichte des Eusebius von Cäsarea (265-339); die Briefe des Bischofs Ignatios von Antiochien († 110), die von größter Bedeutung für die frühe Kirche waren; nicht weniger als vierunddreißig Bände von Gregor von Nazianz (330-390); die Werke des Athanasios (295-373), die bereits innerhalb eines Jahrhunderts nach dem Tod des großen Autors übersetzt worden waren; Johannes Chrysostomos († 407), der „Goldmund" unter den griechischen Theologen, und andere patristische Literatur, aber auch Werke von Aristoteles, Philo, Zeno und anderen. Allen voran steht im Rang selbstverständlich die Heilige Schrift, die auch als erste ins Armenische übersetzt worden war, sobald damals das armenische Alphabet geschaffen war.

Eine der Bibeln, die der Bischofsbibliothekar vorsichtig öffnet, um sie nicht zu beschädigen, wurde im 17. Jahrhundert in Konstantinopel geschrieben. Hatte ein Schreiber nach monatelanger Arbeit seinen Auftrag erfüllt, so ging sein Werk weiter an den Maler, den Illustrator, der die Schrift, wenn man so will, mit seinen Bildern „erleuchtete", illuminierte. Viel zu rasch wechseln die wunderbaren kleinen, unglaublich fein gemalten Miniaturen, die in diesen ebenmäßigen Text eingefügt sind. Hiob ist da zu sehen, voller Schwären, klagend in der Asche, allein, ohne seine Freunde und seine Frau, wie der Bischof leise bemerkt; Christus unter einer Wolke, aus der die segnende Hand des Vaters ragt; die gewaltige Vision des Ezechiel mit vier tief dunkelblauen Cherubim in Wolken und der Präfiguration der vier Evangelisten: Mensch, Löwe, Stier und Adler, in bewegten Linien und Flächen; noch einmal Christus, umgeben von einer fast funkelnden Gloriole. Es ist gemalter Lobgesang.

Stunden und Tage, Wochen und Monate ließen sich hier verbringen mit dem Kennenlernen nicht nur der Bilderwelt selbst, sondern auch mit der Geschichte solcher Handschriften. Sie stellten gerade in Verfolgungszeiten Heiligtümer einer Gemeinde dar, Symbole des Glaubens und der Zeugniskraft, durch nichts zu ersetzende Schätze, für die man lieber Leib und Leben ließ, als sie herauszugeben. Sie galten als „Patrone" der Dörfer, die sie besaßen, sie wurden „gefoltert und erlöst", bedroht und wieder aufgekauft, wenn sie durch Raub oder Kriegsverlust in fremde Hände gekommen waren. Weil die Kurden und Türken den schwachen Punkt der Armenier kannten, nämlich ihre starke und opferbereite Liebe zu ihren heiligen Büchern, zerstörten sie manchmal die erbeuteten Manuskripte nicht, sondern verkauften sie drei-, vier-, fünfmal zurück an die Armenier, denen kein Opfer zu hoch war. Die Manuskripte in Jerusalem haben weite Reisen hinter sich und sind durch viele Hände gegangen, gehütet, verehrt, im Gottesdienst gebraucht, versteckt, geraubt und wiedergewonnen.

Noch heute hängen die Gläubigen an ihren von Generation zu Generation bewahrten sakralen Büchern. Als das große Museum für Handschriften in Jerewan eingerichtet wurde, der Matenadaran, und man auf dem Land nach geretteten Büchern fahndete, konnte einst ein Sachverständiger dieser Nationalbibliothek in einem Dorf nichts ausrichten. Er wußte, daß es hier ein von ihm gesuchtes bestimmtes Buch gab, aber man ließ ihn lange nicht heran. Schließlich fragte man ihn, ein wenig seiner Hartnäckigkeit nachgebend: „Glaubst du an Gott?" Ein anderer durfte auf keinen Fall das Buch überhaupt nur anschauen. Als er bejahte, ließ man ihn zum Erweis seines Glaubens lange armenische Gebete auswendig aufsagen. Erst als einigermaßen sicher war, daß er kein Kommunist war, ließ man ihn einen Blick hineinwerfen, unter strenger Bewachung. Mitnehmen konnte er das Buch nicht; es ist immer noch dort. Die Dörfler sagen: „Dieses Buch ist unser Patron schon seit dem zehnten Jahrhundert. Wir sind eher bereit zu sterben als es herzugeben. Zwanzig Männer aus unserem Dorf stehen mit ihrem Leben dafür ein, es zu bewahren und bei uns zu behalten. Für uns ist es wie eine Reliquie, wie ein Segen für das Dorf, den man uns nicht wegnehmen darf."

Auch was man an anderen Heiligtümern in Ostanatolien hatte, hielt das Volk hoch in Ehren. Ein starker Mann trug zum Beispiel die reich beschnitzte Tür des Konvents der heiligen Apostel aus dem 9. Jahrhundert, um sie zu retten, auf seinem Rücken tausend Kilometer weit ins Museum von Jerewan. Berühmt geworden ist das Evangelium von Musch, das vierundsechzig Pfund wog. Vier mutige Frauen retteten es, indem sie es des Gewichtes wegen teilten und mit sich trugen. Nur zwei der Frauen überlebten die Deportation und gaben das Buch zur Aufbewahrung, die anderen beiden hatten ihre Buchhälfte vor ihrem Tod sorgfältig vergraben. Zehn Jahre später fand man diesen Teil unversehrt durch einen glücklichen Zufall und vereinte ihn mit dem anderen Teil. Beide sind heute wieder als zusammengefügtes Buch im Matenadaran zu sehen. Ob wohl auch dort, in den riesigen Bibliothekssälen, die „Seele eines Buches", an die viele Armenier glauben, noch lebendig weiteratmen kann? Ob diese Seele nicht Heimweh hat nach ihrer Gemeinde, nach gefeierter Liturgie, nach dem Murmeln der Gebete, dem Vorlesen der Lektoren, dem Gesang des Chores, nach Weihrauch und Kerzenlicht, nach Abgenutztwerden im Leben?

Niemand kann heute mehr die leuchtenden Farben herstellen, mit denen die Bilder in den Handschriften gemalt sind. Viele Farbgeheimnisse wurden von den Künstlern mit ins Grab genommen, nur selten an Eingeweihte mündlich unter strenger Schweigepflicht weitergegeben. Man weiß, daß das tiefe Rot, das selbst noch auf Reproduktionen beeindruckt, aus dem Wurm Vortan Garmir, dem „roten Wurm" gewonnen wurde. Das Insekt, in das sich dieser Wurm verwandelt, wurde zu Tausenden auf bestimmten Pflanzen gezüchtet, gesammelt und in bestimmten Verfahren zu Farbe verarbeitet. Daher erklärte sich seine besondere Intensität und die Tatsache, daß das „armenische Rot" auch nach Jahrhunderten nicht vergilbt. Das leuchtende Blau der Miniaturen wurde aus feingemahlenem Lapislazuli hergestellt. Ein besonderer Handwerkszweig widmete sich der Bearbeitung von Wildhäuten, die unendlich sorgsam vorgenommen werden mußte, um sie zu haltbaren, beschreib- und bemalbaren Buchseiten zu machen. Allein für das zweiunddreißig Kilogramm schwere Evangeliar von Musch waren 600 bis 700 Wildhäute erforderlich.

Die Ornamentik vieler Handschriften ist deutlich vom Osten, von Persien her beeinflußt. Schlanke Vögel gehen in Pflanzen über, bilden Buchstaben, umschlingen sich gegenseitig mit ihren langen Hälsen. Pfauen, Symbole der Ewigkeit und unsterblichen Lebens, tauchen häufig auf, wie auch sonst in der armenischen Kunst. Symmetrisch strenge, aber auch offene lockere Randzeichnungen wechseln mit stilisierten Affen und anderen Tieren, teils mit Kerzen in den Pfoten und Hüten auf dem Kopf, wie Illustrationen zu Tierfabeln. Die Fabulierfreude hat keine Grenzen außer dem vorgegebenen Raum, der oft dicht gefüllt ist.

Bescheiden und selbstsicher zugleich gewährt Bischof Bogharian, dieser weißbärtige Kenner und Hüter eines jahrhundertealten Schatzes, manchmal — immer seltener — einen Blick in sein Reich. Eine schwarze, bunt mit Blumen bestickte Kappe bedeckt seinen schmalen Kopf. Sein schlichter schwarzer Rock, der bis zu den Knöcheln reicht, kennzeichnet ihn als Priester. Das einfache Gewand läßt Gesicht und Hände, die beide etwas im wörtlichen Sinne Demütiges, etwas vom Mut zum Dienen ausdrücken, unverstellt und klar hervortreten. Lächelnd beugt sich der Gelehrte voll Eifer über die Seiten, in denen so viel Können und Hingabe steckt. Sorgsam, damit kein Buchstabe verletzt wird, benutzt er die Lupe, begeistert erläutert er aufschlußreiche Einzelheiten. So weist er hin auf einen Pilatus im türkischen Turban, der als nichtchristlicher Vertreter der Obrigkeit präsentiert wird, und er macht aufmerksam auf eine Bemerkung, die unter dem Portrait des Evangelisten Lukas zu finden ist: „Bitte, gedenke hier des Malers, der diese Bilder gemalt hat, so wird auch Christus sich deiner erinnern."
Die langen, schneeweißen Augenbrauen, die über den dunklen Brillenrand herausschauen, heben sich wie erfreut, wenn der Bischof wieder etwas entdeckt, das er des Erwähnens wert findet und näher erklärt.

Ein ganz eigenes Kapitel wären die Kolophone wert, jene Angaben über Titel, Verfasser, Schreiber bzw. Drucker, Herkunftsort und Besitzer, manchmal auch über die Schenkung eines Buches am Ende alter Handschriften und früher Drucke. Oft geben sie wertvolle Hinweise auf geschichtliche Zusammenhänge, die man sonst nirgendwo findet. Zwei Beispiele:

„*Dieses Buch ist ein Andenken an Seine Exzellenz Tedoros Chorenatzi im Lande Taron, Patriarch des Heiligen Stuhls von Jerusalem, eine Gabe an die Bibliothek von St. Jakob. Und niemand hat das Recht, es von dort wegzunehmen. Benutzer! Sag ein Gebet zum Gedächtnis. Im Jahre 1205*" (1756 nach unserer Zeitrechnung); aus Manuskript 127, folio 421a. —

„*Ich armer Diener Gottes, Patriarch des Heiligen Stuhls, der in Jerusalem ist, Polos Verdapet von Van, dem dieses Buch gehörte, stellte es zum Andenken in die Bibliothek von St. Jakob ein, zum Heil meiner Seele und dem meiner geistlichen und leiblichen Eltern. Du, der du das Buch benutzest und abschreibst: sag ein Gebet zum Gedächtnis!*

Und niemand hat das Recht, es vom Heiligen Stuhl wegzunehmen. Dies war im Jahre 1217" (=1768); aus Manuskript 52, folio 273b.

Ein besonders interessanter Kolophon findet sich in Manuskript 251, einem Evangelium aus Hromkla in Kilikien und gemalt von dem berühmten Künstler Thoros Roslin[9].

Diese wichtige Notiz bezieht sich auf die vielfältigen Aktivitäten des Patriarchen *Krikor des Kettenträgers,* der von 1715 bis 1749 das Patriarchat von Jerusalem offensichtlich außergewöhnlich umsichtig und tatkräftig leitete. Er war auf Empfehlung von Yovhannes Kolot, dem Patriarchen von Konstantinopel, ernannt worden und hatte die Neuorganisation der Angelegenheiten des Stuhles von Jerusalem in Angriff genommen, die durch eine Zeit der Unordnung traurig durcheinandergeraten waren. Leider ist die Notiz nicht datiert, aber sie wurde offenbar von einem Zeitgenossen Krikors geschrieben. Sie erzählt weiter, wie Krikor, Erzbischof von Musch, zum Patriarchen ernannt wurde, wie er mit Phantasie und Energie der mit seinem Amt übernommenen Schuldenlast Herr wurde und wie er so zu seinem Beinamen kam:

Zu seiner Zeit geriet unter dem Steuerdruck der Landesherrscher, unter der alle christlichen Gemeinschaften litten, auch die armenische Kirche in Palästina in Schulden. Man war nie sicher, ob nicht während der Feier der Gemeindemesse die Gläubiger kamen und sich „ihr Pfand abholten". So entschied sich der fromme Patriarch, durch Armenien zu wandern und an den Sonntagen nach dem Gottesdienst vor den Kirchen zu sitzen und zu betteln. Er nahm — symbolisch für die Schwere der Schulden — Ketten auf seine Schultern und sammelte auf mühseligen Reisen in seiner Heimat so viel Geld, daß schließlich alle Schulden bezahlt waren — nach neun langen Jahren, in denen er sich geweigert habe, die Kettenlast abzunehmen. Die Kette ist übrigens immer noch vorhanden und wird in der Sakristei von St. Jakob aufbewahrt und in Ehren gehalten.

Der Kolophon über Krikor den Kettenträger erwähnt weiter seine Renovierungsarbeit an den Häusern des Patriarchats und am Bestand reicher liturgischer Gewänder und Geräte, von denen noch viele im Kirchenschatz von St. Jakob erhalten sind. Dann fährt die Notiz fort: *„Er betrat auch die Bibliothek, die an einem gewissen alten Platz vernachlässigt worden war, wo er die Bücher sah, manche in schlechtem Zustand, manche in Stücken, andere von Motten zerfressen — Bücher, die von alten gottergebenen Männern geschrieben worden waren, mit Gold eingefaßte und in Silber gebundene Evangelien — und er beklagte das lang. Deswegen schrieb er darüber an seinen Bruder, Johannes, Patriarch von Byzanz, daß er einen Drucker senden möge, nämlich den hervorragenden Handwerker Gregor, und der sandte ihn. Und er kam zum Heiligen christlichen Stuhl und unternahm es, auf Anweisung des weisen Patriarchen, zusammen mit seinem Schwiegersohn Jakob, die ruinierten Bücher zu ergänzen, zu erneuern, sie wiederherzustellen und die zu binden, die in Stücke zerfallen waren, und führte das Werk durch . . .“*[10].

Aus Krikors Zeit stammen viele noch sichtbare Erneuerungen, so all die Kütahya-Kacheln in den Kirchen und im Refektorium der Mönchsgemeinschaft. Mit umsichtigem Reformeifer widmete er sich der inneren und äußeren Erneuerung seiner ihm anvertrauten Gemeinde. Als er 1749 starb, wurde er auf dem nahen armenischen Friedhof begraben, über dessen Mauern heute die benachbarte Benedektinerabtei Dormitio Mariae herüberschaut.

Andere Kolophone[11] geben Hinweise auf die Schreiber selbst und ihre Kunst, die hoch eingeschätzt wurde, wieder andere auf das Schicksal der Handschriften, die durch viele Hände gingen und über Hunderte von Jahren das Schicksal ihres Volkes teilten: Sie gingen miteinander durch Glanzzeiten und Katastrophen, in Sklaverei und Krieg, stifteten Freude und Frieden, gingen in Flammen auf oder wurden unter Einsatz des Lebens gerettet. Die Kolophone schildern die schwierigen Bedingungen, unter denen Schreiber, Maler und Buchbinder arbeiteten, und die Gefahren, die sie zu bestehen hatten. Ein bewegender Bericht über Hovhannes Mangasarents, einen profilierten Künstler, der einhundertzweiunddreißig Handschriften abschrieb, wurde von seinem Schüler Zacharias verfaßt[12]:

„*Zweiundsiebzig Jahre lang ohne Unterbrechung, schrieb er sommers und winters, Tag und Nacht Bücher ab. . . . Und in seinem hohen Alter, als die Sehkraft ihn verließ und seine Hand zitterte, schaffte er es kaum, einen Teil des Buches unter großem Leiden zu vollenden, und danach war er nicht mehr fähig, eine Feder in seiner Hand zu halten. Und er ruht in Frieden bei Christus im Alter von sechsundachtzig Jahren. Und nun vervollständige ich, sein Schüler Zacharias, sein unvollendetes Manuskript.*“

Hagop, der Schüler des bekannten Philosophen Hovhan Voronetsi (14. Jahrhundert), beschreibt, wie er seinem Lehrer mit sechzig Schülern folgte und weiter Bücher abschrieb, während sie von Mongolen verfolgt wurden: „*Beladen mit Papier und Büchern, Federn und Tinte, zogen wir mit schleppenden Füßen weiter, und sobald wir einen geeigneten Platz gefunden hatten, begann ich dieses heilige Buch weiter abzuschreiben, was mit großen Mühseligkeiten und Entsagungen verbunden war. Und niemals konnte ich es dort vollenden, wo ich von neuem zu schreiben begonnen hatte*“[13].

Auch Naturkatastrophen wie Erdbeben, Heuschreckenplagen und Seuchen werden in den Kolophonen ihrer Zeit lebhaft geschildert. Sie enthalten Segnungen für ihre Benutzer und Flüche für jene, die die Bücher mißbrauchen oder beschädigen. Eine ganze Zeitgeschichte läßt sich aus ihnen ablesen, ein farbiges Bild der Kirche in verschiedenen Epochen und die Hochachtung, die man in Armenien dem Buch als Träger göttlicher Wahrheit entgegenbrachte. In einer Verteidigungsschrift des 9. Jahrhunderts, in der es um die Klärung des Bilderstreits ging, um die Verwerfung oder Anerkennung des Gebrauchs von sinnlichen Darstellungen übersinnlicher Botschaften, schrieb ein armenischer Theologe unmißverständlich klar:

„*Wenn wir uns vor dem Evangelienbuch verneigen oder es küssen, verneigen wir uns nicht vor dem Elfenbein oder vor dem Farbenschmelz, sondern vor dem Wort des Heilandes, das auf dem Pergament geschrieben ist. So ist es auch nicht der Farbe wegen, daß wir uns vor den Ikonen niederwerfen, sondern Christi wegen, in dessen Namen sie gemalt sind. Denn wir erreichen das Unsichtbare durch das, was sichtbar ist, und das Email und die Gemälde sind Erinnerungszeichen des lebendigen Gottes und seiner Diener*“[14].

Noch vieles wäre zu hören, zu lernen, zu bedenken, zu sehen. Aber die Zeit in der Bibliothek ist schon vorbei. Mildes Nachmittagslicht läßt die weißen und indigoblauen Muster der Kachelwände freundlich aufblinken. Hier ist gut sein. Doch die zugemessene Stunde ist vorüber. Man erhebt sich, schweigend entfernt sich die Person, die bei der Betrachtung der wertvollen Manuskripte als Wache dabei war. Man weiß nicht recht, wie man danken soll. Denn wer das Glück hatte, hier eine Stunde lang sein zu dürfen, geht dankbar und reich an inneren Bildern fort und vergißt sie nie mehr, weil sie viel tiefer sinken als intellektuelles Wissen und rationale Erkenntnis. Es ist ein geistlicher Reichtum, der bleibt.

Nach dem Besuch der Handschriftensammlung ist eine Ruhepause nötig, um die vielen Eindrücke einsickern zu lassen. Es gibt genug ruhige Winkel, wo das möglich ist: ein warmer Stein unter einem Baum, eine Kirchenbank, eine Sitzecke in einem Hof.

Es lohnt sich, die Zeit dafür freizuhalten. Erst wenn die aufgenommenen Bilder ein wenig gesunken sind, sollte man Neues aufnehmen, vielleicht zum Abschluß eines Tages die kleine Kirche zu den Erzengeln, die südöstlich von der Kathedrale hinter der neuen großen Schule liegt. Man kommt auf dem Weg dorthin am sogenannten Haus des Hannas vorbei, das von den Einheimischen auch Deir-el-Zeituneh, Ölbaumkloster, genannt wird. Außerhalb der Kirche nämlich ist hinter einem durchbrochenen Mäuerchen ein Ölbaum zu sehen, von dem, wenn auch leise schmunzelnd, immer noch einige erzählen, Jesus sei an eben diesem Baum in der Nacht auf dem Weg zum Hohen Rat der Juden festgebunden worden, als man ihn dem Hannas vorführte (Johannes 18,13 ff.). Dieser war eigentlich nicht mehr im Amt, hatte aber als Schwiegervater des amtierenden Hohenpriesters Kaiaphas immer noch erheblichen Einfluß. Man zeigt hier auch einen Stein, der in ein melodisches Hosanna ausgebrochen sei, als Christus den Pharisäern sagte, daß einst die Steine schreien werden (Lukas 19,40), wenn die Menschen verstummt sind.

Noch eine andere rührende Überlieferung ist mit dem Ort verbunden, auf dem schon im vierten Jahrhundert eine Kapelle gestanden haben soll. Sie sei zu Ehren der Erzengel gebaut worden, die gemäß den Schriften der Väter erschrocken ihr Gesicht bedeckten, als Gottes Sohn von einem Diener des Hohenpriesters geschlagen wurde (Johannes 18,22); daher noch immer der Name der heutigen Kirche, die allerdings aus dem 12. Jahrhundert stammt. Fromme armenische Pilger ließen sie über dem „Haus des Hannas“ und dem „ersten Gefängnis Christi“ erbauen. Die schmerzerfüllt ihre Hände vors Gesicht haltenden Engel rechts und links vom Gekreuzigten, die vor dem ungeheuren Geschehen von Golgatha ihr Antlitz verhüllen, begegnen später noch manchmal auf Miniaturen, in Bildbänden, auf Ikonen. Und jedesmal wird die Erinnerung an die Erzengelkirche mit ihrer Gründungslegende wach, die darauf erst aufmerksam gemacht hat, die Erinnerung an die helle Wärme ihrer Mauern, die ausgeruhte Gegenwart ihrer Bilderwelt.

Eine Fülle von Chatschkaren ist im Vorraum der Kirche von den heiligen Erzengeln zu entdecken, an denen man sich nicht sattsehen kann. Keiner der Kreuzsteine gleicht dem andern. Sie sind wie Blätter an einem riesigen armenischen Baum, der an diesen Blättern zwar unverwechselbar erkannt werden kann — doch jedes Blatt ist anders. Der älteste der Chatschkare trägt die Jahreszahl 1362.

Verglichen mit der Kathedrale ist dieser Kirchenraum von den Erzengeln heimelig klein, aber dennoch nicht kleinlich, trotz der Nischen und Kacheln, Vorhänge und Bilder, Leuchter und Ampeln. Vor dem Seitenkapellchen, das „Gefängnis Christi“ genannt wird, ist wieder eine seltene Intarsientür zu bewundern, gediegenste Perlmutteinlegearbeit aus dem 17. Jahrhundert in schimmerndem Helldunkel.

Der Hauptaltar stammt aus der Zeit Krikors des Kettenträgers. Rechts vor dem Altar führt ein Bogendurchgang zur Kapelle der heiligen Hripsime, einer frühen Blutzeugin der armenischen Kirche.

Eine besondere Bilderwand, die nur in der Fastenzeit zu sehen ist, breitet sich auf hellem Tuch vor dem Altar aus, wenn dort ein Vorhang zugezogen wird, der sonst unscheinbar an der Seite hängt. Die Art der Darstellung ist verwandt mit der auf den Kacheln der St. Edschmiatsin-Kapelle: Heilsgeschichte wird in naiven und doch eindrücklich starken Bilderszenen erzählt, hier vor allem der Leidensweg Jesu vom Einzug in Jerusalem an. Die Gemeinde hat diese Bilder vor Augen, während dahinter die heiligen Geheimnisse in jenen Augenblicken der Eucharistiefeier verborgen sind, die in der römisch-katholischen Kirche als „Wandlung“ bezeichnet werden.

Der Vorhang ist also eine bewegliche Ikonostase, eine Zwischenform zwischen östlicher und westlicher Liturgiegestaltung. Rot und gelb, grün und braun leuchten die Szenen in warmen, kräftigen Tönen auf, wenn sie vom langsam wandernden Licht des Frühlingsvormittags getroffen werden. Kinder werden sich diese Bilder unauslöschlich einprägen. Bilder, die tiefer in die Seele sinken als bloße Worte, tun auch hier ihre Wirkung, reinigen, kräftigen, formen auch hier das Innere der Menschen, die zum Gotteslob kommen und sich ihnen aussetzen. Man merkt es diesem Raum an, daß er Gemeindekirche ist, daß hier gebetet wird, daß er abseits vom Besucherstrom liegt. In der Nähe wohnen die armenischen Schwestern, die zum Erzengelkonvent gehören; es gibt nur noch wenige.

Beim Hinausgehen freuen sich Armenienfahrer, die Aghtamar gesehen haben, über das Wiedererkennen einer bekannten Reliefgestalt: die königlich thronende Gottesmutter mit dem Kind grüßt wie eine vertraute Gesprächspartnerin von der Stirnseite des Ganges, der ins Freie führt. Von den Aghtamarbildern angeregt, hat sie ein Künstler hier neu ins Bild gebracht. Mit dem Segensgestus der Ostkirche — Daumen und Ringfinger an den Kuppen zusammengelegt, um die Einheit von Gott und Mensch und zugleich mit den restlichen drei Fingern die Dreifaltigkeit zu versinnbildlichen — hebt der ernst blickende Sohn die rechte Hand. In der linken hält er die Schriftrolle des göttlichen Wortes. Die Mutter lächelt kaum merklich. Sie schaut deutlich den Betrachter an, der zum Ausgang hin auf sie zugeht. Beim Weg hinein bleibt sie in ihrer Nische im Hintergrund verborgen, beim Weg hinaus läßt sie keinen vorbei, ohne ihn zu grüßen.
In einem altarmenischen Marienhymnus heißt es:

„Bitte für uns bei Gott, der aus dir geboren ist,
daß aufhören die Kriege und das Wirken der Feinde
und daß feststehe auf Erden Liebe und Recht!"[15]

Zwei weitere eigene Welten sind die *Gulbenkian-Bibliothek* und das *Museum*. Sie stehen in rechtem Winkel zueinander in der Nähe der neuen Schule unter duftenden Pinien, die ihre Früchte freigebig in den gepflasterten Hof streuen. Die Bibliothek ist 1929 gegründet worden. Eine großzügige Gabe des bekannten Kulturmäzens Calouste Gulbenkian war der Grundstock dafür. Sie enthält rund 50.000 Bände, von denen knapp die Hälfte Bücher in Armenisch, der Rest in anderen Sprachen geschrieben ist, vor allem in Französisch und Englisch. Armenier sind seit jeher gewohnt, mindestens zwei Sprachen zu sprechen, viele beherrschen mehrere. Hunderte von gut archivierten armenischen

Zeitschriften bieten unermeßliches Forschungsmaterial, besonders für Armenologen, die hier eine vollständige Sammlung aller armenischen Zeitungen und Periodika finden, einschließlich der allerersten Zeitung ‚Aztarar', die 1794 in Madras, Indien, gedruckt worden war. Auch seltene frühe Drucke, so einer von 1512 aus Venedig, werden hier aufbewahrt.

Das Museum, ganze Tage eingehender Betrachtung wert, bietet seit seiner Neuordnung einen übersichtlichen Gang durch die Geschichte Armeniens, angefangen bei prähistorischen Funden und Erläuterungen zur vorchristlichen Götterwelt über kriegerische Auseinandersetzungen mit den Nachbarvölkern und Invasoren, über friedliche Zeiten konstruktiver Aufbauarbeit bis hin zum entsetzlichen Grauen des Völkermords in unserem Jahrhundert und seinen Vorstufen, den Massakern am Ende des letzten Jahrhunderts unter dem blutigen Abdul Hamid. In zwei Stockwerken sind in den ehemaligen Zellen des früheren Klosters Gegenstände und Bilder einer großen Vergangenheit zu sehen, Lebenszeichen ständigen leidvollen Weiterkämpfens und -hoffens, trotz lähmender Vernichtung, eindrückliche Spuren eines zähen Willens zu überleben und neu anzufangen, immer, immer wieder.

Die Edikte der arabischen Herrscher, die Schutzbriefe für die armenischen Einrichtungen in Jerusalem ausgestellt hatten, beeindrucken durch ihre Kalligraphie, die Genauigkeit und Eleganz der schönen arabischen Schrift. Die wunderbarsten Filigranampeln neben großflächig gehämmertem Kupfergeschirr erregen Bewunderung ebenso wie farbige Keramik und sinnreich durchgestaltete Holzgeräte, Textilien für Kirche und Haus und makellose Goldschmiedearbeiten, die ersten Photographien im Nahen Osten — die Armenier hatten hier sowohl die Druckerei als auch die Photographie eingeführt — und Gemälde aus ganz unterschiedlichen Lebensbereichen. Stunden möchte man allein in dem abgedunkelten Raum mit den von hinten beleuchteten Bilderfolien der Buchmalereien verbringen. Welche Botschaften und in welcher Fülle!

In den Räumen mit den Dokumenten des Holocaust verstummen

die Gespräche. Kinder fassen die Hände ihrer Eltern fester, stellen flüsternd entgeisterte Fragen. In der eigenen Manteltasche spürt man die Hände zu Fäusten werden. Die Kopfhaut zieht sich zusammen, der Magen rebelliert. Ob es stimmt, was immer wieder gesagt wird: daß Hitler auf dem Obersalzberg spöttisch gesagt haben soll: „Wer spricht denn noch von der Vernichtung der Armenier?" Er soll sich Enver Paschas „Endlösung" zum Vorbild genommen haben für sein Vorgehen gegen Polen und Juden. Vielleicht kann es niemand gültig bestätigen oder widerlegen[16]. Doch zweifellos erinnern diese Bilder an die anderen im Südwesten von Jerusalem, wo in Yad Vashem eines zweiten Völkermordes gedacht wird, an ein zweites riesiges „Ganzopfer", was Holocaust wörtlich bedeutet. Was sind Menschen für Wesen, daß sie dies einander antun können? Wer löst das Rätsel auf, warum gerade Armenier und Juden so unfaßlich leiden mußten? — Ein bitterer Geschmack auf der Zunge und ein scharfes Aufbegehren im Eingeweide bleiben lange zurück, wenn man aus diesen Räumen kommt, nichts weiter mehr aufnehmen kann, betäubt nach draußen in die Sonnenhelle des Hofes hinausgeht und noch eine Weile unter den Pinien stehenbleibt, die schwermütige Liturgie im Ohr, die der alte Museumswärter von Cassetten abspielt.

An der Bibliothek zur Linken vorbei gelangt man durch einen Gang in den Wohnhäusern hindurch wieder auf den weiten Platz auf der Rückseite der Kathedrale. Die Sonne blendet, macht benommen nach all den Eindrücken. Vielleicht ist es besser, an einem anderen Tag wiederzukommen und dann das Gesehene zu vertiefen, hier und da zu verweilen, zu verarbeiten. Heute nur noch eine kurze Pause, ein Erfrischungstrunk im Jugendclub, über dessen Eingang die blaurote Fahne mit dem beschneiten Ararat unbewegt in der windstillen Hitze hängt. Hier treffen sich die jungen Leute der Gemeinde zum Spielen und Diskutieren, zur Geselligkeit, auch zum Musizieren und Theaterspielen. Beim Weggehen, das jedesmal schwerer fällt, dringen Arbeitsgeräusche aus der Druckerei, jener ersten in Palästina, schon 1833 gegründet. Jemand trägt vorsichtig einen großen Probebogen über den Hof. Kinder spielen im Schatten, eine Frau hängt Wäsche auf der Terrasse auf und summt dabei vor sich hin; es ist ein friedlicher Nachmittag.

Einige Tage später übte im Jugendclub in einem der gewölbten hohen Räume die Musikband für eine „party". Die Jugendlichen haben eine elektronische Orgel, Schlagzeug und Gitarren und einen jungen Sänger, der traditionelle Stoffe neu gestaltet: Sehnsucht nach den Bergen des Hochlandes, Zwiegespräche über die Trauer — *„Meine Schwester, ich sehe Tränen in deinen Augen, was bekümmert dich? Wisch deine Tränen ab, wir werden weiterleben!"* — in einem Lied des Volkshelden Antranik an seine Frau, die krank ist und ein Kind hat, mit der er in die Berge gehen will, weil er kein Muslim werden, sondern seinem Glauben treu bleiben will; Liebeslieder in bunter Vielfalt.

Die Gruppe musizierte unter einem Bild, das die jungen Leute selbst an die Wand unter den Gewölbebogen gemalt haben. Da schwebt auf dem Halbrund lächelnd ein engelähnliches Wesen mit blaurotem Gewand und blauroten Flügeln — in den Farben der armenischen Flagge! — über einem braunen Land, das in der Mitte durch einen breiten Fluß zweigeteilt ist: links das alte Armenien mit Kirchen und Ruinen, Chatschkaren, die halb in die Erde gesunken sind, dem doppelgipfligen Ararat, Gräbern; rechts das neue Armenien mit jungen Industriestädten, Quellen, Grün ... Über dem alten Reich ist die Sonne verdunkelt durch eine schwarze Scheibe, aus der Blut und Schwärze tropft. Auf der neuen Seite leuchtet sie als strahlende Scheibe, umgeben vom kreisenden Universum. Sehnsucht, Hoffnung, Kampf, Trauer, Lebenslust — hier auf dem Bild und in den Liedern, in beidem gestaltet von einer Jugend, die stolz darauf ist, armenisch zu sein. Hier in Jerusalem hat sie ein Zuhause. Aber in der Diaspora?

Ein Gang durch das kleine Imperium dieses Grundstücks, das zugleich Patriarchatssitz und Verwaltungszentrum ist, Arbeits- und Wohnbereiche enthält, Kirche und Welt miteinander verknüpft, das Heilige und Profane eng und lebendig verbindet, monastisches und Familienleben harmonisch und spannungsreich nebeneinander entfaltet, wäre unvollständig ohne einen Besuch im Patriarchat. An der Südwestecke des Innenhofes vor der Kathedrale führt eine Treppe hinauf zur Residenz des armenischen Patriarchen und zu den Verwaltungsbüros, die dazugehören. Hier residiert seit seiner Inthronisation im Jahre 1960 *Yeghishé Derderian*. Sein durchdringend klarer Blick scheint jeden zu durchschauen. Er hat eine scharfe Beobachtungsgabe, heißt es, und man glaubt es gern. Daß er auch ein tieffrommer Mann ist, kann man nicht nur an seiner Art, Liturgie zu feiern, ablesen, sondern es ist auch erkennbar in seinem Vorwort zu einem Bildband über die Kunstschätze des armenischen Patriarchats von Jerusalem:

„*Es ist eine wahre Freude, all diese Dinge*" — die er vorher in dichterischer Kraft geschildert hat — „*zu betrachten, dieses lebhafte Farbenspiel, lebendig und echt. Alle diese Kunstwerke wurden aus Armenien und Kilikien hergebracht von frommen und edlen Seelen. ‚Glücklich ist der, dessen man in Zion gedenkt' — höchster Wunsch und feste Gewißheit des armenischen Geistes haben Kunstwerke vom weit entfernten Armenien nach Jerusalem gebracht, und hier wurden sie zusammen mit den Schätzen des Glaubens als Schönheiten seines Kunstschaffens gehütet. Die große Empfänglichkeit des armenischen Volkes für Schönheit und guten Geschmack sind am besten bezeugt durch diese Meisterwerke der Kunst, ihren ansteckenden und bewegenden Charme, der in seiner Tiefe alle Unbeständigkeiten von Form und Farbe auflöst und klärt, indem er sie zu einem Ganzen zusammenfügt.*

Die Buchmalereien sind seit dem 13. Jahrhundert zu Tausenden auf uns gekommen, nachdem sie die Verheerungen ihrer Zeit überstanden hatten. Malerei ist eine Kunst, die im armenischen künstlerischen Temperament tief und wahr verwurzelt ist. Es fehlen uns die Worte, die Gnade dieser Kunst zu beschreiben. Man muß sie sehen, um sich am Wunder ihres Glanzes zu erfreuen. Es ist genau dieser unmittelbare Kontakt, den wir denen anbieten, die Gefühl und Wahrnehmungsfähigkeit für Kunst haben. Wir betrachten es als ein Privileg, diese Kunst zugänglich zu machen, die wesentlich religiös ist, christlich inspiriert, armenisch in der Form, und zwar hier in Jerusalem, das wir uns als heilige Stadt der großen Religionen, als

Wiege großer Kulturen und der größten Geistesgaben in Blüte zu stehen wünschen."[17]

Hier also wohnt und lebt er seit Jahrzehnten. Selbst der nüchterne Treppenaufgang mit seinen zweiunddreißig Steinstufen zeigt Spuren armenischer Steinmetzkunst. Überall, wohin man sieht, wird zweckmäßiges Handwerk mit schöner und klarer Form verbunden, die der Zweckdienlichkeit keinen Abbruch tut, gleich ob es Türen oder Griffe sind, Simse oder Tischbeine, Türschlösser oder Hausrat. Oben im ersten Stock öffnet sich ein langer Flur, an den die Räume des Patriarchats angrenzen. Durch die hölzerne Haupttür betritt man die elegante und weiträumige Empfangshalle für offizielle Anlässe, die mit Portraits armenischer Patriarchen und, handsigniert, europäischer Könige und Würdenträger geschmückt ist, zum Beispiel von König Georg V. und Königin Mary von England, die ihr Bildnis 1929 zu einem Jubiläum geschenkt hatten. Auch Königin Victoria ist vertreten. Sie hatte ihr Bild als Zeichen der Dankbarkeit geschickt, nachdem zwei Bischöfe sich für das Leben zweier englischer Konsuln eingesetzt hatten und einer der beiden Bischöfe auf der weiten, strapaziösen Reise gestorben war.

Fein und kostbar bestickt sind die Überzüge der Stühle. An Thronsäle europäischer Fürstenhöfe erinnern die Gobelins und Kronleuchter, an orientalische Märchen die prachtvollen persischen Teppiche. Kaum wagt man zu atmen, so hell und freundlich der zweiundzwanzig Meter lange Raum trotz seiner Steifheit auch wirkt. Die über neuneinhalb Meter hohe Kuppel macht ihn weit und licht, wohl auch die Vorstellung, daß er die Hauptstraße draußen überspannt wie ein Brücke. Das undurchdringliche Gesicht des Türschließers, der hier schon viele Menschen aller Ränge eingelassen hat, verrät nichts von dem, was er über die Besucher denkt.

Im breiten Flur firnißt gerade ein Maler aus Paris mit dem Rasierpinsel seine überlebensgroßen Gemälde von sechs oder sieben Patriarchen, deren Augen durchdringend, fast forschend wie die Augen des lebenden jetzigen Patriarchen Yegishé, aus ausdrucksvollen, starken Gesichtern schauen. Einer von ihnen ist Krikor der Kettenträger.

Nicht weit vom Patriarchat der Armenier, vom Fußweg auf der alten Stadtmauer aus gut zu überblicken, liegt nach Süden hin der armenische Friedhof, inmitten der Gräber das jetzt leere, zerstörte Erlöserkloster. In seinem Innenhof sind viele fein gearbeitete armenische Grabsteine erhalten. Jedes Zeitalter hat hier sein Zeugnis steingeschrieben hinterlassen. Würdenträger aller Ränge liegen hier in der wahren Demokratie, die der armenischen Tradion treu bleibt: „*Die Strenge ihrer Lebensführung*", so wurde nämlich von staunenden Pilgern über sie berichtet, „*wächst proportional zur Erhöhung ihres Ranges.*"[18]

Das große Gräberfeld um das Kloster herum hat den einheimischen Armeniern schon jahrhundertelang als Friedhof gedient. Auch hier erzählen die Grabsteine von vergangenem Leben. Auf vielen findet man in Stein gehauen das Werkzeug, das der Begrabene zu Lebzeiten benutzt hat: die Schere des Schneiders, den Meißel und das Schlagholz des Steinmetzen, die Kelle des Maurers und auch den Kreuzstab des Bischofs. Welche Lebensgeschichten mögen hinter den knappen Daten und Namen stehen? Einige Inschriften, wie sie heute von den Friedhöfen verschwinden, lassen ein wenig ahnen von den Menschen, die hier wie Samen auf dem Gottesacker eingesät worden sind[19]:

„*O ihr, die ihr an diesem Grab vorbeikommt,*
pflanzt eine Rose auf mein einfaches Grab.
Ich, der Sakristan Krikor,
der Gebete sang und Lampen anzündete
vierzig Jahre lang
am Grab Christi."

Auf einer Steinplatte wird erinnert an die Mutter Priorin Srpouhi, die mit sechzehn Jahren den Schleier nahm und mit hundert Jahren heimging zu Christus, auf einer anderen an den „*Liebhaber der Schrift*", Ghevond von Van, den „*Schreiber, der so viele alte und neue Handschrif-*

ten abgeschrieben hat und so viele Kolophone" und der nun „*all dies im Dunkel zurückgelassen hat*". Wie ein persönlicher Brief an die Besucher des Friedhofs klingt seine Epitaphinschrift, die in einem Gebet endet: „*Meine Liebe, die Handschriften, ich ließ sie alle zurück, o Vater, als mein Vermächtnis.*" – Sachlicher, doch nicht weniger eindringlich berichtet der Stein eines Mönches, der wie viele andere sein Leben der Gemeinde in Jerusalem widmete:

„In diesem Grab liegen die sterblichen Überreste
von Vertanes, dem Mönch,
der fünfundfünfzig Jahre lang Vartabed war,
Beichtvater zwanzig Jahre lang,
ein Tröster für alle.
Er hat gewacht und gearbeitet für die heiligen Stätten,
sich darum gemüht,
viele davon wieder hergestellt,
und er starb im Herrn im Alter von zweiundneunzig Jahren."

Österlich froh fordert die Inschrift für Mechitar auf:

„Dies ist die Zuflucht des Gerechten –
singt Alleluja
für den Binder heiliger Bücher,
für den Mönch Mechitar."

Wiederum in der Ichform sagt ein Händler, wie er seinen Tod versteht:

„Laßt dieses Kreuz Fürbitte einlegen bei Gott
für den Kerzenverkäufer Abraham!
In diesem Grab will ich mit Hoffnung
dein zweites Kommen erwarten.
Ruf mich in deine Herrlichkeit!"

Karg wie seine Lebensweise war, steht auf Stepans Grabstein nur:

„Für den Einsiedlermönch Stepan".

Auch toter Stein kann, von den Händen gläubiger Menschen bearbeitet, die frohe Botschaft von der Auferstehung weitersagen.

Nicht weit vom Friedhof sind übrigens jene heute nicht mehr erkennbaren Wohnstätten der Leprakranken gewesen, denen die Armenier mit Hütten, Verpflegung und Kleidung geholfen haben. Von der Zeit der Kreuzzüge an wird berichtet, daß sie die Pioniere der Aussätzigenhilfe in Palästina gewesen seien. Am südöstlichen Eck des armenischen Viertels habe es eine Krankensiedlung gegeben, die vom Kloster aus mit Essen versorgt wurde. Ein armenischer Erzbischof war damals für den St. Lazarus-Orden verantwortlich, der sich besonders der Leprakranken annahm[20].

Auch im weiteren Umkreis von Jerusalem sind noch Spuren armenischen Lebens aus früherer Zeit zu entdecken, wenngleich eine ganze Reihe von Einrichtungen im Lauf der Jahrhunderte aufgegeben werden mußte: das sogenannte Lazarusgrab in Bethanien, das Kloster von Ain Karem, das an Elisabeth und Zacharias und die Begegnung der beiden Frauen Elisabeth und Maria erinnert, die Kirche St. Zacharias bei Nazareth, die Kapelle von den Tränen des heiligen Petrus im Osten des Berges Zion. Noch immer von griechischen und armenischen Gottesdiensten belebt ist die im Kidrontal gelegene Kirche vom Grab Mariens, wie sie genannt wird. Die baufreudige Königin Melisene hat dort ihr Grab gefunden, wo nach einer mit Ephesus konkurrierenden Tradition das Grab der Gottesmutter verehrt wird. Ein sehr alter Mönch, dessen Hände vor Zittern kaum etwas halten können, ordnet hier seine Dinge, entzündet und löscht Kerzen, faltet Decken, räumt Leuchter in dunkle Nischen mit kleinen Holztüren, auf denen das armenische E für Edschmiatsin eingeschnitzt steht. Manchmal schlurft er ein wenig ziellos umher unter den verwirrenden Gehängen von verstaubten Ketten und Lämpchen und Porzellankugeln, die wie Spinngewebe dicht unterm Deckengewölbe hängen. Gekräuselte Rauchfäden ziehen hinauf unter die schon schwarzen Bogen. Schwerer Weihrauchduft bleibt hier unten lang stehen. Wer hier Jahr um Jahr dem Heiligtum dient, muß wohl völlig von sich absehen können, muß in seinem Innern „*Ströme lebendigen Wassers*" haben, um den Sinn seines unscheinbaren Tuns wahrnehmen zu können.

Jerusalem war bei all seiner verworrenen Geschichte doch immer reich an Menschen, die gerade hier, wo Christus „*gestorben, begraben und am dritten Tage auferstanden*" ist, in radikaler Weise Gott leben wollten. Pilgerschriftsteller aus verschiedenen Zeiten erwähnen, wenn sie davon sprechen, oft die Armenier. Ein Punkt wird, weil er besonders stark ausgeprägt war, immer wieder bewundernd erwähnt: Sie „*übertreffen alle anderen Volksgruppen*" in Jerusalem „*in der Anstrengung zu fasten*"[21]. Ein normannischer Adeliger, der 1533 ins Heilige Land pilgerte, schrieb: „*Die Armenier bilden eine zahlreiche Gemeinschaft in Jerusalem; in ihrer Regierung und ihrem Geschäftsgebaren sind sie die ehrlichsten unter den Völkern dort. Sie sehen gut aus, haben wohlgeformte Körper und helle Haut. Sie fasten mit der größten Härte.*"[22] — Ein französischer Missionar, der über ein Jahrzehnt (1632-1646) im Mittleren Osten lebte, bemerkt, daß die Armenier „*von allen Orientalen die eifrigsten, zivilisiertesten und leutseligsten*" seien, die viel für ihre Kirche einsetzten und „*äußerst karg und streng ihr Fasten*" einhielten. Er berichtet auch beeindruckt von „*wohlhabenden armenischen Frauen, die all ihre Besitztümer den Mönchen und Nonnen gegeben hatten, ihr Leben lang bettelten und fleißig die Straßen an den Toren Jerusalems sauber hielten. Sie sammelten nämlich die Kieselsteine von den Straßen mit großem Eifer auf, damit die Füße der Pilger, die an den Toren Jerusalems ankamen, nicht bluten sollten und damit sie frei barfuß in Jerusalem umhergehen konnten.*"[23]

Beobachtet man die Hingabe des alten Mönches in der Kirche vom Grab Mariens und mancher Beter in Surb Hagob, so kann man sich gut vorstellen, wie die uneigennützige Liebe der Armenier zu ihrer Kirche auch früher auf Fremde gewirkt haben muß.

Aus den Jahrhunderten, in denen es bis zu siebzig kirchliche armenische Einrichtungen in und um Jerusalem gegeben haben soll, stammen einige Mosaiken, die in der zweiten Hälfte des 19. Jahrhunderts durch archäologische Forschung und auch durch Zufall gefunden wurden und die für die Geschichte der Armenier in Jerusalem aufschlußreich sind.

Hauptsächlich auf dem Ölberg, auf dem es eine größere Anzahl von Klöstern und mehrere Kirchen gegeben haben muß, sind an sechs verschiedenen Stellen verschieden große bemerkenswerte Reste von Mosaikfußböden mit armenischen Inschriften gefunden worden. Fachleute schätzen, daß sie aus dem fünften und sechsten Jahrhundert stammen. Lediglich eines der Fundstücke, das heute in Paris aufbewahrt wird und in griechischer Schrift auf seinen armenischen Besitzer hinweist, scheint älter und bereits vor der Entwicklung des armenischen Alphabets in den ersten Jahren des 5. Jahrhunderts entstanden zu sein. Welche menschlichen Geschichten mögen sich wohl hinter den knappen Inschriften verbergen? Über die Jahrhunderte hinweg rühren sie im Betrachter etwas an, das in allen Zeitläufen und Widerfahrnissen gleich bleibt, ob es um vornehme Prinzessinnen oder schlichte Handwerker geht. Ein Beispiel mag genügen: „*Kraft der Fürbitten des heiligen Jesaja und der seligen Väter habe ich, Vahan, diesen Bau zur Sühne für meine Sünden errichtet.*“[24] In allen Kulturen findet sich dieser Wunsch, am Ende des Lebens von Schuld gereinigt zu werden und in einem bleibenden Werk das flüchtige irdische Leben zu überdauern.

Die lebendig gestalteten und zum Teil eindrucksvoll gut erhaltenen Mosaiken auf dem Ölberg mit all ihrem Schöpfungsgewimmel von Fischen, Vögeln und anderen Tieren, Pflanzen, Früchten — auch hier wieder Granatäpfeln! — und kunstvoll geschlungenen Zopfbändern sind heute für Pilger und Touristen nicht ohne weiteres zugänglich. Sie liegen weit voneinander entfernt auf dem ausgedehnten Gelände des heute russischen Klosters.

Für jeden Interessierten jedoch ohne Schwierigkeit zu betrachten ist das fast vollständig erhaltene und eingehender Betrachtung werte Mosaik im Musrara-Viertel, einer Gegend, an der gewöhnlich der Besucherstrom vorbeigeht, gut zweihundert Schritte westlich vom Damaskustor. Auf manchen Stadtplänen ist es an der Hanevi'im-Straße eingetragen. Gegen ein kleines Entgelt wird man zu den meisten Stunden des Tages von den Türhütern eingelassen und kann einfache Bildkarten erstehen.

In der Dämmerung des niedrigen Raumes, die nach der Helle des blendenden orientalischen Lichtes draußen um so dumpfer wirkt, ist dieses prächtige und kostbare Schmuckstück einer ehemaligen Kapelle trotz des eingeschalteten elektrischen Lichts erst nach und nach deutlich wahrzunehmen.

Mit wenigen Schritten ist der rechteckige Raum ausgemessen. Das Mosaik, das den Fußboden fast ganz ausfüllt, mißt 6,30 mal 3,90 Meter. Eingefaßt ist seine Bilderfülle von einem handbreit ins Mosaik eingeflochtenen Zopf aus weißroten und weißblauen Strängen. In den Ecken sind sie so geschickt geknotet, daß sie jeweils die rechten Winkel ganz ausfüllen. Die mittlere Reihe und darin wieder das mittlere Rund dominieren deutlich. Aus einer Amphore, die in reichem Akanthusblattwerk steht, wächst der Hauptstamm eines starken Weinstocks. Die Vase ist flankiert von Pfauen, die einander zugewandt sind, trotz ihrer geschlossenen Schwanzfedern, also ohne Rad, mit ihren Krönchen und „Augen" auf den Federn Sinnbilder der Unsterblichkeit. Aus dem Weinstock wachsen in eleganten Schwüngen Reben mit vielen Blättern und Trauben, die sich zu kreisrunden Bildfeldern biegen und verschlingen. Das erste Rund über der Vase enthält einen Korb mit einem Berg roter runder Früchte. Sind es wieder Granatäpfel, wie so oft in der armenischen Kunst? — Der Kreis darüber enthält eine prächtige Ente, die an einem von den drei Weinblättern in ihrem Feld zupft. In den dritten Rundrahmen ragen zwei Weinblätter symmetrisch herein und berühren fast eine aus Muschelelementen aufgebaute Doppelvase, deren Frontansicht sieben Rippen zeigt, eine Perle in jeder Spalte, so daß es mit dem Gegenbild, dem Deckel des Gefäßes, zusammen zwölf Perlen sind. Sicher spielen auch hier die symbolhaltigen Zahlen sieben und zwölf eine Rolle. Im vierten, dem mittleren Medaillon, sitzt ein Adler mit stolz zurückgewandtem Kopf und flammendem gelbrotem Gefieder. Repräsentiert er die Gefahren, die der Seele drohen[25] oder ist er vielmehr ein kraftvolles Symbol des Sieges und der Auferstehung? — Im Kreis darüber ist ein Vogelbauer aufgehängt, Sinnbild für die Seele im Purgatorium, dem Reinigungsort nach dem Tod, oder auch, wie Narkiss vorschlägt[26], ein Bild für die Inkarnation Gottes in einem menschlichen Leib. Dann wäre die auch anderswo in Israel aufgefundene Darstellung ein anschauliches Beispiel für die neuplatonische Idee von der Seele, die im Körper wie in einem Käfig eingeschlossen ist. —

Der sechste Kreis zeigt wieder einen Korb, überquellend von Trauben. Das siebte und letzte, nach oben zierlich in gelockten Ranken offene Bild zeigt zwei aus geschickt gekreuzten Reben herabhängende Trauben, eine gelbweiße und eine blaue, sich in Komplementärfarben ergänzend, und hinter ihnen knospenähnlich aus dem braunen Rebstamm hervorwachsende blauviolette und gelbweiße Sprosse. Auf den Traubenstielen sitzt sich ein Vogelpärchen gegenüber unter den ebenfalls in helldunklem Farbenspiel sich ergänzenden Blättern. Die gleiche Lebendigkeit, die das Detail kennzeichnet, findet sich wieder in der harmonischen Anordnung des ganzen Fußbodenmosaiks: Die vier äußeren Reihen der Rundbilder, je zwei rechts und links von dem mittleren Hauptstamm, ordnen je zweimal neun Vögel ganz unterschiedlicher Art einander paarweise zu, männliche und weibliche Tiere, die Weibchen links, die Männchen rechts, die Köpfe nach innen zur Mittelreihe hin gewendet. Zusammen mit den offensichtlich herausgehobenen Pfauen sind es also insgesamt vierzig Vögel, wenn man die mittlere Reihe mitrechnet; auch dies ist sicher kein Zufall, daß die Zahl der Vollendung gewählt wurde. Zwischen ihnen hängen schwer und erntereif die blauen und gelben Trauben der Lebensfülle, jede Beere für sich ein mit weißen Glanzlichtern gerundetes vollkommenes, aus jeweils ungefähr neun Mosaiksteinchen gebildetes Ganzes, ebenso sorgfältig und sinnvoll angeordnet wie die gelblichen Mosaiksteinchen des

Hintergrundes, die von den Medaillonreben aus in konzentrischen Kreisen nach innen auf die Vögel zu gelegt sind.

Da gibt es gedrungene und schlanke Vögel, fette Enten und grazile Reiher, behäbige Hühner und scheue kleine Singvögel, einen traubenpickenden stolzen Hahn und sein runderes Huhn, zwei langschweifige Fasanen, deren prächtige Schwanzfedern den Bildrand durchstoßen, langbeinige Wasservögel mit gebogenen Hälsen und einige schwerfällige Laufvögel. Sie alle gliedern die Fläche in lebendiger Ordnung, die an die Schöpfungshymnen des Orients denken lassen. Die Arbeit ist nicht nur handwerklich von hoher Qualität, sondern über alle Kunstfertigkeit und liebevolle Genauigkeit hinaus in einer Konzeption zusammengefügt, die der armenischen Inschrift am oberen Ende des Gesamtbildes würdig ist. Dort ist in einer apsisähnlichen Nische, durch Mauerwerk zum Teil verdeckt, noch ein kleineres Mosaik zu sehen, davon vollständig ein üppig gefüllter Fruchtkorb und eine zweizeilige armenische Inschrift, schwarz auf dem übrigen gelbweißen Grund. Sie lautet: *„Zum Gedächtnis und zur Erlösung der Seelen aller Armenier, deren Namen niemand kennt als Gott allein."* Und so hat man dieses Werk das erste Denkmal des unbekannten Soldaten genannt.

Es gehörte zu einer Kapelle innerhalb eines Klosters aus dem 5. oder 6. Jahrhundert, die dem Märtyrer St. Polyeuktor geweiht war. Corneille hat über diesen Soldaten der Zwölften Legion, einen Offizier, und seinen glühenden christlichen Glauben ein Drama geschrieben und ihn dadurch in Frankreich bekannt gemacht. Unter dem Mosaik fand man ein Grab voller Gebeine, von denen angenommen wird, daß sie von armenischen Soldaten stammen. Erst 1895 sind das Grab und sein kostbarer „Deckel" freigelegt worden, als man für die Grundmauern des darübergebauten Hauses Schutt und Erde aushob. Durch eine großzügige Spende wurde das Mosaik Eigentum des armenischen Patriarchats von Jerusalem.

Es lohnt sich, den kleinen Fußweg vom Damaskustor aus zu suchen und sich eine Weile in dieses einzigartige Werk zu vertiefen, das vielen Besuchern der Stadt unbekannt bleibt. Es regt an, der Toten vieler

Kriege zu gedenken und um Frieden zu bitten, die Gefangenschaft auch der eigenen Seele in ihrem vorläufigen Käfig zu bedenken und die Hoffnung auf Befreiung zu Leben und Fülle, als fruchttragende Rebe am Weinstock Christus, zu stärken. Wenn Kunst sichtbares Zeichen für eine unsichtbare Wirklichkeit ist, dann kann sie auch hier, am Rande der rastlosen Altstadt von Jerusalem, der Wahrheit und dem Guten dienen.

Doch gehen wir noch einmal zurück zum armenischen Viertel. Man geht zu Fuß vom Eingang des Konvents durch die Gassen der Altstadt bis zur Grabeskirche ungefähr zehn Minuten. Unzählige Male gehen die Mönche, die hier *und* dort Dienst tun, jahrein, jahraus diesen Weg durchs sogenannte „christliche Viertel" — als ob das armenische Viertel nicht auch christlich wäre! — hin und her, in den Festzeiten noch öfter als gewöhnlich. Es gibt auch Priester, die ganz in der Grabeskirche wohnen, einer davon schon drei Jahrzehnte lang. „Ein friedlicher Mann, aber wenn er sein Heiligtum bedroht sieht, unerbittlich", so wird er geschildert. Einmal habe er einen eingedrungenen Störenfried, der auf einer Leiter stand und nicht herunterkommen wollte, mit seinen zwei Händen heruntergeschüttelt wie eine Pflaume vom Baum, einen anderen habe er durch eine geschlossene Tür geworfen und beide zertrümmert. Mit leisem Stolz wird berichtet: „Er feiert jeden Morgen um vier Uhr seine Messe, er ist ein frommer und ergebener Mann, der jeden Tag in seiner Bibel liest und niemandem etwas zuleide tut — aber als ein Nachkomme eines der Helden seiner Heimat ist er ein furchtloser Verteidiger seiner Rechte in der Kirche des heiligen Grabes."

Die Grabeskirche heißt sinnvollerweise im Osten „Anastasis", Auferstehung. Nur wir Westliche betonen mehr das Grab — das heilige Grab, „Holy Sepulchre". Für den Osten steht die Botschaft von der Überwindung des Todes im Vordergrund. Ihr dient auch jener Priester, dessen Vorfahren am berühmten Musa Dagh um ihr Leben gekämpft haben[27].

Zwei winzige Kämmerchen sind seine ganze Wohnung. Das untere, voller Kreuze und Andenken, mit einer schmalen Holzbank, auf der gerade zwei Gäste Platz haben, mit zwei Stühlen und einem kleinen Tisch, dient als Wohnraum. Hier macht er auf einer Gasflamme Wasser heiß und bereitet Tee für die Besucher und sich. Im oberen Kämmerchen steht sein Bett. Das Staunen über seine spartanische Lebensweise schiebt er mit einer gelassenen Handbewegung beiseite. Der Dolmetscher erklärt: Dieser Priester liebe seine Aufgabe. Der heilige Vater — „hair surb", wie er als Priester angeredet wird — wolle gar nichts anderes, als hier zu leben, zu dienen und zu sterben. Er könne sich an ein anderes Leben trotz guten Willens gar nicht mehr anpassen. Einmal sei er eine Woche lang fortgewesen und habe die ganze Woche über nicht schlafen können, bis er endlich wieder in seiner Zelle gewesen sei. Ruhig, gelassen, fast gleichgültig, sagt er leise: „Für Menschen könnte man das nicht tun, aber für Gott, ja, für ihn schon."

Sein rundes, gutmütiges Gesicht mit den schielenden schwarzen Augen scheint im Frieden zu sein. Dieser Mensch soll einer Gewalttat fähig sein? Man kann es sich wirklich nur vorstellen als Gegenwehr, als Verteidigung der Ehre seiner Lebensaufgabe.

Noch ein anderer Mann lebt hier immer, unten bei St. Helena, über der Kreuzauffindungskapelle, im Abseits der verwinkelten Kirche. Vor Jahren war er noch in Bethlehem tätig. Dort sah ich ihn zum erstenmal in der Weihnachtsliturgie in der Nacht nach dem Heiligen Abend. Sein zerfurchtes, bekümmertes Gesicht blieb im Gedächtnis haften. Später sah ich ihn dort wieder, diesmal am Ritus des „Vorhangöffnens" beteiligt, bei dem am Ende der Fastenzeit, am ostkirchlichen Palmsonntag, symbolisch nach langem Bitten und Flehen *„die Tür zum Brautgemach"* geöffnet, ein großer Vorhang beiseite gezogen wird. Die Große Woche mit den Feiern der wichtigsten Erlösungsgeheimnisse steht offen; der Bräutigam wartet auf seine Kirche, die Braut, um ihr zu begegnen. Damals schwang „mein Einsiedler", wie ich ihn im stillen nannte, so energisch das Rauchfaß, daß Glut auf den Teppich fiel, den die drei Meßdiener in blauen Chorhemden eifrig davon zu befreien suchten. Alte, kluge, in sich geschlossene Gesichter hatten die feiernden Priester. Hingegeben, konzentriert und völlig unbekümmert um Touristenscharen, sangen sie ihre langen Gebete, klopfte einer knieend vor dem geschlossenen Vorhang dreimal um Einlaß. — Nun fand ich nach Jahren den Einsiedler in Jerusalem wieder, gealtert, noch magerer, noch kummervoller, aber unbeirrt in seinem Dienst. Mein erster Gang am frühen Montagmorgen in der Karwoche jenes Jahres war der vom Damaskustor zur Grabeskirche, dort rechts hinunter in die Tiefe der Kreuzauffindungskapelle, wo langes Verweilen allein oft möglich ist, dann wieder ein Stockwerk höher zu der unterirdischen Kirche, die eben dieser alte Mann hütet.

Die Bilder aus der armenischen Geschichte, die ich nun nach Jahren der Beschäftigung mit ihr selbst auslegen konnte, sind unser Anknüpfungspunkt. „Ist das Mesrop Maschtots?" frage ich, als er mich beobachtend verfolgt, und deute auf ein hohes Wandbild, das den gelehrten Mönch zeigt, der das armenische Alphabet entwickelt hat. Er strahlt: „O ja!" und winkt mich hinter sich her, auch noch andere Bilder erklärend: die Mosaiken auf dem Fußboden mit dem beschneiten Ararat, der Kathedrale von Edschmiatsin und der Kirche der heiligen Hripsime, der gewaltigen Rundkirche von Zvartnots und anderen wichtigen Zentren geistlichen Lebens. In einer düsteren Nische zeigt er mir schließlich das Gemälde von der Taufe des Königs Trdat und seines Hofes am Fluß durch Krikor Lusaworitsch, Gregor den Erleuchter. Ich versuche ihm zu erzählen, daß ich im Jahr zuvor im alten, historischen Armenien war und den Ararat aus der Nähe gesehen habe, auch Kars, dort die Apostelkirche, und Ani, Erzurum und Bayazit. Er hört die Namen, starrt mich an, hält inne in allen Bewegungen, hebt dann seinen eisgrauen, struppigen Bart wie zu einem Klageruf gegen die hohe Deckenwölbung und zählt rasch weitere Namen auf: Musch und Sassoun, Zeytun und Sis ... In plötzlich übermächtigem Schmerz schließt er die Augen und schlägt sich mit der flachen Hand auf die Stirn. „All Turkey now — das alles ist heute türkisch", stöhnt er, „alles türkisch." Rasch wendet er sich ab und geht weg. Als griechische Pilgerscharen die Treppe aus der Tiefe der St. Helena-Kapelle heraufkommen, will er sie weiterschicken, aber sie bleiben in seiner Kirche stehen, bekommen etwas erklärt. Mißtrauisch beobachtet er den Reiseführer. Abwartend setzt er sich matt auf eine Steinbank. Auf dem Weg hinaus beuge ich mich ein wenig zur Seite und sage so deutlich ich kann: „Schnorhagal yem! — Ich danke Ihnen!" Wieder hebt er den grauen Bart, das zerfurchte Gesicht, den ganzen müden Oberkörper, wieder strahlt er. Was er sagte, klang in meinen Ohren lang nach. War es das arabische „Masallah — viel Glück!"? Ich war nicht sicher, aber ich habe es so verstehen wollen, und es gab dem ganzen Tag einen glücklichen Ton.

Gehört „mein Einsiedler" zu den späten Nachfahren der Einsiedlermönche, die seit der zweiten Hälfte des fünften Jahrhunderts ihr Zentrum von Ägypten nach Palästina verlagerten? Viele Mönche kamen aus Kappadokien und Kleinasien in die karge Wüste Juda, um nach Vollkommenheit zu suchen. Sie kamen nicht, um Versuchungen zu entgehen, sondern um ihnen — stellvertretend für viele, die davon in ihrer Welt gar nichts wußten — kraft des Geistes standzuhalten. Jene Zeit war wichtig für die Entwicklung des Mönchtums nicht nur im Nahen Osten und für die verbindlichen Formen der Liturgie. Die Wüstenväter beeinflußten die Konzilien der Kirche und waren geistliche Führer mit nachhaltiger Wirkung, auch auf die jahrhundertelang gepflegte Hymnendichtung. Jene Asketen, die ein Leben äußerster Selbstverleugnung führten, waren oft hochgelehrt und trugen aktive Verantwortung für die innere Erneuerung der Kirche in verworrenen Zeiten.

Einer der Gründer des Mönchtums in Palästina und eine ihrer wichtigsten Gestalten war *Euthymius*, ein armenischer Bischof von Melitene, wo er 377 geboren wurde. Seine Eltern betrachteten dies als Gebetserhörung. Schon im Mutterleib war er dem Dienst Gottes versprochen worden. Bereits in jungen Jahren, im Jahre 395, wurde er zum Priester geweiht. Trotz seiner Jugend übertrug man ihm die Verantwortung für alle Mönche seiner Diözese. Sein herber Charakter verlangte nach Zurückgezogenheit. So verließ er 405 seine Diözese und ging in eine Lavra, eine Mönchssiedlung[28]. Dort lernte er das grobe Handwerk des Seilmachens, das er jahrelang ausübte, bis er weiterwanderte und auf seinem Weg ein großer Reformer des Mönchtums wurde. Unter seinen Schülern waren die berühmten Heiligen Mar Saba (d. h. der heilige Saba), zu dessen Kloster im Kidrontal noch heute viele Pilger wandern, und Theodosius. Sie setzten die von ihm geschaffene Ordnung als mustergültige in den Klöstern und weitläufigen Mönchssiedlungen gewissenhaft fort. Dabei waren die Arbeit für das tägliche Brot und außerordentliche körperliche Strenge, Gastfreundschaft und persönliche Anspruchslosigkeit wesentliche Bestandteile ihrer Lebensregel, einer Mischung aus Einsamkeit und sonntäglicher gemeinsamer Feier der göttlichen Geheimnisse. Euthymius selbst war weit bekannt für den Ernst, mit dem er die Konsequenzen aus seiner Berufung zog. Er suchte oft die Einsamkeit und wurde gerühmt wegen seiner harten Bußübungen, die er sich auferlegte. Auch Wunder wurden von ihm berichtet, so die anders nicht erklärbare Vermehrung der Klostervorräte, als eine vierhundert Mann starke Pilgergruppe von daheim aus Melitene ihn auf ihrem Weg ins Jordantal besuchen wollte und den armen Küchenmeister in größte Verlegenheit brachte. Euthymius habe, so wird erzählt, durch die Kraft seines Gebetes die ganze große Schar sattgemacht.

Immer wieder betonte er, daß man nicht Einsiedler sein könne, wenn man sich nicht zuvor in der Gemeinschaft bewährt habe. Er zog viele Männer an, die in seiner Nähe leben und von ihm geistliche Führung haben wollten, war allgemein hochgeachtet und ein begehrter Ratgeber. Es war Euthymius, der aus Melitene einen Brauch mitgebracht hatte, der beträchtlichen Einfluß auf die Zukunft des judäischen Mönchtums hatte: er pflegte sich nämlich in der Oktav vom Fest der Erscheinung nach dem Beispiel Jesu in die äußerste Wüste zurückzuziehen und dort zu bleiben, bis es Zeit wurde, sich zum Palmsonntag nach Jerusalem aufzumachen. — Er starb 473, schon über fünfundneunzig Jahre alt.

In Mar Saba gab es viele armenische Mönche, wie schon früh bezeugt wird[29]. Sie hatten ihre eigene Kapelle, wo sie in ihrer Muttersprache die heiligen Mysterien feiern konnten. Bis ins 15. Jahrhundert ist ihr friedliches Zusammenleben mit den griechischen Mönchen in vielen Zeugnissen bestätigt. Hunderte von armenischen Namen finden sich auf den Grabstätten nicht nur in der judäischen Wüste, sondern auch im St.-Katharina-Kloster auf der Sinai-Halbinsel, in der ägyptischen Wüste, in der Umgebung von Bethlehem und Ain Karem, südwestlich von Jerusalem.

Von einem Mönch soll noch berichtet werden, von Johannes dem Hesychasten, dem Ruhig- und Klargewordenen, wenn man seinen Namen wörtlich nimmt. Der Heilige gehörte zu einer vornehmen armenischen Familie. Im Jahre 481 wurde er im Alter von achtunddreißig Jahren zum Bischof geweiht, doch er zog sich von seinem Bischofssitz zurück in die Einsamkeit kontemplativen Lebens, gegenüber der Lavra von Mar Saba, im Wadi Annur, wo er ein Leben des Schweigens führte. Er wünschte unerkannt zu bleiben und bewarb sich als Postulant, als Anwärter für die Klosterlaufbahn. Als Novize tat er die niedrigen Gesindedienste, schleppte Wasser vom Tal herauf und kochte für die Bauleute. Gegen Ende des Jahres 497, er war immerhin vierundfünfzig Jahre alt, fand ihn Sabas, der Abt des Klosters, geeignet für die Würde des Priestertums und nahm ihn mit nach Jerusalem, um ihn dort weihen zu lassen. Patriarch Elias kam zu dem Zweck zur Grabeskirche. Doch Johannes bat den Patriarchen: „Vater, ich habe einige Sünden begangen, die ich Eurer Heiligkeit privat beichten möchte; wenn du mich dann trotzdem für würdig halten solltest, bin ich bereit, die Weihe zu empfangen." Sie gingen beiseite, Johannes ließ sich Verschwiegenheit versprechen und sagte ihm dann, daß er bereits Bischof sei und von welcher Stadt. Der Patriarch, der sein Schweigeversprechen hielt, rief Sabas und sagte ihm: „Er hat mir gewisse Dinge offenbart, die einer Weihe entgegenstehen." Erst später sei es durch eine göttliche Offenbarung herausgekommen und den Mönchen von St. Sabas bekanntgeworden, daß ihr Silentiarius, ihr Schweiger, ein Bischof war. —

An sie alle und ihr karges und doch so fruchtbares Leben erinnerte mich „mein Einsiedler".

Da 1984 ausnahmsweise die Ostertermine der Ost- und der Westkirchen zusammenfielen und dazu noch gleichzeitig die Pessachwoche der Juden begangen wurde, ergänzten und überlagerten sich die verschiedenen Traditionen in Jerusalem in diesen Tagen wie verschiedene Bildfolien, die der Reihe nach übereinandergelegt werden. So entstanden Überschneidungen und Farbspiele, die sonst nie wahrnehmbar sind, verwirrende, aber auch klärende. Manche Umrisse wurden verwischt, manche traten um so deutlicher hervor.

Nach dem Palmsonntag mit seiner großen Prozession über den Ölberg von Bethphage her durchs Kidrontal hinunter, durch den Garten Gethsemane und den steilen Hang zum Stephanstor wieder herauf bis zur klaren, weiträumigen Kreuzfahrerkirche St. Anna begannen stillere Tage mit kleinen Pilgerwegen und nach innen gekehrten Gottesdiensten aller Bekenntnisse. Man traf Betende in aller Herrgottsfrühe an der Via Dolorosa, in den Kirchen, im Ölgarten. In vielen Zungen wurde die Botschaft vom Leiden eines liebenden Gottes ausgelegt, der sich „*erniedrigt hat bis zum Tod, ja, bis zum Tod am Kreuz*“, wie der Hymnus im Philipperbrief des Apostels Paulus singt.

Am Morgen des Dienstags in der Karwoche feiert die armenische Kirche in der Johannes-Kapelle und im Vorhof der Grabeskirche eine Messe, die — halb drinnen, halb draußen — eine öffentliche Liturgie ist. Vom frühen Morgen an waren Teppiche ausgelegt: Die sonst geschlossene Tür mit ihrem messingglänzenden Trauben- und Granatäpfelschmuck auf dunkelgrünem Grund stand offen. Gegen acht Uhr hörte man das helle, metallen scharfe Auftreten der beschlagenen Stöcke, die armenische Klerikergruppen ankündigen und ihnen voraus von zwei dunkelblau uniformierten Männern in straffem Rhythmus aufs Straßenpflaster gestoßen werden. In den noch unbelebten Bazargassen hallten die Stocksignale laut, fast bedrohlich, bis endlich die noch immer wohlvertrauten, wenn auch gealterten Gesichter unter ihren schwarzen Kapuzen sich näherten. Einige junge Männer in langen, hellgrauen Soutanen folgten.

Farbenfreudige Gewänder wurden umgelegt, helle Chorhemden übergeworfen. Der große schwere Küster mit seinem kahlen Rundschädel und dem wie von schwerer Last gebeugten Rücken hatte seine Augen überall und trat ordnend dazwischen, wenn es nötig war.

Wenn ich auch die Gesänge nicht verstand, so trugen sie doch in ihrer federnden Gleichmäßigkeit, die Psalmen vermuten ließen, über die Müdigkeit und Kälte des Morgens hinweg. Wenn manche der jungen Burschen während des Singens auch scheinbar gelangweilt umherschauten, so waren doch auch sie vom gemeinsamen Band der Melodien gehalten.

Wie in allen Kirchen nehmen die Psalmen im liturgischen Leben der armenischen Kirche einen gewichtigen Platz ein. In den Klöstern wird der ganze Psalter mit allen hundertfünfzig Gesängen einmal wöchentlich vollständig rezitiert. Ein Historiker des 6. Jahrhunderts berichtet, daß armenische Kinder die Psalmen auf den Straßen und in den Häusern zu singen pflegten. Ein anderer aus dem 9. Jahrhundert erzählt, daß alle Menschen der Provinz Sassoun die Psalmen auswendig beten konnten. Alle schwierigen und glücklichen menschlichen Situationen, die denkbar sind, kommen in ihnen in unmittelbaren, kräftigen, bildreichen Worten zur Sprache. Die Kraft ihrer Sprache formt das Gespräch des Menschen mit Gott, läßt seinen heilenden Geist in die Seele eindringen[30]. So sind die Gottesdienste auch der Armenier dicht durchsetzt mit Psalmversen.

Unbeirrt von der Menge der griechischen Pilger ringsum, die ihrerseits ihre eigene Liturgie zu feiern im Begriff sind, und von den vielen anderen Pilgern und Touristen, beten und singen am Dienstag in der Karwoche vor der Johannes-Kapelle die Armenier ihre schwingenden, starken, kraftvollen Weisen.

Auf der in die Wand eingelassenen Steinbank links neben dem Eingang stehen auf dunklem Teppich eine schlanke Messingkanne und eine Schale bereit für die Handwaschung des Priesters nach der Bereitung der Gaben. Daneben liegt ein mächtiges rotes Buch, noch verschlossen. Zusammen mit dem Holzgestell daneben, über dem ein tiefrotes, golddurchwirktes Tuch hängt, wird es später zum festlichen Lesepult. Zwei Reihen von lindgrün gekleideten Chorknaben stehen einander gegenüber. Weihrauch wird aus der Tür getragen, bevor zwischen Kerzenträgern der Priester aus der Tür tritt. Er ist gekrönt mit der an die Dornenkrone Christi erinnernden Priesterkrone, Salavart genannt. Auf den Schultern trägt er einen hohen purpurnen Kragen, den Wakas. Er bedeutet das verlorene und wiedergefundene Schaf, das Jesus, der Gute Hirte, auf seinen Schultern trägt. Zugleich ist er auch Symbol für das Tuch, das während der Verspottung des Gottessohnes sein Haupt bedeckte, um seine Allwissenheit herauszufordern. So gehört es ausdrücklich in die Passionsgeschichte: *„Du bist doch ein Prophet! Sag uns: Wer hat dich geschlagen?“* (Lukas 22,64) —

An den Füßen trägt der Zelebrant aus Ehrfurcht vor dem geheiligten Raum, in dem das Erlösungsopfer Jesu gefeiert wird, niemals gewöhnliche Schuhe, sondern eigens für diesen Zweck hergestellte Pantoffeln, die für ranghohe Geistliche bestickt sind wie hier[31]. Westeuropäern in ihrer rationalen Einseitigkeit mögen diese Dinge exotisch und unverständlich vorkommen; für Orientalen sind sie selbstverständlicher und wichtiger Anteil sinnenfreudigen Lebens.

Die tiefe, singgewohnte Stimme des Priesters scheint Fragen zu stellen, auf die von den jungen Männern geantwortet wird. Das Respondieren setzt sich fort in Gebet und Gesang, gestaltet sich zur irdisch-himmlischen Zwiesprache wie alle Liturgie. Mit ausgebreiteten Händen, die er immer wieder zusammenlegt, steht der Priester mitten in seiner Schar. Es dauert lang. Lächelnd, unbefangen, verständigt man sich mit Blicken, tritt den Teppich glatt, ordnet, reicht sich Gegenstände zu, ist man unter sich. Junge Stimmen erheben plötzlich einen hellen Lobgesang in einer anderen Tonart. Er ergreift auch ohne den buchstäblichen Sinn der Worte, wenn die jugendlichen Sänger den schwellenden Halteton am Ende einer Zeile voll aussingen oder wenn einer der Mönche eine wieder klagende Weise anstimmt, deren Anfang aus einer langen, langen Sequenz von Tönen auf „O“ geformt ist. Viele Vokale, wie hohe Räume, wenige Konsonanten, wie Bogen und Säulen dazu, gliedern den Gesang. Drinnen in der Kapelle singen andere ebenso klagend, hallend das Echo; auch dies eine Zwiesprache, die Gottes Reden mit seinem Volk widerspiegelt. Auf einmal verstehe ich „surb“ — heilig. Ja, darum geht es hier wohl, um das Sichtbarmachen heiliger Wirklichkeit in unheiliger Welt. Der Priester, der seit dreißig Jahren in der Grabeskirche wohnt, kommt von der Hauptpforte schräg gegenüber heraus, geht mit in der Prozession der Feiernden durch den Hof. In weitem Bogen gehen alle zurück zur vorherigen Ordnung der Reihen, als wollten sie den Kreis des Kosmos umschreiben. Zwei Flabellumstäbe mit aufgeprägten Cherubim werden mitgetragen und — mit verhüllten Händen — auch ein goldenes Kreuz, das vorangeht. Ein Flabellum ist eine suppentellergroße Scheibe aus Kupfer oder anderem Metall, an deren Rand manchmal kleine Schellen angebracht sind. Oft sind Engel in die Fläche eingeprägt. Die Scheibe wird auf einem Stab befestigt, der die Köpfe der Ministranten überragt. Sie schütteln in bestimmten Augenblicken der Liturgie das Flabellum, so daß reflektiertes Licht von den Kerzen darin aufblitzt und das akustische Zeichen des Schellenklingelns die Aufmerksamkeit anstößt. Ursprünglich ein Gerät zum Verjagen von Fliegen und zum Schutz des ganzen Altars vor Insekten bei Meßfeiern im Freien, oft in drückender Hitze, ist das Flabellum heute ein liturgisches Gerät, das dem westlichen Besucher fremd erscheint, weil er seinen Ursprung nicht mehr erkennen kann. Für den Armenier gehört es dazu wie für den Katholiken das Wandlungsglöckchen.

Nach Stunden gesellen sich gegen Ende des Gottesdienstes große Gruppen von Kindern zu den Feiernden. Sie alle in ihren grünweißen und roten Schuluniformen gehen zur Kommunion oder werden dem Priester, wenn sie noch sehr klein sind, hingereicht. Die Fähigkeit des Kommunionempfangs ist mit der Taufe gegeben, wie auch in anderen Ostkirchen. Leise Zweifel steigen auf, ob das gut ist, wenn Kinder klassenweise zur Kommunion, zum Sakramentenempfang, wie zur Schluckimpfung geführt werden und unkonzentriert, albern und geschwätzig wie alle kleinen Mädchen auf der Welt, angepaßt eingereiht, den Leib Christi zu sich nehmen. Hier scheint die gleiche Gefahr des Mißbrauchs zu bestehen wie in anderen Konfessionen auch, vielleicht noch verstärkt dadurch, daß seit dem Mittelalter der Kommunion keine Beichte mehr voranzugehen braucht. Es gibt ein allgemeines Sündenbekenntnis anhand eines Katalogs von Sünden, die alle Möglichkeiten einschließen. Ist es derselbe Formalismus, an dem auch die römische Kirche so lange gekrankt hat? Niemand weiß, was in den Kindern vorgeht, was in ihnen angerührt wird, was das Leben des Geistes gegen allen Anschein vielleicht trotzdem in ihnen wirkt. Doch es bleibt ein großes Fragezeichen in der Erinnerung an jenen Gottesdienstabschluß vor der Johannes-Kapelle zurück.

Zwei Tage später ist schon der Hohe Donnerstag da, der Tag, an dem die Christen des letzten Abendmahls Jesu mit seinen Freunden gedenken, bei dem er ihnen als ihr Diener die Füße gewaschen hat.

Vor einem halben Jahrhundert konnte der englische Autor H. Ch. Luke schwärmen, daß *„der schönste von allen"* Fußwaschungs-Gottesdiensten in Jerusalem der bei den Armeniern sei, *„für den die Kathedrale von St. Jakob nicht weit vom Zionstor einen einzigartig majestätischen und würdigen Rahmen abgibt"*[32]. Ob er dies heute angesichts des Ansturms von sechs Fernsehteams auch noch behaupten würde, ist fraglich. Doch immer noch beeindruckt jedes Jahr viele Pilger und andere Gäste gerade dieser Ritus, der nach dem Evangelium nach Johannes mit zum Verständnis des letzten Abendmahls gehört.

Am Nachmittag des Gründonnerstag beginnt schon zwei Stunden vor dem Anfang der Feier unruhiges Plätzesuchen und -anweisen in der ausnahmsweise mit Stühlen gefüllten Kathedrale. Nach Rängen geordnet wie im Theater, offensichtlich auch aus politischen Überlegungen, werden die Gäste nach oben oder unten gerückt. Wer Glück oder eine geeignete Position in der Gesellschaft hat, sitzt im vorderen Drittel hinter dem Gitter, wo er die „Bühne" fast zum Greifen nah vor sich hat. Auf einen dunkel hallenden Glockenschlag hin wird der Vorhang zugezogen, der Altarraum verdeckt. Es ist eine kostbare Handarbeit aus lichtblauem Tuch, das nach reiner Seide aussieht und mit vielen heilsgeschichtlichen Motiven bestickt ist. Wenigstens diese Bilderwand hat etwas mit dem kommenden Geschehen zu tun . . . Weitere

Glockenschläge folgen, jeweils in Gruppen zu drei lang klingenden Tönen. Lästig blendet das kalte Scheinwerferlicht der Fernsehleute, das den Vorhang zum Bildschirm macht: da strahlt das Kreuz in der Mitte, das leere Grab und der Auferstandene darüber, Maria mit dem Kind darunter, die Leidensgeschichte Jesu, Heilige und Engel und eine Überfülle von Blumen ringsumher. Ebenso leuchtend hellblau gewandtete Ministranten lugen hervor, junge Männer mit starken, ebenmäßigen, manchmal herben und trotzig-schönen Gesichtern, wie sie alten Kulturvölkern eigen sind. Kerzenträger und Mönche fädeln sich durch den schmalen Vorhangspalt auf der linken Seite und verschwinden hinter dem leise wehenden Tuch, auch Weihrauchträger und andere festlich gekleidete Teilnehmer der Liturgie. Unter den ersten Reihen der Gäste sind Juden, Vertreter des israelischen Staates, der Benediktinerabt mit einem Mitbruder aus der Nachbarschaft, ein französischer Botschafter und seine Gattin, andere Ehrengäste.

In hellen, lichtbeigen Tuniken zieht der Chor ein. Man hört das Stampfen der eisenbeschlagenen Stäbe im Hintergrund am Eingang. Vorübergehendes Schieben und Drängen beruhigt sich wieder. Noch mehr Kameraleute, noch mehr Mikrophone, noch mehr Lampen mit scharfem Licht tauchen auf. Soll es ein Gottedienst werden oder ein Schauspiel? Der Versuch, in der Schrift die Stelle zu lesen, um die es in der Fußwaschung geht, mißlingt wegen der ständigen Ablenkung durch Geräusche und Lichter auf allen Seiten. Sollte es hier nicht um das Feiern der Dienstbereitschaft Christi gehen, um seine Passion, die doch für diese verfolgte Kirche hier, die es auch in Jerusalem nicht leicht hat, lebenswichtig ist? Kann diese Zurschaustellung nicht eher den Blick verstellen, anstatt dem Betrachter eine Hilfe zum Verstehen zu bieten? Ratlosigkeit stellt sich ein.

Um halb drei Uhr geht der Vorhang auf. Zumindest die Gespräche der Versammelten verstummen. Nach dem Eingangsgebet folgt kräftiger männlicher Gesang. Unbarmherzig blendet das Scheinwerferlicht die Mönche, die rechts und links vom Patriarchen frontal zum Kirchenraum sitzen, darunter scheue, ja schüchterne Gesichter, aber auch weltmännische; sichere, aber in sich gekehrte wie das des Bischofs, der die unterirdischen Gewölbe der Grabeskirche entdeckt hat. Sein weißer Spitzbart schimmert silbrig im Schein einer Kerze.

Knieend singt der Chor die melodiösen Eingangsgesänge, die in die Weite des Hochlands von Armenien versetzen. Manche davon wurden komponiert, als die Königreiche von Ani und Van in höchster Blüte standen. Durch alle Verfolgungen hindurch sind sie über die Jahrhunderte hinweg von Generation zu Generation weitergesungen worden, in beispielhafter Treue. Einer dieser alten Choräle lautet:

„Ein neues Geheimnis wurde heute geoffenbart.
Er sank auf seine Knie und gürtete sich mit einem Tuch
und wusch der Reihe nach ihre Füße in einem Becken,
um uns ein Beispiel zu geben.
So hob er Menschen niederen Ranges auf
und erhob sie zum Himmel;
während er selbst, der hoch stand,
elend wurde und nicht mehr aufstand. . . .
Mein Herz ist erschrocken.
Entsetzen hat mich erfaßt wegen Judas,
weil der Herr des Alls,
der vor ihm auf den Knien liegt,
fallen soll.“

Alle Mönche halten Kreuze in den Händen, deren Griff ehrfürchtig von kleinen Tüchern verhüllt ist. Niemand würde ein Kreuz in die bloße Hand nehmen, die Hochachtung vor dem Heiligen verbietet es. Auf einigen Gesichtern zeigt sich so etwas wie Sorge wegen der offenkundigen Rastlosigkeit und Oberflächlichkeit im Kirchenraum, der dicht besetzt ist. Einzelne Priester treten vor für verschiedene Lesungen. Der kritisch prüfend umherschweifende Blick des Patriarchen scheint zugleich das Geschehen aufmerksam zu verfolgen und doch auf die Sache konzentriert zu sein, richtet sich manchmal in die Ferne und dann wieder nachdenklich auf den Boden. Die Lesungen enden mit einem lang ausgesungenen Halteton, auf den der Chor mit einem klaren „Halleluja“ antwortet. Auch auf die Segnung der Gemeinde mit dem Evangelienbuch antwortet wie ein Echo der Chor. Wenigstens *das* ist trotz aller Unruhe klar, daß es hier um Christus geht, dessen Name auch für Nichtarmenier verstanden werden kann. Viele bekreuzigen sich, viele Gesichter sind gesammelt und still, unbeeinträchtigt vom Medienrummel ringsum. Beim Evangelium stehen alle auf, wie gut!

Die goldenen Leuchter und Schalen, die hinter den Priestern über dem Altar zu schweben scheinen, leuchten wie Sonnenscheiben. Die Edelsteine in der Mitra des Patriarchen blitzen. Die Gesänge sind an manchen Stellen so freudig, daß man sich als Lateiner, der die Karwochenliturgie der römischen Kirche mitfeiert, herausgenommen und schon österlich berührt fühlt. Jemand flüstert erklärend in Englisch seinem Nachbarn zu: „*Dies ist es, was unser Herr seinen Jüngern getan hat.*“ So ist es, Anteil hat er gegeben an seiner Herrlichkeit, indem er selbst armselig wurde, Diener, Sklave aller. Die Farbigkeit und Vitalität der orientalischen Liturgie, die alle Sinne anspricht und auf Gott ausrichten möchte, ist aussagestärker als unsere westlich ausgetrocknete, rational durchgeordnete.

Während der Chor als ganzer mehrstimmig schwingend summt, zeichnet ein klarer Tenor das Bild einer Botschaft auf diesen Stimmenhintergrund, eine Botschaft, die zugleich eindeutig und verborgen ist. Da ist Er mit Seiner Botschaft, seit bald zweitausend Jahren, und doch spricht sie „*mitten in die Finsternis, und die Finsternis hat's nicht begriffen.*“ Wie ein plötzlich einsetzender Sturm antwortet der Chor.

Während der Lesung des Evangeliums gießt einer der dem Patriarchen am nächsten stehenden Priester zeichenhaft Wasser in das bereitstehende Becken. Ein schwarzgekleideter Diener trägt es zur Seite. Der Patriarch, der in einem Akt der Demut die Mitra gegen die Priesterkrone ausgetauscht hat und jetzt sichtbar als Dienender handelt, kniet nieder und salbt dem ersten seiner Mitbrüder mit Chrisam, geweihtem

Öl, die Füße, trocknet sie ihm mit Baumwolle, einem reinen weißen Bausch. „*Seht, ich bin unter euch wie ein Diener.*"

Der hektische Eifer einiger Fernsehleute, die Gläubige abdrängen und durch lautes „Hallo, hallo" sich die Positionen verschaffen, die sie für ihre Aufnahmen zu brauchen meinen, schmerzt und verschärft die Frage nach dem Sinn einer Veröffentlichung von Bildern dieser Feier. Wird das Fernsehen dazu beitragen, daß man die Armenier und ihre Not besser versteht, daß man ihnen als Volk, als Nation, als Heimatlosen, Geltung verschafft? Warum erlaubt man den schamlosen Kameraaugen hier einzudringen? Wem hilft es?

Schauwunder begehren sie, die neugierigen Massen, die an Gottes Reich gar nicht interessierten Mächtigen, wie Pilatus und Herodes, die am Tag des Schauprozesses Jesu aus Feinden zu Freunden werden. Es ist wie damals.

Als der Patriarch fertig ist, helfen zwei junge Männer ihm auf. Er wirkt erschöpft. Man geleitet ihn zu seinem Sitz zurück. Wenn alles vorbei ist, wird er froh sein. Doch noch dauert es lang. Erlischt in den Händen eines Mönches seine Kerze, so hilft ihm ein anderer behutsam, sie wieder anzuzünden an seiner eigenen. Auch solche kleinen Gesten am Rande wirken wie Zeichen, sprechen für sich.

Zuletzt wird das Evangelium von einem anglikanischen Geistlichen, der auf die Tribüne kommt und dort mit armenischen Gewändern und einer Bischofsmitra bekleidet wird, noch einmal in Englisch vorgelesen. Dies sei eine Geste des Ökumenismus, die aus der britischen Mandatszeit stammt, wird nachher erklärt. „*Ein Beispiel habe ich euch gegeben. So tut auch ihr.*" Allen Kirchen, allen Christen hat er dieses Beispiel gegeben. Tun wir, was Er uns vorgemacht hat? Was haben wir daraus gemacht?

Nach dem Schlußsegen, in dem der Dank für Jesu Tat hervorgehoben wird, verwandelt sich die Kirche in einen Salon. „Darf ich Ihnen vorstellen ... Würden Sie mir das Vergnügen bereiten ... Können wir einen Termin vereinbaren?" — Man kann nur fliehen.

Wie mögen wohl die israelischen Gäste diese Feier, die ihre Wurzeln ja in ihrem Volk hat, verstehen und erleben? Was halten sie von dem, der lieber dienen wollte als herrschen und der gerade so zum demütigen Herrscher wurde? Gibt es eine Brücke des Verstehens durch eine solche Feier?

Der Fußwaschung folgt eine große Prozession vom Haus des Hannas durchs Zionstor zum Haus des Kaiaphas im ehemaligen Konvent vom Erlöser am jetzigen armenischen Friedhof und wieder zurück ins St. Jakobskloster. Den Abend beschließt ein feierlicher Trauergottesdienst, der am Karfreitagmorgen in der Kirche auf der armenischen Galerie der Grabeskirche in den Kreuzigungsgottesdienst überleitet. Der Begräbnisgottesdienst am Nachmittag findet dann wieder in der Kathedrale statt, still und ernst.

Unsichtbare Fäden verweben so das armenische Viertel mit der Grabeskirche, der Auferstehungsbasilika, unzerreißbar gewordene. Beide gehören zusammen, man weiß nicht, was Kopf und was Herz ist. Beide machen das Leben der armenischen Gemeinde in Jerusalem lebendig. Beide verkünden Tod und Auferstehung in einem, wie die Chatschkare an den Wänden hier und dort. Doch nicht nur einzelne Kreuzsteine, sondern die Grabeskirche selbst erinnert an jene *„wundersame Geschichte vom heiligen Kreuz"*, die hier am legendären Grab Adams ihren Ursprung hat. Diese Legende verbindet das Paradies mit dem Leiden Gottes an den Menschen und dieses Leiden wiederum mit ihrer Heimkehr ins unversehrte Leben des Ursprungs. Sie beginnt mit der Bitte des sterbenden Adam an seine Kinder, ihm doch von der Schwelle des Paradieses das heilige Öl der Barmherzigkeit zu bringen. Der Engel des Paradieses aber verweigert Seth, dem Sohn Adams, die Gabe und überreicht ihm stattdessen einen Zweig vom Baum des Lebens. Als Seth zurückkommt, ist Adam schon tot, und seine Kinder pflanzen den Zweig vom Baum des Lebens in Adams Mund. Daraus wächst der Baum, von dem später das Holz zum Kreuz Christi genommen werden sollte. Adam wurde nach der Kreuzeslegende auf dem Golgatha-Hügel begraben und dadurch erlöst, daß das Blut Jesu über seine Gebeine floß.

Das Bild der Legende stellt den selben Zusammenhang her, den auch

Paulus in seinem späten Brief an die Gemeinde in Rom (5,17 f.) zwischen dem ersten, dem alten Adam und dem neuen, dem endgültigen Menschen, knüpft: *„Ist durch die Übertretung des einen der Tod zur Herrschaft gekommen, durch diesen einen, so werden erst recht alle, denen die Gnade und die Gabe der Gerechtigkeit reichlich zuteil wurde, leben und herrschen durch den einen, Jesus Christus. Wie es also durch die Übertretung eines einzigen für alle Menschen zur Verurteilung kam, so wird es auch durch die gerechte Tat eines einzigen für alle Menschen zur Gerechtsprechung kommen, die Leben gibt."*

Wie in Adam alles stirbt, so wird in Christus alles lebendig gemacht. Wie der Tod durch die Sünde des Aufbegehrens gegen Gottes Ordnung in die Welt kam, so durch den freiwilligen Tod des Einen das frisch aus dem Leidensbaum des Kreuzes sprießende neue Leben. Er, der Eine, macht den Hinrichtungsgalgen zum Lebensbaum.

> *„Sei gegrüßt, heiliges Kreuz, einzige Hoffnung:*
> *Durch dich kam Freude in alle Welt!"*

Wer die Große Woche zusammen mit den Armeniern begeht, der „muß", wie ihm versichert wird, auch das heilige Feuer mindestens einmal im Leben miterlebt haben. Der Zeitpunkt liegt traditionsgemäß fest: es ist der frühe Nachmittag des Karsamstag. Jedoch finden sich die Eingeladenen schon Stunden eher ein.

Zunächst habe ich eine gute Stunde lang gegenüber der Grabesrotunde am armenischen Altar zu warten, unter den Augen seiner ernst lächelnden Gottesmutter mit dem königlichen Kind und dem Apostel Jakobus zur Seite, der sein eigenes Haupt vor sich auf dem Unterarm trägt und am Stab die Pilgerflasche von Compostela. An das weiße Steinkreuz, das aus einem stilisierten Weinstock hervorwächst, hat jemand eine große frische gelbe Blüte gesteckt, die sich langsam schließt und neigt. Später bekomme ich einen Platz oben auf der Armenier-Galerie, von der aus das Geschehen in guter Mischung von Nähe und

Distanz beobachtet werden kann, wenn auch durch weitere vier Stunden Wartezeit im Stehen erkauft.

Manche der Armenier sind erkennbar an ihren schwarzen schlichten Mönchsgewändern mit der spitzen Kapuze, andere helfen in Zivilkleidung mit. Es herrscht bereits vormittags aufgeregter Eifer. Noch säuberlich zusammengelegte prachtvolle Festgewänder werden auf den Armen flinker Jungen in einer Wolke von Mottenpulverduft an uns vorbeigetragen. Treppauf, treppab eilen die Helfer, balancieren sie durchs Gewühl geschickt Tabletts mit Kaffee. Rasch verständigen sie sich über notwendige Regelungen, geben sie lautlos mit Blicken und Gesten Informationen weiter. Der dichte Zusammenhalt einer unterdrückten Minderheit zeigt sich in so kleinen Gebärden wie einem Zunicken oder einem Mundwinkelzucken, einer winzigen Handbewegung oder dem Hochziehen einer Augenbraue. William Saroyan, der bekannte armenisch-amerikanische Schriftsteller, hat Fabeln gesammelt, die er aus Erzählungen seiner Großmutter kannte. Eine davon hat eben diese schweigende Beredtsamkeit zum Gegenstand. Er hat sie aufgezeichnet unter der Überschrift: Was der armenische Fleischer dem armenischen Barbier in Gegenwart des Königs und des königlichen Spähers, ohne zu sprechen, sagte.[33]

Ein Späher trat vor seinen König und sagte: „Wir können von den Armeniern nichts erfahren; denn sie vermögen untereinander zu reden, ohne den Mund zu öffnen."

„Was soll das heißen?" fragt der König.

„Wenn sie vernehmlich sprechen, können wir einiges Wenige und Unwichtige über sie in Erfahrung bringen", sagte der Späher, „aber wenn sie miteinander reden, ohne ein einziges Wort zu äußern, erfahren wir nicht das Geringste. Sie verständigen sich mittels eines Blickes. Alsdann sind wir hilflos. Und selbst wenn sie laut sprechen, ist das, was wir hören, gewöhnlich nicht richtig. Denn die Blicke, die sie einander zuwerfen, verändern den Sinn dessen, was sie gesagt haben."

„Deine Behauptung mag auf eine Ausnahme oder deren zwei im ganzen

fen zu einem ohrenbetäubenden, aggressiv dröhnenden Geschrei, das aber bald wieder abebbt.

Vor dem ovalen Loch in der Rotunde, das von der armenischen Galerie aus sichtbar ist, wachen wechselnd verschiedene Männer der armenischen Gemeinde, auf der anderen Seite Griechen. Beide sind an der uralten Zeremonie beteiligt, von der die erste schriftliche Schilderung bereits 867 von einem bretonischen Mönch, Bernhard dem Weisen, stammt; es gab sie sicher schon lange *vor* dieser Aufzeichnung. Auch frühere Beobachter empfanden, daß dieser Aufruhr eher einem heidnischen Ritual zu Ehren eines Feuergottes glich als einem christlichen Brauch zu Ehren des Auferstandenen. Man hätte den Eindruck, daß Vahakn wiedergekommen sei, um die Massen zu fanatisieren, wenn nicht aus den Gesängen der um die Rotunde ziehenden Prozessionen deutlich durchdringend und das Getöse wie mit einem scharfen Messer durchschneidend ab und zu ein klares „Halleluja" zu vernehmen wäre.

Es ist ja in der Tat ein alter vorchristlicher Feuerritus, der hier in die Liturgie der Kirche aufgenommen und umgeformt wurde. Aber wer von denen, die sich das Schauspiel ansehen, ist bereit, sich vom Feuer der Auferstehung und des Geistes überwältigen, durchdringen, aussenden zu lassen?! — Auf einem Relief an der Rückwand der Galerie hebt Christus die Segenshand mit dem Gestus der Ostkirche. Das Bild fragt stumm: Was soll dieser Tumult? Was bleibt von eurer Schaulust und Begeisterung, wenn dieser volkstümliche Sturm vorüber ist? — Das lange Warten läßt Zeit zum Nachdenken. Gibt es nicht auch noch in Ostanatolien und Sowjetarmenien in entlegenen Gegenden Tieropfer, Wasser- und Feuerriten[35], die noch nicht vom Geist der Inkarnation durchdrungen sind? Ist dieses sogenannte „heilige Feuer" nicht etwas Ähnliches? Die Kraft der Natursymbole, ohne die es keine Sakramente gäbe, steckt zweifellos darin, wenn auch auf eine dem westlichen Besucher fremde Weise. Für die osternfeiernden Pilger dürfte es jedoch kein Kuriosum bleiben. Das Erlebte müßte durchdacht und zum Sauerteig werden für die Ökumene, belebende Anregung für die verkopfte Westkirche. In Jerusalem klagt man bei den Armeniern, daß es viele Deutsche gebe, deren Neugier und Interesse für sie eine Art „privater Liebhaberei" sei, ohne Konsequenzen für die Öffentlichkeit, für ihr Verständnis von weltweiter Kirche. Viele ließen sich faszinieren von merkwürdigen Bräuchen, exotischen Eindrücken, und gingen dann in der Konsumentenhaltung von Touristen wieder nach Hause, wo sie im eigenen Land die ostkirchlichen Christen ignorierten. Es gehe keine Wirkung von dem Erlebten aus, es bleibe oberflächlich.

Doch darf es unter uns Christen geben, die Fremde bleiben, weil sie uns unverständliche Feste feiern, eine uns neue Welt mitbringen? Darf es in Europa vergessene Minderheiten aus dem Morgenland geben, aus dem es doch das Osterfeuer des Evangeliums bekommen hat, um ein christliches Abendland zu werden? Darf es uns gleichgültig sein, kann uns das Engagement für diese Christen zu bequem sein, wenn armenische und andere orientalische Christen bei uns Asyl suchen? Sie haben uns viel zu geben, wenn wir uns für sie öffnen. Das heilige Feuer ist zum Weitergeben da.

Um zwölf Uhr ist die Kirche so voll, daß man von oben aus gesehen den Eindruck hat, man könne keinen Fuß mehr zwischen die Menschen setzen. Und dennoch wogt und eilt das junge Volk der Ordner hin und her, teilt die Menge wie Schwimmer das Wasser. Gelangweilt warten auf den schmalen Steinbänken der Galerie beige-rot gekleidete kleine Kirchendiener, die alle eine dünne lange Kerze in der Hand halten, gerahmt von zwei offenbar aufsichtführenden Erwachsenen, einem älteren Mann mit energischen Zügen und einer Mutter mit einem kleinen Kind auf dem Schoß. Trommelwirbel und erneute Sprechchöre verkürzen das Warten, das in orientalischer Geduld hingenommen wird. Immerhin stehen wir schon drei Stunden hier oben, und noch kann keine Rede sein vom Beginn der Feier. Der müder werdende Geist sucht nach Nahrung und entdeckt ein Kreuzrelief in der Wand des Treppenaufgangs. Es ist ein besonders fein gearbeitetes Beispiel eines marmornen Chatschkars aus dem Iran, das hier eingelassen ist. Es wiederholt die Grundmelodie der Botschaft, die das Osterfeuer im tiefsten meint, wenn auch durch Rummel verdeckt: wieder und wieder das Kreuz im Lebensbaum, der Lebensbaum im Kreuz.

Gegen dreizehn Uhr geht endlich hinter dem griechischen Patriarchen Diodoros, der zum Zeichen der Demut seine Silberfiligrankrone abgelegt hat, der armenische Vartapet in die Grabkammer hinein, die dann verschlossen wird. Die Spannung steigt. Selbst auf den Eisenrahmen der Rotunde, die sie wie ein Baugerüst verklammern und vor dem Einsturz bewahren, suchen junge Burschen einen Platz; aber sie werden von den Ordnern von ihrem halsbrecherischen Auslug verjagt.

Endlich ordnen sich die Fahnen vor dem Grab für die Prozession. Bald kommt der große Augenblick. Als sich der griechische Zug in Bewegung setzt, rauscht Händeklatschen auf, übertönt von schrillem Pfeifen. Langsam schwanken die purpur- und goldschimmernden Fahnen um das Rund des Grabbaues. Zweimal, dreimal umkreisen die Fahnenträger und Priester in gelbweißem Brokat, mit schwarzen zylindrischen Hüten auf dem Kopf, unter schleppendem Gesang das heilige Grab. Menschenleiber auf fast allen Seiten drücken einen an die Brüstung, links eine kleine grauhaarige Armenierin aus Spanien, dahinter ihr Mann. Rechts eine Gruppe schnatternder junger Mädchen, von denen eines etwas über Hayastan erzählt, hinter mir ein Armenierpaar aus Schweden, das zum erstenmal hier ist und höchst aufgeregt aufs Feuer wartet. Ringsum Schwatzen, Pfeifen, Murmeln, Rufen, Singen, Flüstern, Schreien — ist in all dem auch Beten, Hoffen, Danken?—

Auf dem farbig glasierten Porzellanei vor der Brüstung lächelt ein Seraph, wie man solche häufig auch auf den Flabellum-Platten als Treibarbeiten sieht: ein rundes Sonnengesicht, Flügel, die an den Ohrenstellen wachsen, zwei unter dem Kinn überkreuzte Flügelspitzen, zwei wie Glockenblumen rechts und links vom Gesicht herabhängende Flügel, zwei auf dem Kopf wie eine Mitra aufragende, deren Spitzen ebenfalls gekreuzt sind; herzig wie Barockputten. Feiern wir auf unsere irdisch beschränkte Weise doch zusammen mit den „himmlischen Mächten und Gewalten"? —

Der Tumult wächst weiter, falls das noch möglich ist. Das Fernsehlicht wird gelöscht, der Raum liegt im gewohnten Dämmer. Vor dem ovalen Loch für das Feuer wartet einer. Die Armenier bereiten sich vor, stehen bereit. Man wartet auf die Fackel mit dem Feuer, die Treppe wird für den Feuerträger freigemacht. Da entsteht am Kircheneingang blitzschnell eine hitzige Prügelei, die ebenso schnell von der Polizei beendet wird. Ein Mann wird hinausgeschafft, neue Polizeischranken werden aufgerichtet. Wie lang soll das noch dauern? Das Herz klopft wild. Würde hier jemand eine Bombe hochgehen lassen — Tausende wären getötet. Die Soldaten scheinen nervös zu sein. Irgendwo kreischt ein Kind. Das heilige Feuer hat auf ganz unheilige Weise schon viele Menschenleben gekostet. Aus allen Jahrhunderten gibt es Berichte davon. 1834 hatte es dreihundert Tote und über zweihundert zum Teil schwer Verletzte gegeben. Heiliges Feuer?

Plötzlich, zehn Minuten nach ein Uhr, fliegt ein heller, jauchzender vielstimmiger Schrei durch die Basilika. Das Feuer, das in der Höhle des Grabes geboren wurde, tritt in den Händen der beiden Geistlichen heraus, wird überschwenglich begrüßt, und in einem Nu laufen Ketten von Flammen auf Kerzenbündeln über den Köpfen der Menge kreuz und quer durch die rauchige Dämmerung. Der Vartapet trägt das Feuer von der Grabeskammer zur armenischen Galerie. Gleichzeitig nimmt ein armenischer Laie das Feuer am südlichen ovalen Fensterchen der Grabkammer entgegen, um es so schnell wie möglich, auf den Schultern zweier anderer durch die Menschengasse herauf zur armenischen Sakristei getragen, hier dem Patriarchen zu bringen. Hierher wird es auch vom Vartapet gebracht. Es ist ein uraltes, seit vielen Generationen ererbtes Familienrecht in Jerusalem, österlicher Feuerträger zu sein; nur wenige Familien gehören zu den Auserwählten. — Auch auf der griechischen Seite trägt man den Fackelbrand so rasch wie möglich auf die dortige Galerie. Aber die Armenier haben wieder einmal den Wettlauf gewonnen. „Sie hätten vielleicht auch einmal Erfolg, wenn sie nicht so dick wären", wird auf der Siegerseite verschmitzt-triumphierend bemerkt.

Neben uns auf gleicher Höhe läutet einer in hellgrauem Rock die schneidend hell schellenden Glocken im scharfen Quartabstand: ''-''-''''''-, ''-''-''''''-, in erregtem Rhythmus. Weiter und höher, bis zu uns herauf, läuft das heiliges Feuer. Der Tempel ist, wie bei Jesaja, „*von Rauch erfüllt*". Hin und her eilen die Lichter zusammen mit den Rufen, daß Christus auferstanden sei. Es ist ein Bild von lebendiger Schönheit, dieses weiterspringende Licht über dem Gewoge der Menschen. Dafür hat sich das Warten gelohnt. Die Spannung löst sich, man beginnt nach draußen zu gehen, während noch Griechen und Armenier, Syrer und Kopten und andere kleinere Gemeinschaften weiter ihre Prozessionen um die Rotunde ziehen, die Glocken in veränderter, weniger durchdringender Gangart weiterläuten, die Chöre weitersingen, daß der Herr wahrhaft auferstanden ist. „Halleluja", dieses internationale Wort hebt sich deutlich aus dem übrigen Gesangsbrei ab.

Den Zug des heiligen Feuers von der Grabeskirche zum armenischen Viertel beobachten wir dann von der Zitadellen-Treppe aus, all die bunten Gruppen von Pfadfindern und Musikanten, Jungen, Alten und Kindern, deren Zentrum die Priestergruppe mit dem lebendigen Feuer in einem laternenähnlichen Glasbehälter ist. Es ist ein bewegendes Bild, wie dieses Fünklein durch die Altstadtgassen getragen wird, dieses Sinnbild für die Osterbotschaft, die von Jerusalem ausging.

In der folgenden Nacht brachten es dann zwei Mönche des Patriarchats zur Feier der Auferstehung in die Benediktinerabtei Dormitio Mariä auf dem Berg Zion, in nächster Nachbarschaft. Gute, freundschaftliche Beziehungen werden seit langem gepflegt. Abt Nikolaus Egender ist vor Jahren schon mit dem Vartapet-Kreuz ausgezeichnet worden, das ihm bei allen liturgischen Feiern der Armenier einen Platz zur Teilnahme einräumt. Es geht ein reges Gespräch hin und her, man hilft sich gegenseitig aus, man achtet sich. Ein besonders eindrückliches Zeichen der brüderlichen Gemeinschaft ist jener Brauch, das Osterfeuer durch zwei armenische Mönche gebracht zu bekommen, die es eine Stunde vor Mitternacht in Begleitung einiger Studenten der Abtei durch die Nacht tragen. Stühle und Bänke sind aus der runden Klosterkirche entfernt. Man sitzt im Dunkeln am Boden oder steht ringsum an den Wänden und wartet. Schattenhaft bewegen sich die schlanken schwarzen Gestalten mit ihren spitzen Kapuzen vom Eingang her durch die Mitte der Kirche auf den Altar zu. Am Ambo flackert die Osterflamme für alle sichtbar in der Laterne. Von hier aus wird sie als Lichterkette von einem zum andern weitergegeben. Der Abt dankt in herzlichen Worten für diese Gabe, die alle Christen verbindet und die hier sinnfällig deutlich macht, daß der Auferstandene der Grund für die Einheit aller ist. Eine Weile bleiben die Mönche noch und feiern bei den katholischen Christen und ihren vielen evangelischen Gästen die Osternacht mit, dann gehen sie wieder hinüber in ihr Nachbarkloster nach Hause.

2. *„Der Todesgang des armenischen Volkes" (J. Lepsius)*

Nicht nur die freundlichen und hellen Tage, nicht nur die Freudenfeste sollte ich bei den Armeniern miterleben, wurde mir mit Recht gesagt, bevor ich zu einem Dienst in einem arabischen Dorf nordwestlich von Jerusalem aufbrach. Auch der Trauertag gehöre dazu, der 24. April. Er sei ein Schlüssel zum Verstehen der Vorgeschichte und der Gegenwart des armenischen Lebens mit all seinen Spannungen und Problemen in der Diaspora auf der ganzen Welt.

So bat ich, noch einen Tag länger als vorher geplant war, in Jerusalem bleiben zu dürfen und ging am Morgen des Osterdienstags zum Gedenkgottesdienst in die dämmrige, kerzenerleuchtete Jakobskathedrale, die sich mehr und mehr füllte. Man trug auf der Brust weiße und rote Papierstreifen mit dem Aufdruck „24. April" und einem kleinen armenisch geschriebenen Text. Eine junge Frau übersetzte ihn mir: Zwar sei der Leib, nicht aber die Seele der Ermordeten tot. Über dem Datum und der Schrift war eines der charakteristischen Steinkreuze abgebildet. Auch dieser Tag stand unter dem Kreuz, der ein Lebensbaum ist.

Der zweistündige Gottesdienst war eingeleitet worden mit einer Prozession zur Kapelle des Jakobushauptes und durchwoben von noch an-

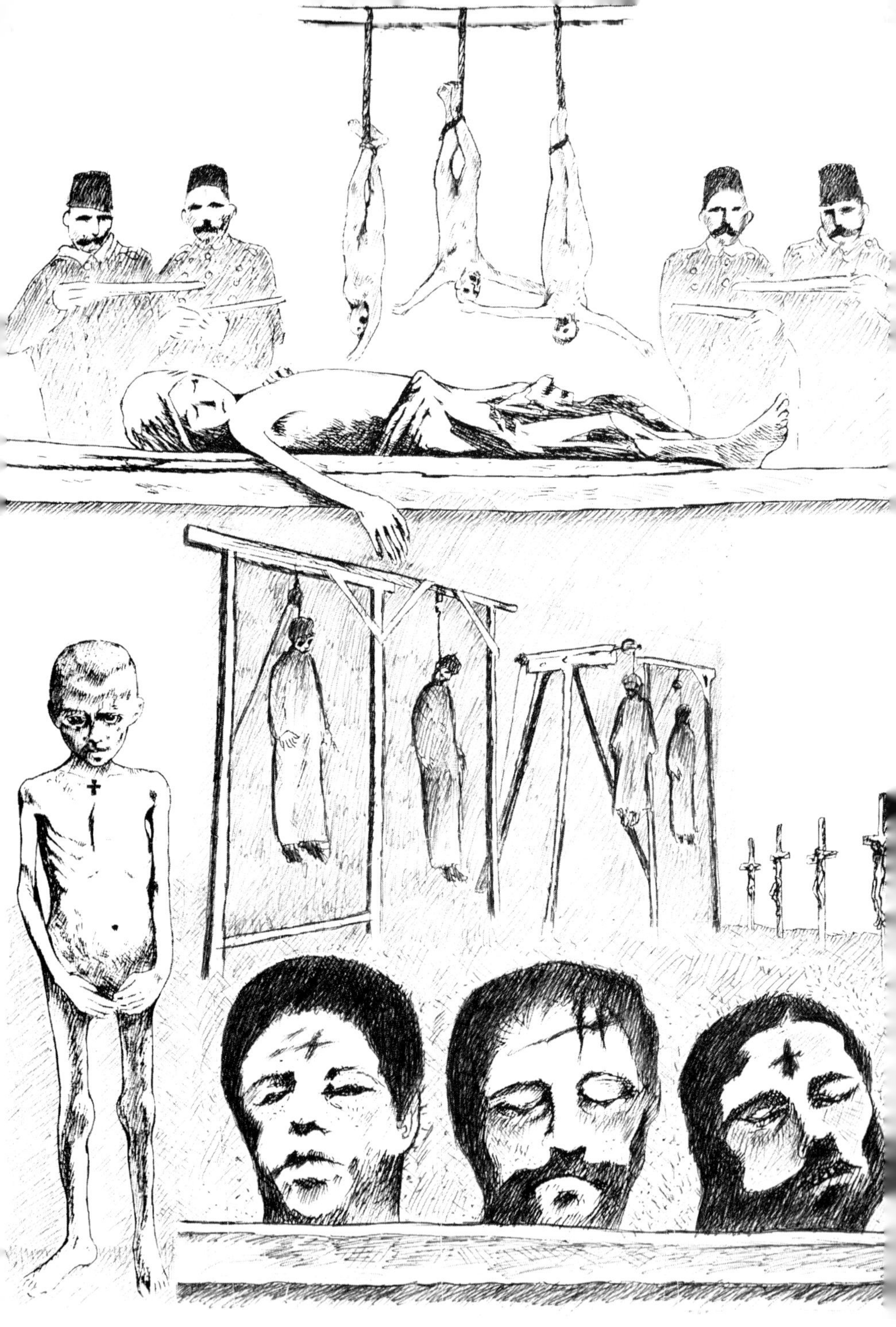

deren Anstößen, gemeinsam in der Gemeinschaft der Heiligen der Toten zu gedenken. Die Litaneien, die Vorbereitung zur Kommunion, die ständige Gegenwart der ganzen Kirche durch die Bilder ringsum, schlossen eine lückenlose Kette von den pfingstlichen Anfängen der Christenheit bis zur jeden Augenblick beginnenden Zukunft. Geheimnis des Heils — heute.

Die Predigt des Bischofs begann mit einem Jesajatext vom Heimholen des zerstreuten Volkes. Er wurde ausgelegt auf die Anstrengungen des Wiederaufbaus und der Neukonsolidierung armenischer Gemeinden in aller Welt. Der Bischof betonte, daß die Armenier keine Immigranten-, keine Flüchtlingsmentalität, sondern einen eigenständigen Beitrag zur Kultivierung ihrer Gastvölker entwickelt haben. Immer wieder auf Jesaja zurückgreifend, bat er eindringlich, Haß und Eifersucht, Rivalitäten und Zerrissenheit beiseite zu lassen, sich als Brüder zu betrachten, sich gegenseitig beim Aufbau zu helfen. Er bat um Gottes Segen für alle, bevor er mit dem „Amen" schloß.

Die Ministranten und der Chor, die während der Predigt auf dem Boden gesessen hatten, standen auf und formierten sich zu einem Zug. Den schweigend in großer Gemeinde gegangenen Weg vom Patriarchat zum Friedhof auf dem Berg Zion, dem singenden Chor nach, in strömendem Regen, werde ich wohl nie vergessen.

Bildtafel 9: **Völkermord**

Die an den Füßen aufgehängten ermordeten armenischen Ärzte zwischen bewaffneten türkischen Beamten, der liegende tote Junge, das verhungerte Kind, die Gehenkten, die gekreuzigten Frauen und die Köpfe der enthaupteten armenischen Intellektuellen sind grausige Zeugen des noch heute offiziell von der türkischen Regierung geleugneten Völkermords während des Ersten Weltkrieges. Sowohl durch den Bildaufbau als auch im Detail hat die Künstlerin das Leiden der Armenier mit dem Kreuz von Golgata verbunden.

Was bedeutet dieser 24. April für die Armenier?

Schon immer, seit ihrem Bestehen, war die armenische Kirche und damit auch die armenische Nation, die eng zusammengehören, umkämpft und von allen Seiten bedrängt. Verfolgungen, Neid und Mißgunst der Nachbarn und der Herrscher, unter denen die christliche Minderheit der Armenier sich in vieler Hinsicht als überlegen erwies, waren oft tägliches Brot. Die Isolierung Armeniens zwischen verschiedenen Großmächten, die das Land innerlich und äußerlich unterdrückten, waren diesem Volk immer allzu vertraut gewesen. Niemals aber hatte es so grauenvoll planmäßige Feindseligkeit erlebt wie am Ende des vorigen Jahrhunderts unter dem „blutigen Sultan" Abdul Hamid II. und, ins Unvorstellbare gesteigert, während des Ersten Weltkrieges unter dem üblen Triumvirat der drei skrupellosen Machthaber Enver, Talaat und Jemal. Diese extremistischen „Jungtürken", wie sie sich nach ihrem Erneuerungsplan selbst nannten, arbeiteten einen Ausrottungsplan aus, der zum ersten systematischen Völkermord unseres Jahrhunderts führte. Angesichts der Greueltaten, die damals verübt wurden, scheint der Streit darüber, ob man sie als „Genozid" oder „Holocaust" bezeichnen soll und ob es sich um *eine* oder anderthalb oder zwei Millionen in den Tod getriebener Menschen handelt, nicht nur müßig, sondern fast zynisch zu sein[36]. Deshalb soll er hier nicht aufgenommen werden.

Es gibt inzwischen über die politischen Verhältnisse jener Zeit, über die Wirren und Intrigen der türkischen wie der europäischen Machthaber und ihre eigennützigen Entscheidungen so viel Spezialliteratur, daß die vorliegende kleine Einführung sich mit groben Umrissen begnügen kann. Jeder Interessierte findet anhand des Literaturverzeichnisses eine riesige Fülle an Informationsmaterial, das durch Dokumente zuverlässig belegt ist. Es kann hier nur darum gehen, Interesse und Verständnis zu wecken für ein überaus begabtes und fähiges Volk, dem unermeßliches Unrecht geschehen ist. Noch heute wird das von der türkischen Regierung offiziell geleugnet. Um so wichtiger ist es, das Gedächtnis daran wachzuhalten.[37]

Abgesehen von der Republik Sowjetarmenien, die unter kommunistischer Herrschaft steht, leben die Armenier über die Erde verstreut unter fremden Völkern. „Wir leben im Waisenhaus", drückte es ein in der Schweiz lebender evangelischer Armenier auf einer Tagung über die Lage seines Volkes in der Türkei aus. Kein westlicher Wohlstand, keine noch so komfortable Wohnung, kein beruflicher Erfolg in der neuen Umwelt kann den Schmerz aufwiegen, des eigenen Landes verwiesen zu sein.

Ein schlichtes Volkslied mit dem Titel „Heimweh", das die seit alter Zeit immer wieder von Vertreibung und Unterdrückung bedrohten Armenier immer noch singen, bietet ein einprägsames Sinnbild für ihre Lage[38]:

Ich war ein Pfirsichbaum, der wuchs
zwischen Stein und Geröll.
Fremde entwurzelten mich
und pflanzten mich auf die Wiese,
in diesen grünen Obstgarten hier,
wo sie mich mit Zuckerwasser begießen,
jeden Tag. Aber ich will fortgehen,
heim, und geschmolzenen Schnee trinken.

In der Mitte des 19. Jahrhunderts gab es nach Schätzungen zweieinhalb Millionen Armenier im Osmanischen Reich. Die Mehrzahl lebte in den heute osttürkischen Provinzen, im angestammten anatolischen Hochland mit den angrenzenden Gebieten, die heute unter sowjetischer und iranischer Regierung stehen. Die meisten von ihnen waren Bauern und Handwerker, in den Städten auch Händler und Kaufleute. Sie waren fester Bestandteil des Vielvölkerreiches, dienten ihm loyal und verantwortlich[39]. Reisende berichteten immer wieder beeindruckt von diesem klugen und fleißigen Volk, das sich durch die Jahrhunderte eine eigenständige christliche Kultur erhalten hatte und — wahrscheinlich am entschiedensten von allen Volksgruppen des riesigen Reiches — jede Islamisierung oder Türkisierung ablehnte. Aus allen Jahrhunderten gibt es dafür aufrüttelnde Zeugnisse. Eines davon überlieferte Thomas Mezopetsi, ein Historiker des 14. Jahrhunderts. Er berichtet in der Erzählform einer Legende von einer Frau, die seither als „die heldenhafte armenische Mutter aus Musch", einer Stadt westlich des Van-Sees, bekannt ist[40]:

„Als die türkischen Soldaten sich Musch näherten, machten sich die tapferen Männer der Stadt auf, dem Feind zu begegnen. Sie bereiteten sich auf einen harten Kampf vor. Im Kloster Johannes des Täufers beteten sie die ganze Nacht. Und der Herr erwies ihnen seine Gnade und erfüllte die Hoffnungen der Frommen. Der Herr sandte sein Heer der Engel in Gestalt dreier großer weißer Reiter auf drei weißen Pferden, die vom Himmel kamen und im Heer des Feindes Verwirrung und Panik verbreiteten, wie es der Einsiedler Garabed geschaut und bezeugt hat. Das Heer der Türken floh in Angst und Schrecken und ließ zweitausend Gefallene zurück. In allen Kirchen von Musch wurden Dankmessen gefeiert.

In jenen Tagen geschah etwas Außergewöhnliches. Die türkischen Soldaten sahen eine Frau mit ihrem Kind, einem siebenjährigen Knaben von engelgleicher Schönheit. Den wollten die Soldaten als Sklaven haben. Aber die Mutter gab ihn nicht her und blieb unerbittlich. Sie versuchte zu fliehen, aber die Soldaten jagten ihr nach. Als die Frau merkte, daß sie eingeholt wurde, drehte sie sich blitzschnell um, riß rasch einem der Ungläubigen das Schwert aus der Hand und tötete ihr liebstes Kind als ein Opferlamm für Gott, um es vor der Entehrung zu retten. Und sie selbst lief noch eine paar Schritte weiter und warf sich — Gott lobsingend — von einem hohen Felsen aus in den Abgrund."

Mit dem Einfall der Seldschuken und dem Machtzuwachs der später eingewanderten osmanischen Türken dehnte sich das Reich aus. Bekanntlich standen die Türken im 17. Jahrhundert vor Wien. Wie auch andere Christen des Osmanischen Reiches mußten die Armenier als Minderheit öffentliche Diskriminierung hinnehmen, erniedrigende Behandlungen über sich ergehen lassen, extrem hohe Steuern zahlen, waren als Zeugen vor Gericht nicht zugelassen und durften keine Waffen besitzen. Viele sahen sich veranlaßt, diesem Druck zu entrinnen und das Gebiet zu verlassen, aber viele blieben auch in der ihnen angestammten Heimat und hofften auf Reformen. Von Europa her war die Kunde von Gleichberechtigung und demokratischer Verfassung, vom erfolgreichen griechischen Kampf um Freiheit von türkischer Fremdherrschaft und von sozialen Revolutionen eingedrungen und hatte solche Hoffnungen genährt. Doch die europäischen Mächte hatten größtes Interesse an einem wirtschaftlichen und politischen Gewinn bei der möglichen Aufteilung des morschen Reiches und nicht daran, sich uneigennützig beim Sultan für Reformen zugunsten christlicher Minderheiten einzusetzen und dadurch seine Sympathie zu verlieren. „*Das klassische Dilemma zwischen Moral und Politik!*“[41]

In den letzten Jahrzehnten des 19. Jahrhunderts spitzte sich die verzweifelte Lage der Armenier in den Ostprovinzen immer mehr zu. Wer konnte Recht schaffen in den entlegenen Dörfern der heutigen Osttürkei, wenn Korruption und Unterdrückung herrschten, wenn Armenier beliebig ausgeplündert, ihre Frauen und Mädchen vergewaltigt und ermordet, ihre Höfe überfallen und ausgeraubt wurden? Und wer *wollte* überhaupt Recht schaffen? Die Zentralregierung war weit weg und gab nichts als leere Versprechungen, sowohl im eigenen Land als auch denen, die vom Ausland her Einfluß zu nehmen versuchten.[42]

Wenn die Armenier in jenen Jahren versuchten, nach russischem Vorbild revolutionäre Untergrundbewegungen zu organisieren, um sich selbst zu verteidigen, weil ihnen niemand half, so wurde dies von der Seite der Regierung nicht nur brutal unterdrückt, sondern auch als Aufruhr ausgelegt, der jede Maßnahme gegen Armenier, auch gegen die Frauen und Kinder, rechtfertigte. Unter dem „blutigen Sultan“ Abdul Hamid II. begann nach einem Auflehnungsversuch im Jahr 1894 eine Welle von Massakern, die bis 1896 anhielt. Nur ein einziges Beispiel für das, was damals mit Billigung der türkischen Beamten geschah:

Am Weihnachtstag 1895 verbrannten in Urfa, dem antiken Edessa, eintausendzweihundert Armenier bei lebendigem Leib in ihrer Bischofskirche, soweit sie nicht schon totgetrampelt waren. Während sie Christi Geburt feierten und zur Kommunion gingen, hatten aufgehetzte Türken mit Öl getränkte Teppiche ringsum an den Holzteilen der Kirche und an den Türen aufgehängt und in Brand gesteckt. Es gab kein Entrinnen. So endete das Loblied auf die Menschwerdung Gottes, das sie zum Fest sangen, im Aufschrei der im Rauch erstickenden und im Feuer der Unterdrücker verbrennenden Christen. Warum? Weil sie keine Türken und keine Moslems waren, sondern auf ihrem guten Recht bestanden, freie Menschen sein zu dürfen.

Bei den Massenmorden jener Schreckensjahre und in der Hungersnot, die darauf folgte, kamen rund 300.000 Armenier ums Leben. Diese Pogrome sollten ihrer Einschüchterung dienen und sie daran hindern, bei europäischen Mächten Schutz zu suchen. Von Kritikern seiner Maßnahmen befragt, begründete der Sultan die Metzeleien damit, daß sie notwendig gewesen seien, um einen allgemeinen Aufstand zu vermeiden und Ordnung zu schaffen.

Seine Roheit, die weit über die Grenzen seines Reiches hinaus bekannt war, schreckte den deutschen Kaiser Wilhelm II. jedoch nicht ab und hinderte ihn keineswegs daran, den Sultan 1898 mit großem Hofstaat zu besuchen und sich seiner Freundschaft zu vergewissern. Friedrich Naumann, der den Kaiser damals begleitete, nannte den Sultan in seinem Reisebericht „Asia" zwar einen „gekrönten Massenmörder", fand aber die Sorgen für das eigene Volk wichtiger als die Sorge für fremde Asiaten und hielt die sittliche Pflicht für die deutschen Brüder, die in Frankreich und Rußland ihr Blut für ihr Vaterland vergössen, für vordringlich. Gegen August Bebel verteidigte er öffentlich die Türkei als Bündnispartner. Das heftige Für und Wider in der Frage, ob man den Armeniern helfen solle oder nicht, war in der Öffentlichkeit jeweils definiert von den nationalen Interessen. Wenn es auch Proteste gab und gelegentlich Skrupel geäußert wurden, weil man in Vorderasien tatenlos der Ermordung der ältesten christlichen Nation zusehe, so wurden solche Äußerungen in der Presse doch bald unterdrückt und unter Zensur gestellt. Karl Liebknecht und Rosa Luxemburg, die eine klare Analyse der Lage beim Reichstag vorlegten, konnten nicht durchdringen. Auch andere, die Einspruch erhoben, wurden nicht gehört[43].

Man zog es vor, das Gesicht zu wahren. Man wollte lieber den Bündnispartner Türkei behalten als ihn durch Parteinahme für die Armenier verärgern oder verlieren. Man fragt sich allerdings auch heute manchmal, ob sich die Türkei als Nato-Partner und Südostflanke Europas ihre eindeutig nachgewiesenen Menschenrechtsverletzungen nur deshalb ungestört erlauben darf, weil uns — in nationalem Egoismus — die eigene Sicherheit wichtiger ist als die der Menschen, die heute dort im Gefängnis sitzen, gefoltert werden, ihre Sprache nicht sprechen und ihren Glauben nicht ungehindert leben dürfen, denen man Hab und Gut raubt und die schutzlos der Willkür der Behörden preisgegeben sind[44].

Die glanzvolle Orientreise Wilhelms II. — dessen evangelischer Hofprediger litt als Begleiter große Gewissensqualen und schrieb an seine Frau: „Noch roch die ganze Stadt nach dem frisch vergossenen Blut der Armenier!" — war eindeutig auf deutschen Eigennutz ausgerichtet[45]. Es ging um Handelsinteressen, um den Bau der Bagdadbahn, die wirtschaftlichen Gewinn bringen sollte, um längst etablierte militärische Macht am Bosporus. Geht es nicht auch um politischen Eigennutz, wenn ein deutscher Außenminister der Bundesrepublik an festlichen Banketts seiner türkischen Gastgeber in Istanbul teilnimmt und dann nach wenigen Tagen mit der beruhigenden Auskunft nach Hause zurückkehrt, daß der Demokratisierungsprozeß in der Türkei Fortschritte mache und die wirtschaftlichen Beziehungen weiter ausgebaut werden sollen? Ist das Dilemma zwischen Moral und Politik noch immer nicht zugunsten der geschichtlichen Wahrheit und der Gerechtigkeit gegenüber den Menschen zu lösen, deren Grundrechte dauernd schwer verletzt werden? Die Probleme politischer Ethik scheinen die gleichen geblieben zu sein wie damals.

Im Jahre 1908 bereitete die Revolution der Jungtürken der Terrorherrschaft des Sultans zwar ein Ende; aber die Hoffnung auf eine neue Regierung, die gleiches Recht für alle durchsetzen und im Sinne moderner Demokratien Europas den verschiedenen Völkerschaften im Reich ein friedliches Leben garantieren würde, war bald vernichtet. Die jungen armenischen Freiheitskämpfer, die mit den Jungtürken anfänglich begeistert zusammengearbeitet hatten und für innere Selbstbestimmung eines freien Armenien im Völkerbund des Osmanischen Reiches eintraten, wurden bitter enttäuscht. Aus den angeblichen Demokraten der neu an die Macht gekommenen Jungtürken wurden rasch fanatische Nationalisten, die eine „Türkei für die Türken", ohne die lästigen Armenier (und andere Minderheiten), haben wollten.

Schon ein Jahr nach der Machtübernahme kam es 1909 in Kilikien zu einem Massaker, bei dem um die 30.000 Menschen in und bei Adana ihr Leben verloren. Als Deutscher fühlt man sich mit Scham und Schmerz an die Ideen des Pangermanismus erinnert, wenn man die Dokumente der Jungtürken kennenlernt, die von der Ideologie des Pantürkismus durchtränkt sind und keinerlei Gewissenssperren gegen brutale Ausrottung der unliebsamen Minderheiten im Land erkennen lassen. Kirche, Sprache und Kultur der Armenier waren wohl am wenigsten türkisierbar von allen vorhandenen Völkerschaften. Sie wohnten auf beiden Seiten der russisch-türkischen Grenze und waren daher besonders gefährdet bei jedem militärischen Zusammenstoß. Ohne hier die komplizierten politischen Verhältnisse aufrollen zu können, die sich gut belegt in anderen Büchern finden, muß man doch klar sagen, daß die Armenier in ihrer jahrzehntelangen Notlage von den sogenannten christlichen Ländern Europas aus Gründen der Staatsräson im Stich gelassen wurden. Ihr hie und da aufflackernder Widerstand gegen die Grausamkeiten des Regimes diente zum Vorwand dafür, daß der Innenminister Taalat Pascha schließlich ihre Deportation aus den Kriegsgebieten in offene Konzentrationslager in der syrisch-mesopotamischen Wüste anordnete. Für ihn war dies die „Endlösung" der „armenischen Frage", die er nach Durchführung für „erledigt" hielt.

Schon vorher waren die rund 250.000 in der osmanischen Armee dienenden Armenier entwaffnet und Arbeitsbataillonen zugeteilt worden. Man kommandierte die meisten von ihnen in Gruppen zur Erschießung ab. Viele mußten sich zuvor ihre Massengräber selbst schaufeln.

Erschütternde, nur schwer zu ertragende Berichte finden sich in dem Buch des französischen Arztes Yves Ternon: Tabu Armenien — Die Geschichte eines Völkermords[46].

Der Auftakt zu jener „Endlösung" geschah im Frühjahr 1915, als die Großmächte in Europa mit ihren eigenen Konflikten beschäftigt waren und Talaat Pascha sich ungestört der Durchführung seiner Pläne widmen zu können glaubte. Am 24. April 1915, an den seither jedes Jahr das ganze armenische Volk in Trauer und zerstörter Hoffnung auf ein geeintes Staatswesen im eigenen Land denkt, wurden in Istanbul 254 armenische Intellektuelle verhaftet. Man sagte ihnen, sie würden deportiert. In Wirklichkeit wurden die meisten von ihnen — Rechtsanwälte, Ärzte, Finanzfachleute, Schriftsteller, Künstler, Theologen, Lehrer — an anderen Orten umgebracht. Die armenische Bevölkerung der Stadt war damit führerlos.

Einer der damals Verhafteten war *Komitas*, dessen Werk als Musiker und Musikwissenschaftler zwar bis heute lebendig ist, dessen Lebenskraft aber in jener Nacht ein tragisches Ende gefunden hat. Komitas, wie sein Name seit seiner Priesterweihe in seinem 24. Lebensjahr lautete, wurde 1869 als Sohn einer Dichterin und eines Sängers in Kütahya in der Westtürkei geboren. Sein bürgerlicher Name war Soghomon Soghomonian. Als er kaum ein Jahr alt war, starb seine Mutter. Mit zwölf Jahren wurde er zur Kevorkian-Schule in Edschmiatsin geschickt. Dort sollte er eine gute Allgemeinbildung erwerben, vor allem aber seine außergewöhnliche musikalische Begabung entfalten. Sein großer Wunsch war, die reiche und vielfältige armenische Volksmusik durch schriftliche Sammlungen als wesentliches Kulturerbe seiner Nation in ihrem Bestand zu sichern. Am Konservatorium und der Universität Berlin, wo der begabte Student seine Kenntnisse vervollständigte, nahm er an den ersten Tagungen für orientalische Tondichtungen teil, veröffentlichte Artikel in Fachzeitschriften und promovierte zum Doktor der Musikwissenschaft. Nach Edschmiatsin zurückgekehrt, wurde er zum Kapellmeister ernannt.

Nun hatte er für seine Forschungsaufgaben festen Boden unter den Füßen. Unermüdlich reiste er von Dorf zu Dorf, von Stadt zu Stadt, und lauschte Hirten, Bauern und den Nachfahren der „Aschughs“[47], einer Art armenischer Troubadoure, auch Müttern und Kindern die Melodien seines Volkes ab. Er ordnete, analysierte und hielt schriftlich fest, was er entdeckte, bemühte sich auch, die Neumen der alten Musikhandschriften, die Vorläufer der heutigen Noten, zu entschlüsseln und damit lesbar zu machen. Vom schlichten Wiegenlied bis zur vielstimmigen Liturgie der armenischen Messe suchte, fand und reinigte er das große Erbe seiner Vorfahren und rettete auf diese Weise vieles für die Überlebenden und deren Nachkommen, obwohl Tausende seiner Manuskripte verlorengegangen sind.

Als er sich 1910 in Konstantinopel niederließ, wollte er am lebhaften kulturellen Leben der Stadt teilnehmen und es auch selbst bereichern. Er verband eigene Kompositionen mit den vorgefundenen und brachte so die uralten Klänge aus dem Hochland Armeniens ganz neu zu Gehör. Wir verdanken ihm viele Kenntnisse über die musikalischen Schöpfungen seines Volkes bis weit in die Vergangenheit der vorchristlichen Zeit zurück. Denn die Spuren heidnischer Gesänge an Erd-, Wasser- und Sonnengeister gingen ein ins gesungene Brauchtum der späteren Musiker, ob sie als Klageweiber bei Tod und Begräbnis ihre Weisen anstimmten, als singende Tänzerinnen auftraten oder als Wandersänger das Land durchzogen. Komitas erschloß nicht nur ihre Musik, sondern arbeitete auch die musiktheoretischen Quellen auf, die es seit dem 5. Jahrhundert in Armenien gab. Maßgeblich wirkte er mit am Wiederaufleben der ursprünglichen Liturgie seiner Kirche, der er sich mit großer Sachkenntnis und Liebe widmete. Doch mit einem Schlag war sein Wirken aus, und er verstummte für immer.

Man nahm ihn fest, während er am Klavier saß und komponierte.

Zwei von der Regierung beauftragte Männer mit Fez führten ihn ab. Die Szene ist oft gemalt und gezeichnet worden. Als einziger Priester seiner Gruppe, mit der er zur Erschießung weggeführt wurde, sprach er — solange ihnen noch Zeit dafür blieb — mit seinen Mitgefangenen Gebete aus der Messe, um alle zu stärken. Doch während er dies tat, brach er ohnmächtig zusammen. Als er wieder aufwachte, war sein Geist verwirrt und verdunkelt. Obgleich das Eingreifen europäischer Freunde in letzter Minute ihn vor der Ermordung bewahrte, er nach Frankreich gebracht und in ein Sanatorium aufgenommen wurde, blieb er zeitlebens unfähig zu schöpferischer Arbeit. Sein empfindsamer Geist war zerschlagen. Er starb 1935 in Paris. Sein Beitrag zur folkloristischen und liturgischen Musik Armeniens und zu ihrer Rettung lebt auch nach seinem Tod weiter. Wo Armenier zusammenkommen, wird gesungen und getanzt, gefeiert, gespielt und gedichtet. Das Zusammenklingen von Sprache und Klang in den vergänglichen Gebilden der Augenblickskunst Musik, die in demselben Moment schon verklungen ist, in dem sie ertönt, ist wesentlicher Bestandteil armenischen Lebens.

Eine kleine Begebenheit aus der Zeit nach dem Ende des Ersten Weltkrieges mag das belegen[49]. Man brachte damals viele der armenischen Kinder, die man ihren Müttern weggenommen hatte, in besondere moslemische Waisenhäuser, wo sie zu Türken umerzogen werden sollten. Man sagte ihnen und hielt sie an zu sagen, sie hätten keine Eltern mehr, weil diese von den Armeniern umgebracht worden seien. Sie glaubten die Lüge. Als dann durch das Eingreifen der Alliierten nach dem Krieg den wenigen überlebenden Eltern, meist nur Müttern, erlaubt wurde, nach ihren Kindern zu suchen, wiesen eben diese sie ab und machten ihnen den Vorwurf, offenbar mit den feindlichen Armeniern, den Mördern ihrer Eltern, im Bunde zu sein.

Eine dieser Mütter war hartnäckig. Sie erkannte ihr Kind genau, wenn auch das Kind sie nicht erkannte und nichts von ihr wissen wollte. Durch die Hilfe des amerikanischen Konsulats, das damals vielen armenischen Familien half, gelang es der Mutter, im Waisenhaus zu bleiben und weiter ihr Ziel zu verfolgen, obgleich es zunächst sinnlos schien. Eines Abends saß sie niedergeschlagen und müde allein in ihrem Zimmer und sang in ihrem Gram ein altes armenisches Wiegenlied. Plötzlich riß jemand die Tür auf. „Du mußt meine Mutter sein!" Ihr Kind flog ihr um den Hals und weinte. „Dieses Lied hat meine Mutter immer gesungen, früher, als wir noch in den Bergen wohnten." Das in die Tiefe des Unbewußten abgesunkene Lied war unversehrt erhalten geblieben und erwies sich als stärker und wahrer als alle eingetrichterte Unwahrheit.

Unter den Berichten über die Verfolgungszeit ragen die eines deutschen evangelischen Theologen heraus, der sich jahrzehntelang zusammen mit seiner Frau Maggie und einer Reihe tatkräftiger Mitarbeiter für die armenische Sache engagiert hat: *Dr. Johannes Lepsius*.

Er war 1858 als Sohn eines angesehenen Berliner Professors, des Orientalisten Richard Lepsius, geboren worden. Als junger Mann war er zwei Jahre lang Hilfsprediger in Jerusalem, wo er in der Tochter des dortigen deutschen Pfarrers Zeller seine künftige Frau fand und die religiöse Situation im Nahen Osten kennenlernte[49]. Als Pfarrer in der Harzgemeinde Friesdorf hatte er 1895 in den gleichen Tagen ein Missionsfest im Walde gehalten, in denen in der Türkei die ersten Armeniermassaker Schrecken und Trostlosigkeit verbreiteten. Lepsius war so tief betroffen, daß er sich entschloß, selbst in die Türkei zu reisen, um Hilfe zu organisieren. Um seiner verarmten Gemeinde im Harz aufzuhelfen, hatte er dort eine kleine Teppichmanufaktur eingerichtet, die er nun nach Urfa bringen ließ, wo sie noch nötiger gebraucht wurde. „Er tarnte sich als Teppichfachmann auf Studienreise und brach von Berlin aus auf." Da ihm die Kirchenbehörde für sein Unternehmen keinen Urlaub gewährte, gab er sein Pfarramt auf und vertraute auf die Hilfe von Freunden und Gönnern, die sein Werk mittrugen. Mit ihnen gemeinsam gründete er in der heutigen Osttürkei und in Konstantinopel Heime, Werkstätten und Schulen, für die er Ärzte, Lehrer und Schwestern gewinnen konnte[50]. Bereits vor Kriegsausbruch 1914 waren zur Hilfe für die Armenier fünf Haupt- und zwei

Nebenstationen gegründet, die zum Teil allerdings bald wieder zerstört wurden und später in der amerikanischen Organisation „Near East Relief" aufgingen. Die im Frühjahr 1914 in Berlin gegründete „Deutsch-Armenische Gesellschaft"[51] unterstützte die entstandenen Beziehungen zwischen den beiden Völkern und setzte sich wirtschaftlichen und kulturellen Austausch zum Ziel.

Lepsius, der seit Kriegsbeginn in dem Konflikt stand, den Armeniern nach dem Losbrechen der Deportationen und massenhaften Ermordungen erst recht helfen zu wollen, aber zugleich die Türkei als Bündnispartner Deutschlands nicht diskriminieren zu dürfen, arbeitete dennoch unermüdlich weiter. Mit seinem *„Bericht über die Lage des Armenischen Volkes in der Türkei"*, den er in 20.500 Exemplaren drucken ließ und an Pfarrer und Reichstagsabgeordnete schickte, wollte er die Verantwortlichen der Öffentlichkeit wachrütteln und zum Handeln in christlichem Geist auffordern.

Um der polizeilichen Beschlagnahmung dieser Schrift zuvorzukommen, ließ Johannes Lepsius sie durch seine Kinder auf verschiedene Postämter verteilen. Aber er wußte nicht, was erst nach dem Kriege bekannt wurde: daß gerade die an die Mitglieder der Reichsregierung abgesandten Exemplare beschlagnahmt und im Polizeipräsidium Berlin festgehalten worden waren. Weder Empfänger noch Absender waren davon in Kenntnis gesetzt worden.[52] Doch der aus zahllosen Notizen, Konsulatsberichten, Statistiken, Beobachtungen sorgsam zusammengestellte Bericht, vom Verfasser als *„streng vertraulich"* zu behandelndes Manuskript gedruckt und allein von ihm verantwortet, ging trotzdem seinen Weg und tat seine Wirkung. Er erschien 1919 mit wichtigen Erweiterungen in der zweiten Auflage unter dem Obertitel *„Der Todesgang des Armenischen Volkes"* (4. Auflage 1930; inzwischen bereits wieder vergriffener Nachdruck 1980); 1918 kam er in französischer Sprache heraus, 1919 in Konstantinopel in armenischer Übersetzung. Wenn man von offizieller Seite auch versuchte, Lepsius' Öffentlichkeitsarbeit durch Presse- und Vortragstätigkeit totzuschweigen oder aktiv zu bekämpfen, indem man zum Beispiel von kirchlicher

Seite Parallelveranstaltungen zu seinen gut besuchten zündenden Vorträgen über die Situation der Armenier ansetzte, um seine Hörer abzuwerben, so ließ sich seine Botschaft doch nicht unterdrücken. Nach seiner Reise nach Konstantinopel, wo er 1915 mit Enver Pascha zusammentraf, startete er, ohne seinen Namen preiszugeben, eine umfangreiche Pressekampagne in wichtigen schweizerischen Tageszeitungen. In Deutschland regte er das Zentralkomitee der deutschen Katholiken zu einer Eingabe bei der Reichsregierung an, die allerdings ausweichend und vage beantwortet wurde. Für ihn selbst wurde es zunehmend schwieriger, als ungeliebter Mahner in Deutschland zu bleiben. Aber auch von seinem Exil im neutralen Holland aus wirkte er vielfältig für die armenische Sache und brachte dafür immer wieder einschneidende persönliche Opfer. Kritische Stimmen haben ihn zwar angeklagt, er habe zu sehr als Verteidiger der kaiserlich-deutschen Diplomatie gewirkt[53]; doch ist nachgewiesen, daß er öffentlich die schwere moralische Schuld der Regierung formuliert und ihre Handlungsweise verurteilt hat. Charakteristisch für den Zwiespalt, in dem er selbst stand und aushielt, ist ein Satz aus dem Vorwort zur ersten Ausgabe des berühmt gewordenen „Berichts“:

„Legt uns so die Waffenbrüderschaft mit der Türkei Verpflichtungen auf, so darf sie uns doch nicht hindern, die Gebote der Menschlichkeit zu erfüllen. Müssen wir auch in der Öffentlichkeit schweigen, so hört doch unser Gewissen nicht auf zu reden.“[54]

Die auf über 300 Druckseiten dargestellten *„Tatsachen“* (= erster Teil) und die klare Erörterung der *„Schuldfrage“* (= zweiter Teil) mit dem zusammenfassenden *„Ergebnis“* (= dritter Teil), das die wirtschaftlichen Folgen der Deportationen und Massenmorde, die Zwangsbekehrungen zum Islam und *„die armenische Frage und die deutsche Presse“* knapp darstellt sowie die abschließende entsetzliche Statistik der Umgekommenen, können hier nicht wiedergegeben werden. Sie gehören zur anstrengenden, streckenweise lähmenden Pflichtlektüre eines jeden, der gründliche Kenntnisse über Armeniens Geschichte und Gegenwart erwerben will.

Noch einen wichtigen Dienst leistete Lepsius durch seine Sachverständigen-Aussage während des Prozesses gegen den armenischen Studenten Soghomon Tejlirian. Im März 1921 hatte dieser den osmanischen Großwesir Talaat Pascha, einen der Hauptschuldigen am armenischen Unglück, in Berlin auf der Straße erschossen. Durch seine umfassenden Kenntnisse über die Verfolgungsjahre konnte Johannes Lepsius dem Angeklagten mit zu dessen damals sensationellem Freispruch verhelfen[55]. Türkenfreundlich gesonnene Kreise waren über dieses Urteil eines deutschen Gerichts hell entrüstet; aber Armenier in der ganzen Welt dankten Lepsius und werteten diese Entscheidung des Gerichts in Berlin als selbstkritische Korrektur der Deutschen an ihrer Einstellung zur bisherigen Politik ihrer Regierung.

Von seiner ersten programmatischen Schrift „*Armenier und Europa*" an, die er schon 1898 veröffentlichte, bis zu seinen letzten Briefen, die er kurz vor seinem Tode während eines Kuraufenthalts in Meran (1926) schrieb, war J. Lepsius durchdrungen von dem Wunsch, dem armenischen Volk Gerechtigkeit widerfahren zu lassen und zu retten, was noch zu retten war[56]. Im September 1980 feierte der jetzige Katholikos aller Armenier, Vasken I., in der Kathedrale von Edschmiatsin einen Gedächtnisgottesdienst für den unermüdlichen, durch keinen Rückschlag und keine Anfeindung zu entmutigenden Kämpfer für ein „*betrogenes Volk*". So hatte Fridtjof Nansen als Hochkommissar des Völkerbundes die Armenier zu Recht genannt[57].

Es gibt eine Redewendung im Armenischen, die gebraucht wird, wenn ein Mensch freiwillig etwas Schwieriges für einen anderen auf sich nimmt und ihn dabei mit einem Wunsch segnet, der das Schwere in Gutes verwandeln möchte. Das Leben des evangelischen Pfarrers Johannes Lepsius ist so etwas wie die anschauliche Verwirklichung dieses Wortes: „Hokud madagh kes kurban — Möge ich für deine Seele zum Opfer werden."

Es sind bereits viele Zeugnisse jener Zeit veröffentlicht worden, und in Zeitschriften und Tageszeitungen der letzten Jahrzehnte haben sich Hunderte von Notizen angesammelt. Aber es gibt trotzdem in deutscher Sprache bisher keine zusammenfassende Darstellung der Geschichte und der gegenwärtigen Problematik Armeniens, die beides verbindet: zugleich sachlich darstellt und doch auch einzelne menschliche Geschicke zu Wort kommen läßt und so Partei ergreift für die heute lebenden Nachkommen der damals Geschundenen und Beraubten. Nicht nur am ganzen Volk darf *„die Ungerechtigkeit des Vergessens“*[58] keinesfalls begangen werden, sondern gerade das Gedächtnis der namenlosen einzelnen Menschen, die gelitten haben und gestorben sind, gilt es zu ehren. Wenn im folgenden Szenen oder Erinnerungsbruchstücke gezeichnet werden, ohne sie aus einem anderen Werk zu zitieren, dann sind es solche aufgesammelten Spuren aus mündlichen Mitteilungen, aus Briefen, aus unveröffentlichten Tagebüchern, aus Begegnungen. Nichts davon soll verloren gehen. Vielleicht wirken die einzelnen Abschnitte zu isoliert, zu wenig miteinander verbunden. Das macht nichts. Ich verstehe sie als „heilige Reste“, als „Reliquien“, die bewahrt werden sollen zur Ermutigung für die Nachgeborenen. Und so streue ich sie als anvertrautes Saatgut aus. Vielleicht dienen sie dem einen oder anderen, der — wie der Lyriker Hovannes Toumanian (1869-1923) — in seinem Leid vereinsamt ist und in ihnen die tiefe und geheimnisvolle Gemeinschaft der Passion findet. In seinem „Schmerzenslied“[59] singt der Dichter schwermütig:

„Armeniens Leiden ein Meer ohne Grenzen,
ein ungeheures Meer.
Der Himmel ist leer, keine Sterne glänzen.
Meine Seele treibt einsam umher.“

Bei der Reise in die Osttürkei, von der schon eingangs die Rede war, erging es mir oft so, daß im strahlenden Sonnenglanz des Frühlings die Landschaft, die Städte, die Flüsse und Wege bevölkert waren von unsichtbaren Gestalten: Frauen und Kindern in langen Flüchtlingstrecks, verhungernden Jugendlichen, erwürgten oder niedergetretenen Greisen, erhängten Priestern und Ärzten, zusammengebundenen Reihen von Männern, die erschossen und in Schluchten geworfen worden waren, gekreuzigten Frauen . . . Ich hatte davon gelesen, gehört, Bilder gesehen. Sie waren mir in dunkle Träume gefolgt und standen nun wieder auf, quälend genau. In Trabzon, dem antiken Trapezunt an der Schwarzmeerküste, begann es; erst am letzten Reisetag in einer frühen armenischen Höhlenkirche im Ihlaratal zwischen den ruhigen Apostelreihen in warmem Rot und Gelb ebbte das Brodeln dieser Bilder ab. So gehe ich nun schreibend und mich beim Schreiben neu erinnernd die Wege noch einmal, die unsere kleine Reisegruppe zu Stätten der Vernichtung und des Grauens geführt haben und die für immer mit armenischem Blut getränkt sind.

Da ist also Trabzon mit seiner herrlichen Hagia-Sophia-Kirche. Sie ist reich mit farbigen Fresken ausgemalt und einem eigenwilligen steinernen Reliefband über dem Südeingang geschmückt, das Szenen aus der Schöpfungsgeschichte zeigt[60]. Sein Schriftband in griechischen Buchstaben und die kraftvolle byzantinische Bilderwelt im Innern schließen jedoch die Vermutung mancher Kunstgeschichtler nicht aus, daß hier — wie so oft, wo es um gute Steinmetzarbeiten geht — armenische Künstler am Werk waren. Einzelne Grabsteine auf dem moslemischen Friedhof neben der Kirche sprechen deutlich von der Anwesenheit armenischer Bürger in der Stadt. Auf einem zerbrochenen, der ganz mit den starken, strengen und doch schwungvollen Schriftzeichen des heiligen Mesrop Maschtots bedeckt ist, sieht man noch die Hälfte eines kunstvollen Chatschkars. Die andere Hälfte ist weggebrochen. Mitten durchs Lebenszeichen der Armenier geht der Bruch; das schmerzt, weil es ein Sinnbild für ihre Geschichte ist.

Auf einem anderen Grabstein, der zwischen vielen von Steinturbanen gekrönten moslemischen Steinen lehnt, sind armenische Schriftzeichen und darüber eine früchtetragende Palme zwischen zwei Blumensternen im geschwungenen Rundgiebel zu sehen. Unauffällig reiht er sich ein, vermeidet ausdrücklich christliche Symbolik. Der Lebensbaum ist allen Religionen gemeinsam.

Beim Weggehen schauten wir zurück über das Gräberfeld zur Hagia

Sophia, der Kirche zu Ehren der „heiligen Weisheit", und zum dunstigen Meer hinüber, das man von dort oben aus sehen kann. Seit bald dreißig Jahren ist sie nun Museum, nicht mehr Gotteshaus; Devisenquelle, nicht mehr Raum des Betens und Feierns. Auf ihrer Spitze steht nicht mehr das Kreuz der Erlösung, sondern der islamische Halbmond.

Dann fuhren wir zurück zur Stadtmitte, und wieder waren auf dem Hintergrund des bunten Straßenlebens auf einmal die Lebenden von 1915 gegenwärtig. Der amerikanische Konsularbericht, den J. Lepsius in seinen „Bericht" aufgenommen hatte, ließ auf der hellen Folie einer frühlingshaften Hafenstadt wie einen schwarzen Schattenriß die Geschichte der Ausrottung erscheinen:

„Trapezunt, den 28. Juli 1915

Am Sonnabend, den 26. Juni wurde der Befehl, die Deportation der Armenier betreffend, in den Straßen angeschlagen. Am Donnerstag, den 1. Juli wurden alle Straßen von Gendarmen mit aufgepflanzten Bajonetten bewacht, und das Werk der Austreibung der Armenier aus ihren Häusern begann. Gruppen von Männern, Frauen und Kindern mit Lasten und Bündeln auf dem Rücken wurden in einer kleinen Querstraße in der Nähe des Konsulats gesammelt, und, sobald etwa 100 zusammengekommen waren, wurden sie von Gendarmen mit aufgepflanztem Bajonett am Konsulat vorüber in Hitze und Staub auf der Straße nach Erzerum hingetrieben. Außerhalb der Stadt ließ man sie halten, bis etwa 2000 beisammen waren; dann schickte man sie weiter. Drei solcher Gruppen, zusammen etwa 6000, wurden während der ersten drei Tage von hier verschickt, und kleinere Gruppen aus Trapezunt und der Umgegend, die später deportiert wurden, beliefen sich auf weitere etwa 4000. Das Weinen und Klagen der Frauen und Kinder war herzzerreißend. Einige dieser Armen stammten aus reichen und vornehmen Kreisen. Sie waren Reichtum und Wohlstand gewöhnt. Da waren Geistliche, Kaufleute, Bankiers, Juristen, Mechaniker, Handwerker, Männer aus allen Lebenskreisen. Der Generalgouverneur sagte mir, sie dürften Anordnungen für Fuhrwerke treffen, aber niemand schien irgend etwas vorzubereiten. Doch weiß ich von einem

Kaufmann, der 15 türk. Pfd. (270 Mk.) für einen Wagen bezahlte, der ihn und seine Frau nach Erzerum bringen sollte; doch als sie an dem Sammelplatz ankamen, etwa 10 Minuten von der Stadt entfernt, wurde ihnen von den Gendarmen befohlen, den Wagen zu verlassen, der nach der Stadt zurückgeschickt wurde. Die ganze muhammedanische Bevölkerung wußte von Anfang an, daß diese Leute ihnen zur Beute fallen würden, und sie wurden behandelt wie Verbrecher. In Trapezunt wurde vom 25. Juni, dem Datum der Proklamation, an, keinem Armenier gestattet, etwas zu verkaufen, und bei Strafe wurde jedem verboten, etwas von ihnen zu kaufen. Wie sollten sie da die Mittel für die Reise beschaffen; 6 oder 8 Monate lang war in Trapezunt keinerlei Geschäft betrieben worden, und die Menschen hatten ihr Kapital verzehrt. Warum hat man sie verhindern wollen, Teppiche oder irgend etwas zu verkaufen, um das für die Reise nötige Geld zu beschaffen? Viele Leute, die Besitztümer hatten, die sie hätten verkaufen können, wenn sie die Erlaubnis gehabt hätten, mußten zu Fuß gehen, mittellos und nur mit dem versehen, was sie in ihren Häusern zusammenraffen und auf dem Rücken tragen konnten. Sie wurden, wenn sie in Folge von Erschöpfung zurückbleiben mußten, mit dem Bajonett erstochen und in den Fluß geworfen. Ihre Leichen wurden an Trapezunt vorüber ins Meer getrieben, oder hingen im seichten Flusse an den Felsen, wo sie 10 bis 12 Tage blieben und verwesten, zum Entsetzen der Reisenden, die diesen Weg nehmen mußten. Ich habe mit Augenzeugen gesprochen, die bestätigten, daß man viele nackte Leichen an Baumstümpfen im Fluß gesehen habe 15 Tage nach dem Geschehnis, und daß der Geruch fürchterlich gewesen sei. . . .

Mit Dienstag, dem 6. Juli waren alle armenischen Häuser in Trapezunt, etwa 1000, geleert und ihre Bewohner deportiert worden. Es wurde nicht festgestellt, ob jemand der Teilnahme an irgend einer gegen die Regierung gerichteten Bewegung schuldig war. Wenn jemand Armenier war, so genügte das, um als Verbrecher behandelt und deportiert zu werden. Zu Anfang hieß es, es sollten alle außer den Kranken gehen, welch letztere in das städtische Krankenhaus gebracht wurden, bis sie wohl genug seien. Später wurden die alten Männer und Frauen, schwangere Frauen und Kinder, solche die bei der Regierung beschäftigt waren, und die katholischen Armenier ausgenommen. Schließlich wurde entschieden, daß auch alte Männer und Frauen und auch die Katholiken gehen müßten, und sie alle wurden dem letzten Transport nachgeschickt. Eine Anzahl Leichterschiffe wurde nacheinander mit Leuten beladen und nach Samsun geschickt. Der Glaube ist allgemein, daß sie ertränkt wurden. Während der ersten Tage der allgemeinen Deportation wurde ein großes Kajik-Boot mit Männern beladen, die man für Mitglieder der armenischen Komitees hielt, und nach Samsun gesandt. Zwei Tage später kam ein bekannter russischer Untertan, namens Wartan, der mit jenem Boot abgefahren war, über Land nach Trapezunt zurück, am Kopfe stark verwundet und so verwirrt, daß er sich nicht verständlich zu machen vermochte. Alles, was er zu sagen vermochte, war: ‚Bum,Bum!' — Er wurde von den Behörden festgenommen und ins Krankenhaus gebracht, wo er am nächsten Tag starb. Ein Türke berichtete, daß jenes Boot nicht weit von Trapezunt einem anderen mit Gendarmen besetzten begegnet wäre, welche daran gegangen wären, alle Männer zu töten und sie über Bord zu werfen. Sie glaubten, alle getötet zu haben, aber dieser Russse, der groß und stark war, war nur verwundet worden und schwamm unbemerkt ans Land. Eine Anzahl solcher Kajik-Boote, mit Männern beladen, verließ Trapezunt. Meist kehrten sie nach einigen Stunden leer zurück.

Toz, ein Dorf, etwa 2 Stunden von Trapezunt, wird von gregorianischen und katholischen Armeniern und Türken bewohnt. Ein reicher und einflußreicher Armenier, Boghos Marimian, wurde, wie ein zuverlässiger Augenzeuge berichtet, mit seinen beiden Söhnen getötet. Sie wurden hintereinander aufgestellt und erschossen. 45 Männer und Frauen wurden eine kurze Strecke vom Dorf entfernt in ein Tal geführt. Die Frauen wurden zuerst von den Gendarmerieoffizieren vergewaltigt und dann den Gendarmen zu Verfügung überlassen. Diesem Augenzeugen zufolge wurde ein Kind dadurch getötet, daß man ihm an einem Felsen den Schädel einschlug. Auch der Plan, die Kinder zu retten, mußte aufgegeben werden. . . Viele Knaben scheinen fortgesandt worden zu sein, um unter die Farmer verteilt zu werden. Die hübschesten unter den älteren Mädchen, die in den Waisenhäusern als Pflegerinnen zurückbehalten worden waren, wurden in Häusern aufgenommen, die dem Vergnügen der Mitglieder der Klique dienen, die hier die Dinge zu regieren scheint. Aus guter Quelle habe ich gehört, daß ein Mitglied des „Komitees für Einheit und Fortschritt" hier 10 der schönsten Mädchen in einem Haus im Zentrum der Stadt hat, für seinen und seiner Freunde Gebrauch. Einige kleinere Mädchen sind in anständigen muhammedanischen Familien untergebracht worden. Einige frühere Schülerinnen der amerikanischen Mission sind jetzt in muhammedanischen Familien in der Nähe der Mission untergebracht worden, aber natürlich hat die Mehrzahl nicht dieses Glück gehabt. . . .

Eine Anzahl von Frauen- und Kinderleichen sind von den Wellen an den sandigen Strand angespült worden, unterhalb der Mauern des italienischen Klosters hier in Trapezunt. Sie wurden von hiesigen griechischen Frauen am Strand begraben, wo man sie gefunden hatte."[61]

Am Morgen der Abreise aus Trabzon hörten wir schon im ersten Morgengrauen vor vier Uhr die Muezzinrufe über die Dächer hallen und das hin- und widerschwankende Echo vom heiseren Krähen der Hähne. Der Abschied vom Schwarzen Meer war verhangen von Frühdunst. Haselnußplantagen an der Küste entlang wechselten weiter innen im Land mit steilen Teeplantagen in tiefem Blaugrün. Am Wegrand boten Händler lebende Hühner und ganze Gebirge von Eiern feil. Weiß vermummte Frauen in grellbunten Röcken kauften ein. Wir kamen am Maçka-Bach und einem verschlingend finsteren Tunnel vorbei, wo sich rechts Basaltsäulen türmten und links wilde graue Felsen.

Im Meryemana-Tal hielten wir an, um zum berühmten *Sumela-Kloster* hinaufzusteigen. Auf guten Serpentinenwegen gingen wir in süßen Duftschwaden der leuchtend gelben pontischen Azalee und zwischen Farbwolken von violettrosa üppig blühendem Rhododendron bergauf. Spitze Vogelrufe hüpften durchs Laub. Das Tosen des Meryemana-, des Marienbaches in der Tiefe begleitete unser Wandern immer leiser bis zum Eingang in den Klosterbezirk. Auch hier sind noch eindrucksvolle Reste großangelegter Fresken zu sehen. Tage wären nötig, um sie zu betrachten und ihre Botschaften zu erschließen. Was überall sofort auffällt und an den Bilderstreit der Kirchen Kleinasiens in früheren Jahrhunderten erinnert, sind die zahllosen abgekratzten Gesichter. Das Verbot der Menschendarstellung gilt im Islam noch heute. Drückt sich Christenhaß in den teils frischen Spuren der Zerstörung aus?

Die Klostergebäude sind Ruinen. Wie ein Vogelnest ist der weitläufige Komplex in den Berg hineingeschmiegt. Von manchen Wegbiegungen aus hält es der Wanderer kaum für möglich, daß er zu Fuß zu dieser luftig aufragenden Fassade hingelangen kann. Hier oben hat der armenisch-katholische Bischof *Güregh Zohrabian* (1881-1972)[62] viertausend gerettete Mädchen und Knaben unterbringen können, als er in seiner Heimatstadt Erzurum als Seelsorger arbeitete und später mit der Leitung der Missionspräfektur in Trabzon beauftragt wurde. Er war selbst der Verfolgung ausgesetzt, wie auch viele griechische und assyrische Christen, und wurde wiederholt mit der Bastonade, Peitschenhieben auf die nackten Fußsohlen, gefoltert. Nur durch die unerwartete Hilfe eines türkischen Beamten, dem er als Kind geholfen hatte und der den vor Schmerzen ohnmächtig gewordenen Kapuzinerpater erkannte, entging Zohrabian der Vollstreckung des über ihn verhängten Todessurteils. Niemand weiß, wie vielen Menschen er durch seinen unerschrockenen Einsatz das Leben gerettet hat, aber auch wie viele er unter entsetzlichen Qualen hat sterben sehen.

Oft sahen wir unterwegs Reste von Ruinen, die einmal Burgen, Kirchen und Klöster waren und jetzt nur noch als Steinbrüche verwendet werden. Trauer und Empörung stiegen auf, sooft ich daran dachte, daß türkische Soldaten sie für Sprengübungen verwenden, um armenische Spuren im Land möglichst auszulöschen. Aus Kirchen wurden Moscheen oder Scheunen; sie dienen als Ställe und Lager und verkommen. Architekten, die in mühe- und entsagungsvoller Arbeit versuchen, wenigstens die Reste einst reicher armenischer Bausubstanz zu dokumentieren und ihren Restbestand zumindest auf dem Papier zu sichern[63], stoßen auf größte Schwierigkeiten vonseiten der türkischen Regierung. Zeugen der Wahrheit zu erhalten, ist nicht in deren Interesse. Aber es gibt zu viele solche Zeugen, um die Wahrheit leugnen zu können.

Breite Schneeadern laufen im Frühling über weich gefaltete schwarzgrüne, nur knapp mit einer Grashaut überzogene Bergwälle herab, lichte Pappelalleen säumen die Bachränder, helle lila Polster aus Blüten tupfen ockerbraune Abhänge, jugendlich gelbgrüne nasse Wiesen, die sumpfig aussehen, zerlaufen an den Rändern die Hügel hinauf, wilde Pfingstrosen glühen dunkelrot im Grasgrün frischer Felder. Herden, von Hunden eingekreist und von Hirten bewacht, ziehen dicht an der Straße dahin oder überqueren sie. So hat man auch menschliche Herden hier durchs Land getrieben, nur nicht so friedlich von einer Weide zur anderen, sondern von einem Schrecken in den anderen, zuletzt in den Tod, in die mesopotamische Wüste. Hier in der Wildnis gab es kein Entrinnen.

Angesichts der großartigen Weite und Schönheit des Landes verschärfte sich die Trauer täglich neu. Das Wissen vom Entsetzen und der Qual dieser Menschen und ihrer Wehrlosigkeit, das Nichtbegreifen-Können, wie Menschen so mit Menschen verfahren können, durchtränkte jeden neuen Eindruck, war er auch noch so prachtvoll.

Staubige Schneetücher lagen in Kuhlen und Falten des Kop-Passes, als wir ihn an einem späten Nachmittag erreichten und in 2390 Meter Höhe sahen, wie sich die Täler und Schründe des armenischen Hochlandes bis an den fernen Horizont hin mit grünen und blauen Abendschatten füllten. Sie rundeten die scharfen Felskanten ab und legten sich weich in Mulden und Nischen. Der karge Bewuchs der näheren Hügel war wie ein zu enges Fell über den rostroten oder braunen Grund gezogen. Hier, im Euphratquellgebiet, wimmelt es von kleinen Fluß- und Bachläufen, die abends im Gegenlicht aufglänzen. Aber der Euphrat, dessen Name seit Kindertagen zusammen mit dem Tigris an den Garten Eden denken läßt, wurde durch die armenische Leidensgeschichte zum Todesfluß. Unzählige Leichen hat er stromabwärts getragen, viele an seinen Ufern abgestreift, wo Geier und Hunde sich darüber hermachten. Dieser Fluß war vergiftet von der Brutalität der Wesen, die „nach dem Bilde Gottes gemacht“ sind.

Srpouhi Hekinian aus Besni, heute etwa achtzig Jahre alt, erzählt von ihrem Erleben am Euphrat:

Ungefähr zwei Wochen, bevor Frauen und Kinder ihres Heimatortes zur Deportation eingesammelt wurden, hatte man bereits die „Vornehmen“, die Notabeln, die geistige Führerschaft festgenommen und abgeführt. Den Zurückbleibenden wurde gesagt, daß auch sie ihre Häuser und ihr Land bald zu verlassen hätten. Die Hunderte von inhaftierten Männern wurden dann nach einiger Zeit aus dem Gefängnis zum Schein entlassen, und man sagte ihnen, daß sie nur vorübergehend von ihren Angehörigen Abschied nehmen müßten und sie bald wiedersehen würden. Bis dahin hätten sie lediglich eine getrennte Route zu gehen. Die Frauen und Kinder sahen ohnmächtig dem Abmarsch der Männer zu. „Wo“, fragten sie, „sehen wir uns wieder? Wo?“ — „Am Euphrat“, lautete die Antwort. So wurden beide Gruppen auf verschiedenen Wegen deportiert, beide voll Schrecken und schlimmen Vorahnungen, beide aber auch voller Hoffnung, daß sie bald wieder zusammensein und — wie ihnen versprochen worden war — auf neuem Land ein neues Leben aufbauen würden. Am Euphrat, in dessen Namen Paradies und Fülle mitschwingen, würden sie wieder vereint sein. Aber der Name Euphrat wurde ihnen zu einer verfluchten Erinnerung, weckte von da an die furchtbarsten Vorstellungen.

Srpouhi war ein elfjähriges Mädchen, als sie den Euphrat rot von Blut sah. Die durstigen Flüchtlinge konnten das Wasser des Flusses nicht trinken. Sie gruben tiefe Löcher in die Erde und gossen sein Wasser hinein. Es dauerte lang, bis das Blut sich gesetzt hatte. Etwas anderes als diese Flüssigkeit gab es nicht zu trinken. Dort am Euphrat nahmen sich viele Frauen, manche zusammen mit ihren Kindern, selbst das Leben, um nicht in die Hände der Türken zu fallen und nicht weitergetrieben zu werden. Denn sie ahnten, was ihnen noch bevorstand. Einen Tages am hellen Mittag sahen die Kinder etwa hundert Leichen im Fluß, je vier und vier zusammengebunden, talabwärts treiben. Die

Frauen rannten zum Fluß und schrieen auf, wenn sie ihre Männer an der Kleidung erkannten. So also hatte der Bürgermeister das Versprechen, das er ihnen gegeben hatte, erfüllt. Während die Toten vorbeitrieben, erhob sich tagelang verzweifeltes Wehklagen.

Srpouhi hat überlebt und ist alt geworden. Sie erzählt von ihrer Kindheit nur, wenn sie gefragt wird. Sie spricht ohne Bitterkeit, aber in namenloser, leiser, unstillbarer Trauer.

Andere Frauen sind unter den Eindrücken der Metzeleien innerlich zusammengebrochen, haben den Verstand verloren, blieben geistig verstört. So erging es einer Mutter, die ihr eigenes Kind erdrosseln ließ, um eine ganze Gruppe von Versteckten nicht durch sein Schreien zu verraten. Der armenische Schriftsteller Adom Yardjanian, der mit dabei war, hat in seiner eigenen Sprache ihre Geschichte in einem Gedicht zu gestalten versucht; leider kann ich es nur auf dem Umweg über das Englische wiedergeben:

„*Tod durch Ersticken*

In einer unterirdischen Höhle hockten wir,
rund vierzig Menschen,
wie eine erschreckte Viehherde,
wie vom Sandsturm Gejagte,
zitternd aus Angst vor dem Tod und einander zertrampelnd,
eingepfercht zwischen vier dunkle Wände.
Immer lastender wog die Stille.
Kein Flüstern, kein Atmen, allen waren die Lippen verschlossen.
Und die Blicke aller waren tief erschrocken und gequält,
wie wir da im Dunkeln, einer an den anderen gelehnt,
gegenseitig uns den Tod wünschten.
Von Dämmerung zu Dämmerung schweigend und hungrig
wurden wir wie Grabsteine, von Schrecken versteinert.
Draußen in der Sonne aber suchten
Tausende von Ungeheuern in menschlicher Gestalt,

die nicht müde wurden,
fruchtbare Felder und blühende Dörfer zu verbrennen,
nach unserem Versteck,
und wir hörten mit Entsetzen Schüsse und Säbelrasseln
und das Aufschlagen von Leibern wie von gefällten Bäumen
auf dem Erddach unseres Kellerraumes.
Die Seufzer der Sterbenden hörten wir, ihr Stöhnen,
das durch die Höhlenwände drang
und uns zum Wahnsinn trieb.
Und durch das Dach aus Erde sickerte ihr Blut,
fiel Tropfen um Tropfen auf unsere Gesichter,
und laut begann ein neugeborenes Kind zu weinen.
Es war uns klar, daß dieser unschuldige Säugling
uns zum Verräter werden würde.
Und in unserer Verzweiflung
war die einzige Hoffnung ein Verbrechen.
Als seine Mutter schluchzend flüsterte:
‚Daß Gott sich meiner doch erbarmte! Meine Brüste sind leer,
kein einziger Tropfen Milch ist mehr darin,
er saugte sogar mein Blut.
Ich habe keine Milch mehr, sprecht ihr euer Urteil‘ –
da sagte einer ärgerlich und streckte schon den Arm zu Tat:
‚Du solltest ihn erwürgen!‘
‚Er muß erdrosselt werden‘, flüsterten vierzig Menschen zugleich.
‚Erwürgt erst mich und dann mein Kind!‘ bat sie.
Die Türken hörten ihre Stimmen
und begannen mit Pickeln zu graben.
‚Wir sind alle verraten, sie graben schon.
Das Dach fällt ein, wir sehen schon Licht.‘ –
‚Ich flehe euch an, erwürgt mich, hier ist meine Kehle
und die Kehle meines Kindes.‘
Durch die Finsternis streckte die armenische Mutter ihre Kehle
und die Kehle ihres Kindes hin.

Und es fanden in der Dunkelheit zwei Arme
wie gewundene Schlangen
den Hals des Kindes und preßten ihn zu.
Und die Stille in der Höhle war danach wie ein Sturm.
Einen Augenblick lang fühlte ich, daß wir alle starben,
und dann, im nächsten Augenblick,
verfluchte ich mich selbst dafür,
daß ich am Leben geblieben war.
Wir spürten jetzt, daß der blutgierige Mob da oben,
der nichts gefunden hatte, enttäuscht das Feld räumte.
Doch war das unsere Erlösung? Kann dies der richtige Weg sein,
erlöst zu werden?
Später lief diese Frau täglich
halbnackt und wirr auf den Straßen umher.
Sie schrie und hängte sich an die Kleider der Fremden,
Freund und Feind nicht unterscheidend.
‚Seht diese Hände, seht euch diese Hände an!' rief sie.
‚Ich war es, die ihr eigenes Kind mit eigenen Händen erdrosselte.
Glaubt mir, ich war's.
Ihr ungerechten Menschen, erdrosselt wenigstens auch mich!
Meine Arme sind kraftlos.
All meine Kraft verbrauchte ich zum Töten meines Neugeborenen.
Ihr habt kein Herz, erwürgt mich.
In meinen Armen ist keine Kraft mehr.' "

Was mag aus dieser Mutter geworden sein? Ob ein gnädigerer Tod, als er damals den meisten ihrer Landsleute widerfuhr, sie von ihren Selbstanklagen erlöst hat?

Als wir auf unserer Reise nach Erzurum kamen, hing ein wild aufgerissener Wolken- und Lichtvorhang vor dem sinkenden Sonnenball: helles und schiefergraues Blau, rötlich quellende Bäusche, stäubendes Orange, wo rosagraue Regenschleier von gleißenden Lichtbahnen getroffen wurden. Über ocker und schwarz gestreiften Bergrücken, die wie Tatzen in die Ebene vorgreifen, wurde der Himmel schwer und

schwarz. Im Hotel bediente uns ein junger Mann, der mich in der lässigen Eleganz seiner Bewegungen, wegen seiner übergroßen dunklen Augen und seiner ebenmäßigen Gesichtszüge an einen Chorsänger im armenischen Viertel in Jerusalem erinnerte. Ich sagte es meiner Tischnachbarin, die ihn ansah und nur ein Wort erwiderte: „Adonis", jener Geliebte der Aphrodite, der griechischen Göttin der Schönheit und Liebe. Mir fiel ein, was ein armenischer Techniker aus dem Iran mir erzählt hatte. Pfiffig lächelnd machte er die Gebärde des Schabens auf seinem Handrücken dabei: „Sie wissen, wie viele Kinder man damals in türkische Häuser verschleppt hat? Die schönsten Mädchen, die am besten aussehenden Jungen suchte man sich aus und behielt sie als Sklaven. Man braucht bei einem Türken nur an der Haut zu kratzen, da kommt schon das armenische Blut hervor. Niemand spricht offen darüber, aber jeder weiß es."
Bei Çobandede (Köprüköy), das 1670 Meter hoch liegt, führt eine mächtige seldschukische Brücke über den Araxes, den „Schicksalsfluß der Armenier". Viele der aus ihren Dörfern und Städten Vertriebenen haben sich von dieser Brücke aus in den Fluß gestürzt, weil sie ihr sicheres Ende vor sich sahen und lieber aus eigenem Entschluß sterben wollten als durch die Hände der Schlächter. Hier im grandiosen Tal des Araxes zwischen rötlich-gelben Felssockeln, aus denen rostrote Berge aufsteigen, an fruchtbaren Ebenen vorüber, unter der sengenden asiatischen Sonne und dem stummen Himmel kalter Nächte, schwammen die Toten wie im Euphrat.

Der bekannte Sänger *Charles Aznavour* — eigentlich Aznavourian, mit der typischen armenischen Endung, die „Sohn des . . ." bedeutet — schrieb und sang vor Jahren ein Lied „für die Gefallenen", zu deren Volk er gehört:

„Sie fielen, ohne es zu verstehen, Männer, Frauen und Kinder,
geboren zu leben.
Sie fielen langsam und schweigend, wie Betrunkene,
mit erschrockenen Augen,

verstummt.
Sie fielen, während sie Gott anriefen, an den Toren von Kirchen,
an offenen Türen.
Sie starben, zerstreut in der Wüste,
gejagt von Durst, Hunger, Feuer und Schwert.
Sie fielen zu Tausenden, einfaches Volk.
Sie fielen, um bedeckt zu werden
vom Wind und Sand des Vergessens.
Sie fielen durchs Schwert, durch die Kugel,
wie verwundete, unschuldige Vögel.
Sie fielen namenlos, spurenlos,
vergessen in ihrem letzten demütigen Schlaf.
Sie fielen im einfältigen Glauben,
daß ihre Kinder in Freiheit leben sollten.
Ich bin der Sohn dieses Volkes, das ohne Grab ruht,
das lieber sterben wollte, als seinen Glauben zu verraten.
Nie beugten sie ihr Haupt unter all diese Beleidigungen;
sie leben trotz allem weiter ohne Klage.
Sie fielen, sie sanken in den ewigen Schlaf der Zeitalter,
der Tod erschlug sie, ihr Mut war ihre Sünde.
Sie waren Söhne Armeniens."

In einem Interview, das im „Armenian Reporter" veröffentlicht wurde[64], sagte Aznavour: „*Kein Armenier kann in Ruhe leben, solange die Menschheit nicht zur Kenntnis nimmt, daß Armenien zwangsweise besetzt ist. Die israelische Regierung erhält für die Ausrottung der Juden Entschädigung von den Deutschen; aber die Armenier, die von keiner Regierung unterstützt werden und auf sich selbst gestellt sind, fordern lediglich, daß ihre von den Türken ermordeten Landsleute nicht von der Geschichte vergessen werden. Kein Armenier kann den schrecklichen Terror der fanatisch-rückständigen Banditen vergessen, von deren Opfern nur ein kleiner Rest am Leben blieb, der zudem die kostbarste Gabe, die Gott den Unglücklichen schenkt, die Heimat, verloren hat. . . Es muß jetzt eine*

Lösung gefunden werden; der armenische Terrorismus wurde geboren, und es ist erforderlich, daß die Welt unser Dasein und unsere Leiden anerkennt. Erst dann werden die Armenier aufhören zu glauben, daß jedes Mal, wenn ein Erdbeben die Türkei schüttelt, dies von den sterbenden Überresten unserer Märtyrer hervorgerufen wird, die sich unter der Erde vor Qual aufbäumen."

Die Erdbeben, die noch vor kurzem diese Weltgegend schüttelten und viele Menschen obdachlos machten, auf ungesühnte Schuld zurückzuführen, wird jeder Geologe bestreiten. Man mag darüber als über einen naiven Irrtum, auf dem Boden eines immer noch „magischen Weltbildes" gewachsen, lächeln. Aber in einem tieferen Sinn als dem naturwissenschaftlichen enthält der Gedanke doch ein Stück Wahrheit, die auf einer anderen Ebene liegt und über die wir uns nicht anmaßen dürfen zu urteilen. Der rotbraune und schwarze blanke Obsidian, muschelig gebrochenes Vulkanglas aus dem flüssigen Guß feuerspeiender Erdmäuler, den ich aus den Hügeln zwischen Erzurum und Kars mitgenommen und mir auf die Fensterbank gelegt habe, läßt mich oft daran denken.

Zur Zeit der Armenier war dieses jetzt weitgehend entvölkerte und verödete Land voller Gärten und Weinberge, wohlhabender und gepflegter Dörfer, lobsingender Kirchen. Heute scheint es fast leer zu sein, obschon viele sorgfältig bestellte Felder zu sehen sind. Der flüchtige Eindruck, den eilige Touristen auf einer kurzen Busreise gewinnen, kann ohnehin nur oberflächlich sein.

Könnte es wieder zum Leben erweckt werden, dieses urarmenische Land? Könnten die gelbbraun und grün marmorierten Hügelkuppen, die Höhen wieder Frucht bringen wie damals vor 1915? Was ist das für ein Volk, das sein Geheimnis weiterhütet auch im Exil, das lebt und arbeitet und schöpferisch weiterhofft? Hiob (Ijob), der große Leidende und Fragende aus dem Alten Bund, kam mir auf dieser Reise immer wieder in den Sinn und auch sein bohrendes Warum, die unauflösbare Frage nach dem Bösen:

„Warum hat der Allmächtige keine Fristen bestimmt?
Warum schauen, die ihn kennen, seine Gerichtstage nicht?
Jene verrücken die Grenzen,
rauben Herden und führen sie zur Weide.
Den Esel der Waisen treiben sie fort,
pfänden das Rind der Witwe.
Vom Weg drängen sie die Armen,
es verbergen sich alle Gebeugten des Landes. . .
Nackt verbringen sie die Nacht, ohne Kleider,
haben keine Decke in der Kälte.
Vom Regen der Berge sind sie durchnäßt,
klammern sich ohne Schutz an den Fels.
Von der Mutterbrust reißen sie die Waisen,
den Säugling des Armen nehmen sie zum Pfand. . .
Aus der Stadt stöhnen Sterbende,
der Erschlagenen Leben schreit laut.
Doch Gott achtet nicht auf ihr Flehen." (Ijob 24, 1-12)

Manche der Verfolgten haben damals nicht nur ihren Verstand, sondern ihr Innerstes, ihren Glauben, verloren. In einem der Trecks scherte plötzlich eine Frau seitwärts aus. Der Aufseher fragte sie: „Wohin gehst du?" Sie antwortete: „Zum Begräbnis." Erstaunt fragte der Türke: „Zu welchem Begräbnis?" Man war weit weg von jeder Siedlung und jedem geordneten Bestattungsritus. Die Frau blieb sicher und bestimmt. Sie wollte allein in die Wüste gehen: „Zu Gottes Begräbnis. Denn er ist tot." –

Anderen war es gegeben, bis zum letzten Atemzug ihren Glauben an die lebendige Nähe ihres Gottes festzuhalten. So war in einer Gruppe von Deportierten, der völlig klar war, daß sie in den Tod gehen würde, der Wunsch nach der heiligen Kommunion so stark, daß sie in ihrer Verzweiflung eine kühne Lösung wagte. Kurz bevor die meisten von ihnen starben, verständigten sie sich untereinander, beteten, bückten sich zur Erde und nahmen den Staub zwischen die Finger. Dann aßen sie. Dies war ihre letzte Kommunion, um ohne Furcht in die kommende Welt zu gehen.

Es ist bekannt, daß nicht alle Türken den kollektiven Mord an den Armeniern, mit denen sie in Frieden gelebt hatten und deren Christentum sie respektierten, billigten. Es gab islamische Geistliche, die deutlich Einspruch erhoben und sich im Namen ihrer Religion den Anordnungen der Behörden widersetzten, auch zum eigenen Schaden. Es gab türkische Beamte und Familien, die Armenier schützten, bei sich versteckten und für sie eintraten. Es gab Rettungsversuche auch durch kurdische Bewohner des Landes, die sich mit den Verbannten und Abgeführten solidarisch erklärten und ihnen halfen. Es gab nicht nur die oft beschriebenen aufgehetzten Schlächter und Plünderer unter ihnen, sondern auch solche, die in aufrichtiger Sorge teilten, was sie hatten, und sich selbst in Gefahr begaben, um entflohenen Armeniern zu helfen. Einem gläubigen Moslem, der sein Leben in Übereinstimmung mit den Grundsätzen des Koran führen will, ist blindwütiges Morden und Ausrauben nicht möglich. Auch dies gehört mit zur Wahrheit des Geschehens und muß zur Ehre der „Gerechten" gesagt werden.

Sogar manche der am Völkermord amtlich Beteiligten hatten doch Achtung vor dem aufrechten Gang in den Tod, den sie an ihren „Todfeinden" beobachteten. Selbst als aktive Organisatoren des Grauens blieben sie davon nicht unberührt, weder in der Türkei noch später ihre Nachahmer in Deutschland während des finsteren Regimes der Nationalsozialisten. Nach einer mündlichen Mitteilung heißt es im Tagebuch von Rudolph Höß, dem Lagerkommandanten des Vernichtungslagers Ausschwitz, das in Yad Vashem, der erwähnten Gedenkstätte des jüdischen Holocaust bei Jerusalem, aufbewahrt wird: Die Zeugen Jehovas sterben wie die Armenier. Sie gehen aufrecht in den Tod, ohne zu klagen. Sie beten bis zum letzten Augenblick, und sie verachten ihre Schergen nicht, sondern beten noch für sie.

Diese klare und von mehr als nur irdischem Leben aufgerichtete Haltung war auch an einem Mann zu erkennen, der durch Enthauptung starb. Von ihm erzählt man, daß er in einer Reihe stand, deren vorderstem Glied — einem nach dem anderen — mit dem Beil der Kopf abgeschlagen wurde. Als dieser Mann den sicheren Tod auf sich zukommen sah, wickelte er seine Bibel, seine Armbanduhr und seinen Ehering in ein Tuch, gab das Päckchen seinem Enkelkind, das als wehrloser Zuschauer in der Nähe war und schickte es dessen Mutter, seiner Tochter. Der Junge lief los und führte den Auftrag getreulich aus. Niemand hatte eine Todesurkunde, aber die Botschaft des Päckchens war unmißverständlich.

Nicht weit davon überlebte ein inzwischen in hohem Alter in Jerusalem gestorbener Mann die Massaker in Kayseri, indem er blitzschnell auf einen Zitronenbaum kletterte. Stundenlang sah er zitternd von dort oben der Metzelei auf der Straße zu. Hätte ihn einer der Türken entdeckt, wäre er zweifellos verloren gewesen.

Am schwersten und nachhaltigsten waren die Kinder betroffen, die in ihrer wachen Empfänglichkeit Dinge erlebten, die sie ihr Leben lang als Last mit sich herumtragen mußten. Bei Sassoun, zwischen dem Van-See und Moush, wurden in einem Dorf alle armenischen Familien in einer Scheune versammelt und dort getötet, erschossen oder mit dem Bajonett erstochen. Nur zwei Kinder entschlüpften in ihrer Angst in einen hohen kaminähnlichen Schacht. Eines der Kinder konnte sich dort festhalten, das andere hing an seinen Füßen. Als die beiden sich nach mehreren Stunden nicht mehr zu halten vermochten, fielen sie auf die Leichen des Dorfes hinab: auf Mütter, Väter, Geschwister, Verwandte, Freunde. Sie waren die einzigen Überlebenden. Sie sind den Schrecken dieses Tages nie wieder ganz losgeworden. Von einem der beiden Kinder, einem Mädchen, wird erzählt, es habe als vitale Gegenreaktion gegen die grausigen Bilder des Todes, die es in sich trug, später neun Kinder geboren.

Von einem kleinen Jungen in einem anderen Dorf berichtet man, daß er seine Mutter noch tagelang fest umarmt hielt, als sie schon längst tot war, auch sie erschossen, und daß man ihn mit Gewalt von ihr lösen mußte, um sie begraben zu können. Was für ein Leben dieser Knabe wohl später geführt hat?

War es besser für Kinder, dies alles nicht zu überleben? In manchen Fällen war es jedenfalls das Ende einer so vernichtenden Schinderei, daß der Tod barmherziger zu sein scheint als das Weiterlebenmüssen. 1918 gab es Massaker, bei denen armenische Eltern, bevor sie getötet wurden, sich von ihren Kindern trennen mußten, weil diese zum Verkauf freigegeben werden sollten. Der Widerstand der Eltern führte oft dazu, daß die Kinder noch auf ihren Armen getötet wurden. Ein Augenzeuge sah, wie ein Türke einer Mutter ihr Kind wegnahm und sie damit zu erpressen suchte. Er wollte sie vergewaltigen und gab vor, ihr das Kind danach wiederzugeben. Als sie sich wehrte, ermordete er das kleine Kind vor ihren Augen, malte mit dem Blut des Kindes ein Kreuz an die Wand und zwang die Mutter, dieses Kreuz zu küssen, während er sie verhöhnte: „Laß dir jetzt helfen von diesem Kreuz!" Dann tötete er auch die Mutter.

Je weiter wir vom Van-See aus nach Süden kamen, desto näher kamen die Ereignisse von Deir-es-Zor. Das sogenannte „Komitee für Einheit und Fortschritt", wie es die Jungtürken schönfärberisch nannten, hatte unter Führung von Enver und Talaat bestimmt: „Der Ort der Armenier ist das Nichts"[65]. Die Wüste, das Zugrundegehen aller, die auf ihrem langen Marsch in den Tod immer noch nicht umgekommen waren, ihr elendes Ende in Krankheit und Hunger war gemeint. In wenigen Tagen fuhr unser kleiner Reisebus die lange Strecke, auf der sich die Flüchtlinge damals wochenlang fortschleppten. Kurdische Herden sahen wir weiden, wenige Siedlungen, scheinbare Grenzenlosigkeit des Landes. In ihrem bräunlichen Grau heben sich die Herden so wenig vom Untergrund ab, daß sie beim langsamen Herabziehen von den Hängen in die Täler und Ebenen aussehen wie eine Steinlawine in Zeitlupe. Telegrafendrähte schimmern in der Weite des Landes, das den schweifenden Geist der Armenier zu begreifen lehrt, im Gegenlicht des frühen Abends wie Altweibersommerfäden. Lang fuhren wir durch das Gebiet Kilikiens, über den Antitaurus, durch wilde Gebirgslandschaft, durch überraschend liebliche Flußtäler unter halbverschneiten Bergen, an schlanken hellen Pappelreihen und knorrigen Weiden entlang. Dann gab es wieder sattbraune Wege, markante senkrecht ragende Basaltsäulen in hohen Felsbändern, großzügig gefaltete Steinschichten in Graublau, Ocker, Rotbraun, Violett, wie durch Riesenhände zusammengepreßt. Vereinzelt bewegen sich grellrote, gelbe und blaue Menschengestalten auf dem erdigen Grund, weit weg; wie wandernde Blumen, diese anatolischen Frauen und Mädchen. Die Hirten dagegen mit ihren Herden, ihrem über einem Holzjoch getragenen Filz- oder Fellmantel, mit dem sie fast wie geflügelt wirken, bleiben dem Berg näher, gehen eine Lebensgemeinschaft mit ihm ein. Die Hirtengeschichte von Ani gehört dazu . . .

An Diyarbakir fließt der Tigris vorbei, der — wie der andere Paradiesfluß, der Euphrat — im armenischen Hochland entspringt. Auch hier, in der von einem schwarzen Basaltmauergürtel eingefaßten Stadt, rufen frühmorgens die Muezzin über die Dächer, daß Allah groß ist und Er allein Gott. In Diyarbakir sahen wir eine kleine Kirche, die heute als Bank- und Geschäftshaus genützt wird, eingekeilt zwischen höheren Häusern, bunt von Reklame, tot und leer vom Geist, durch den sie einst erbaut wurde.

Ein junger Politologe, der dort zu Hause war und alles Hab und Gut seiner Vorfahren für immer verloren hat, jetzt mit seiner Familie in Westfalen lebt, sprach, als er von meinen Plänen für dieses Buch hörte, eindringlich über die Probleme der dritten Generation ohne Heimat. Es gehe um die Identität der Armenier im Ausland, im Exil. Sie alle seien bestimmt von der Erfahrung der Kreuzigung; und wenn es Hoffnung gebe, dann nur aufgrund der Kreuzigung, die eine „Auferstehung", wenn man so sagen dürfe, zur Folge hat. An Weihnachten, für seine Kirche am 6. Januar, begegnete ich einmal seiner Patentante. Sie trägt ein blau eintätowiertes Kreuz auf dem Kinn und bleibt so als „Opfer des Völkermords" gezeichnet. Sie war freigegeben zur Tötung, vogelfrei. Ihr gütiges, ruhiges Gesicht zeigt Frieden, keine Vergeltungswünsche. In ihr ist die Auferstehung nach der Kreuzigung schon Wirklichkeit geworden.

Andere Überlebende blieben ihr Leben lang verstört, verwirrt, am

Leben gehindert. So erging es einem der sieben Überlebenden, die während eines Massakers nach Tagen unter einem Leichenhaufen nicht erstickten, sondern sich ans Tageslicht durcharbeiten konnten, einem damals siebenjährigen Knaben. Heute lebt er als müder alter Mann in Jerusalem. Noch immer verursachen ihm die Ereignisse vor sieben Jahrzehnten Alpträume. Nie konnte er mit den Bildern, die ihn bedrängten, „fertigwerden". (Wer könnte das?) Unter ihrer Last wurde er Alkoholiker und infolgedessen herzkrank. Sein zerfurchtes dunkles Gesicht, das er oft verloren an Toreinfahrten lehnt, sieht bekümmert und verängstigt aus, als könne ihn der Türpfosten nicht mehr lang halten und als warte er vergeblich auf etwas Unbestimmtes. Wird er angesprochen, auch von seinen eigenen armenischen Leuten, zuckt er zusammen und fragt erschrocken: „Was fragen Sie mich? Fragen Sie mich nicht das, fragen Sie was anderes! Warum fragt Ihr mich überhaupt immerzu?!" Sein Blick verfolgt den, der ihn mit seinen besorgten Fragen „besser in Ruhe lassen" sollte, abwehrend und unsicher. Er wird seine Verfolgungsangst nie mehr loswerden.

Ein anderer, der als Kind den Horror der Ausrottung miterlebt hat, Yervant Odian, versuchte wie Yardjanian durch Schreiben die Dämonen seiner Erinnerung zu bändigen. Er schrieb sinngemäß den folgenden Bericht:

Der Verkauf der Kinder

Die Wüste war übersät mit Hunderten von Zelten. Fast jede Stadt war vertreten, alle Menschen waren ausgeraubt, manche von ihnen nackt. Typhus und Fieber rafften täglich 500 bis 600 Menschenleben weg, und die Abfallwagen hielten von morgens bis abends bei jedem Zelt, um die Leichen einzusammeln. In jedem Wagen lagen zehn bis zwölf Leichen. Es kam vor, daß die Sterbenden zusammen mit den Toten aufgeladen wurden, mit Einverständnis der Angehörigen. Es war keine Zeit für so feine Unterschiede – in wenigen Stunden würden sie ja sowieso gestorben sein

—, denn die Dunkelheit brach an und die Wagen würden aufhören zu fahren; man mußte die Gelegenheit wahrnehmen.

Da Kleidung und Unterwäsche knapp waren, wurden die Leichen ausgezogen und nackt auf die Wagen geworfen, und all diese schrecklichen Dinge geschahen mit unglaublicher Gleichgültigkeit.

Aber das Schrecklichste von allem war der Verkauf von Kindern. Die Sklavenhändler kamen von den Dörfern und machten ihre Runde in den Zelten. „Gibt es hier einen Jungen zu verkaufen?" — Mütter, die noch ein Stück Brot hatten, schickten sie entsetzt weg, aber andere, die hungerten, brachen in Tränen aus, verfluchten ihr Schicksal und gaben ihre Kinder für wenige goldene Münzen preis. Wenn Mütter dies taten, so wegen der Ungewißheit des Überlebens für ihre Kinder. Sie hofften, ihnen wenigstens so eine Chance zu geben, am Leben zu bleiben. Oft hatten die Händler eine Apfelsine in der Hand. Die kleinen Kinder stürzten sich auf die Orange und aßen sie mitsamt der Schale. „Dieses Brötchen hier", pflegten die Händler dann zu sagen, indem sie ihnen ein Stück Gebäck zeigten, „ißt du dann im Wagen". Und das halbverhungerte Kind folgte der Händlersfrau wie ein Schaf einer Handvoll Gras folgt, vor allem wegen des Brotes, und schaute nur von Zeit zu Zeit zu seiner Mutter zurück.

Viele, viele Male nach einem solchen Kinderverkauf rannten die Mütter beinahe wahnsinnig hinter dem Wagen her, rissen ihre Kinder wieder an sich und warfen den Händlern das Geld ins Gesicht; jedoch noch öfter blieben sie allein zurück und vergruben sich stumm in ihrem Gram.

Ich sah eine Mutter, die, nachdem sie ihr Kind verkauft hatte, verrückt geworden ist. Einer der Schrecken der Deportation war das Wegreißen der Kinder vom Schoß der Mütter, aber diese waren nicht so tief getroffen wie jene Mütter, die von sich aus ihre Kinder verkauft hatten.

Und doch gab es auch den unbeirrbaren Mut zu leben und an eine Zukunft zu glauben, so aussichtslos dies auch zu sein schien. Hoffnung gegen alle Hoffnung lebt in dem Bericht von Avedik Issahagian über eine „*Episode in der Wüste*", die er beobachtet hat:

„Weit weg vom Euphratstrom in der Wüste war eine Reihe von dürftig aussehenden behelfsmäßigen Notzelten nahe beieinander aufgebaut. Es

lebten Armenier darin, unglückliche Überlebende jenes grauenhaften Blutbades. Es waren alte Menschen, Frauen und Kinder. Sie sahen elend aus in ihren Lumpen. Es war Morgen und die Sonne war sengend heiß. — Die alten Männer und Frauen sahen schwach und krank aus. In die Ecken der Zelte gekauert, riefen sie mit geschlossenen Augen Erinnerungen wach an ihre vertrauten Wohnungen aus längst vergangener Zeit. Ihre Herzen bluteten vor Schmerz und Bitternis.

In den Vormittagsstunden beschäftigten sich die früh gealterten Frauen damit, Kleider für die arabischen Wüstenbeduinen zu nähen — das war schlecht bezahlte Arbeit, die sie von den Arabern bekommen hatten —, und sie arbeiteten viel mit ihren knochigen, abgemagerten kleinen Händen. Die Kinder, die von solchen Schwierigkeiten noch nichts wußten, spielten draußen vor den Zelten.

‚Kinder, es ist Zeit für euren Unterricht!' rief eine Mutter. Zwei der Kinder, ein Junge im Alter von zwölf Jahren und seine Schwester, die sieben oder acht Jahre alt sein mochte, kamen Hand in Hand heran. Die Mutter umarmte sie liebevoll. ‚Kommt', sagte sie, ‚jetzt werde ich schreiben, und dann wirst du lesen', indem sie freundlich das Mädchen ansah. Und sie schrieb in den Wüstensand: ‚Gott erhalte meinen Vater, meinen Bruder und meine Schwester.' Das Mädchen las Silbe um Silbe vor.

‚Sehr gut!' rief die Mutter, küßte das Kind und belohnte es mit ein paar Datteln. Dann wandte sie sich dem Knaben zu und fragte: ‚Und was hast du geschrieben, mein Junge?' Das ältere Kind hatte in großen Buchstaben geschrieben: ‚Die Fremden haben meinen Vater weggenommen, meine Brüder und meine Schwester. Man sagt, sie hätten sie getötet. Ich glaube es nicht. Werden wir sie wiederfinden, wenn wir heimkommen?'

‚Ja, sicher, mein Sohn!' beteuerte die Mutter und versuchte, ihre Tränen zurückzuhalten. ‚Vasken' nannte sie ihren Sohn; sie gab ihm einige Datteln und ein Stück dunkles Brot. Dann bat sie die Kinder, wieder hinauszugehen und zu spielen und versprach ihnen, nun doch weinend: ‚Heute abend, Kinder, werde ich euch einen neuen Abschnitt aus der Bibel vorlesen. Ich möchte gern, daß ihr ihn gut lernt, damit, wenn wir heimkehren, euer Vater wirklich stolz auf euch sein kann und sieht, daß ihr eure Zeit

hier nicht vertrödelt habt. Bis dahin laßt den Wüstensand euer Buch und eure Hoffnung sein ... Ja, ihr müßt lesen und schreiben lernen, damit der armenische Geist weiterleben kann. Wir werden alle befreit nach Armenien zurückkehren, und dort werden wir unseren auferstandenen Brüdern und Schwestern begegnen. Wir müssen mit aller Kraft unseren Geist wachhalten, unseren geheiligten armenischen Geist."

Vom zähen Lebens- und Glaubensmut einer anderen Mutter erzählt Kerop Bedoukian, der heute kanadischer Bürger ist, in seinem Buch der Erinnerung an die Jahre der Deportation, der Lagerzeit in Aleppo und schließlich der Odyssee der letzten Familienmitglieder über Konstantinopel, Bulgarien und England nach Kanada[66]. Sachlich, lebendig und sogar mit Humor trotz des Grauens, das er miterlebte, versöhnlich und in selbstkritischer Wahrhaftigkeit beschreibt er erstaunlich genau, woran er sich nach Jahrzehnten noch erinnert. Die Glaubwürdigkeit des Buches gewinnt noch dadurch, daß er auch das Gute zur Geltung bringt, das er von Türken, Kurden oder Arabern erfahren hat. Dadurch ist seine Geschichte ermutigend und läßt etwas spüren von der sprühenden Vitalität des armenischen Volkes.

Ähnlich bewegend ist die Geschichte vom „Schicksal eines armenischen Mädchens", die dessen Enkel David Kherdian nach den Erinnerungen seiner Großmutter aufgeschrieben hat[67].

Ellsworth Huntington, ein amerikanischer Journalist, vermutet, daß die herausragenden Charakterzüge der Armenier, die überlebt haben, ihre Zähigkeit und ihr Lebensmut, Ergebnis eines Läuterungsprozesses sind, den nur die Besten überstehen konnten. „*So wurde die Schlacke verzehrt und das Gold gereinigt.*" Er weiß von einem zwölfjährigen armenischen Mädchen, das mit außergewöhnlicher Selbstbeherrschung als junge Frau seine Geschichte der Deportation einem Kongreßkomitee erzählt und damit den abgebrühtesten Politikern die Tränen in die Augen getrieben hat. Sie war von einer Bande grober türkischer Soldaten von zu Hause weggetrieben, von ihrem Bruder und einem Onkel getrennt und mit ihrer Mutter schutzlos zurückgelassen worden. Einige der männlichen Dorfbewohner wurden ganz in ihrer

Nähe erschossen, so daß sie die Schreie der Verwundeten hören konnten. Dann wurden die ihrer Habe beraubten Frauen und Kinder gezwungen, über wilde Gebirgspfade weiterzugehen, bis sie vor Erschöpfung, Hunger und Durst nur noch aus Schmerzen zu bestehen schienen. Wer vor Entkräftung ohnmächtig wurde, blieb am Straßenrand liegen. Nach einer Woche dieses Marsches wurde das Mädchen an einen kurdischen Häuptling verkauft und mit anderen Mädchen in seinen Harem aufgenommen. Man versuchte, sie zum Islam zu überreden, aber sie sagte ihrem christlichen Glauben nicht ab. Man folterte sie und tötete in ihrer Gegenwart eine andere junge Frau, um sie zum Nachgeben zu bewegen; aber sie blieb fest. Als sie von den Schlägen bewußtlos war, tätowierte man ihr Gesicht mit großen blauen Malen und sagte, jetzt gehöre sie dem Islam an. Schließlich kam ein Tag, an dem sie es nicht länger aushalten konnte. Sie sprang aus dem Fenster und floh einen Gebirgspfad hinauf. Doch verschätzte sie sich in der Zeit, die sie brauchen würde, um außer Sichtweite zu gelangen. Jemand sah sie, und eine Gruppe von Reitern jagte ihr nach. Mit Geschrei und Hohngelächter band man sie mit einem Strick an den Schwanz eines Pferdes und zerrte sie auf dem Rücken so lange umher, bis sie von den Wunden und Schmerzen bewußtlos war. Und noch immer hielt sie am Christentum und an ihrem Volk fest, bis endlich die britische Militärmacht sie befreite. Huntington meint zu Recht, wenn ein Mädchen im Alter zwischen zwölf und fünfzehn Jahren solche Beharrlichkeit und solchen Mut zeigen kann — ist es dann ein Wunder, daß die Armenier eines der widerstandsfähigsten Völker auf Erden sind?

Sie war nur eine von Tausenden, die ähnliches erlitten haben. Es waren die Standhaftesten und oft auch die Klügsten, die der Gefangenschaft entkamen und zu ihrem eigenen Volk zurückkehrten, um die Mütter und Väter der künftigen Armenier zu werden. Die geistig Wachsten unter den Erwachsenen, die rasch Reagierenden und Gewitzten unter den Kindern, die Wendigen, Erfinderischen und Ausdauernden waren es, die flohen für eine armenische Zukunft.

Doch die Alliierten, die nach dem Ersten Weltkrieg eine volltönende Erklärung über die persönliche Verantwortlichkeit der türkischen Regierung und aller an den Massakern beteiligten Beamten abgegeben hatten[68], verhalfen dennoch den Armeniern nicht zu einer solchen erhofften Zukunft.

Die Teilnehmer der Pariser Friedenskonferenz planten 1919, der Türkei die armenischen und arabischen Provinzen zu nehmen und formulierten 1920 den Friedensvertrag von Sèvres, der eine — wenn auch bescheidene — Vereinigte Armenische Republik vorsah. Doch der Vertrag wurde nicht eingehalten, weil die europäischen Mächte und die USA vor einem erneuten Krieg zurückschreckten und die Rechte der Armenier nicht erzwingen wollten. Die nur zwei Jahre lang bestehende unabhängige Armenische Republik war noch nicht gefestigt genug, um den erneuten Anstürmen russischer und türkischer Militärs standzuhalten. Sie zerbrach, bevor sie wirklich leben konnte. Die Armenier im westlichen Teil ihres Landes wurden von neuem tödlich verfolgt; manche nannten die erneuten Vernichtungsaktionen die Vollendung des Völkermords[69].

Ein Teil des östlichen Landes wurde abgetrennt und 1920 zu einer sozialistischen Republik gemacht. 1921 teilten Moskau und Istanbul sich die von neuem durch militärische Macht angeeigneten Gebiete.

In dem Vertrag von Lausanne, der 1923 von den Großmächten geschlossen wurde, war dann von Rechten der Armenier und Kurden überhaupt keine Rede mehr. General Mustafa Kemal Pascha, der spätere Atatürk (1880-1938), der sich in Anatolien zusammen mit Ismet Pascha 1921 gegen den „Diktatfrieden" von Sèvres erhoben hatte, wurde noch vor seinem Eintreffen in Istanbul gefeiert und von den Engländern offiziell empfangen. Armenien und sein Recht zu leben wurde mehr und mehr in den Hintergrund gedrängt und auf der Bühne der Weltpolitik vergessen.

Doch die Armenier selbst, die heute leben und deren nächste und übernächste Generation heranwächst, sind da. Sie sind über den ganzen Erdball zerstreut, was Diaspora ja wörtlich heißt, und sie warten auf Gerechtigkeit, hoffen und arbeiten[70]. Haben sie als „Verlierer der Geschichte", wie sie häufig genannt werden, nicht ein gutes Recht darauf, *nicht* vergessen zu werden? Und haben nicht diejenigen, die mitverantwortlich waren für ihre Heimatlosigkeit, nicht eine drängende Pflicht, sich zu erinnern und auf ihrer Seite zu stehen? Ist ihre Existenz nicht ein Appell an uns, an unsere Wachsamkeit wenigstens endlich heute? *„Die große Frage, die — besser der — wir Deutsche uns hierbei stellen müssen, lautet: Wo stehen wir, wenn staatliches Interesse und Menschenrechte miteinander kollidieren?"*[71]

Das schwere Erbe, das die Armenier tragen, wurde auch durch den Militärputsch, der 1980 neue Machthaber an die Spitze der Türkei brachte, nicht leichter. Im wesentlichen versteht sich Evrem als Nachfolger und Erbverwalter Mustafa Kemals. Andere Nationalitäten als die Türken haben keine Existenzberechtigung. Armenier und Kurden darf es nicht geben. Ihre Sprache, das feinste Instrument ihres Selbstbewußtseins als eigenständige Völker, ist verboten.

Schon seit dem Ende des letzten Jahrhunderts galten die Armenier als „Seperatisten", gab es antiarmenische Hetze, wurde das schlechte internationale Ansehen der Türkei ihnen angelastet. Kennen wir nicht dieses Prinzip, nach einem „Sündenbock" zu suchen und ihn unter den Tüchtigsten zu finden, aus unserer eigenen jüngsten Vergangenheit nur zu gut? Wer tritt ein für die Rechtlosen, die durch willkürliche Verhaftungen und Verurteilungen — auch heute noch! — erniedrigt und beleidigt werden?

In dem Zug, der am 24. April 1984 in Jerusalem vom armenischen Friedhof aus an den Altstadtmauern entlang zum Jaffator ging, wurde das Bild eines Mönches mitgetragen, der für viele stehen mag: Pater Haik Manuel. Er wurde am 10. Oktober 1980 festgenommen, als er im Auftrag seiner Kirche in der Türkei unterwegs war. Nach zweieinhalb Jahren Untersuchungshaft mit Folter wurde er am 19. März 1983 zu vierzehn Jahren Zuchthaus und zur türkischen Verbannung verurteilt. Sein Verbrechen, seine Anklage, die übrigens im Lauf der Zeit mehrmals geändert wurde, lautete zuletzt: „antistaatliche Propaganda". Er hatte am 24. April Gedenkabende in der Schule des Patriarchats von Jerusalem gehalten. Er besaß die Biographie eines Geistlichen, der den Türken als Aufrührer gilt, und eine von den Mechitaristen veröffentlichte Landkarte Armeniens. Dies genügte. In Jerusalem wurde er glaubhaft geschildert als ein eher zurückhaltender, scheuer Mensch, der in seiner Freizeit schnitzte und bastelte, gewiß kein Zeug hatte zum Volksaufwiegler. Er wurde von Gefängnis zu Gefängnis verlegt, damit sich seine Spur verliert und man ihn nirgends finden kann. Ein holländischer Journalist, der sich öffentlich für ihn eingesetzt hat, konnte seine Freilassung nicht erreichen. Erst im Januar 1986 wurde er — auch durch die Intervention des Bundespräsidenten Richard von Weizsäcker — in die armenische Gemeinde in Istanbul entlassen.

Wer die von der Landeszentrale für politische Bildung in Bremen herausgegebene Broschüre „*Artikel über die Armenier und andere Minderheiten in der Türkei in den drei großen in der Bundesrepublik verbreiteten türkischen Tageszeitungen*" liest, erschrickt — gerade als Deutscher — vor der Gehässigkeit und Lüge, die man „*nur als Volksverhetzung bezeichnen kann*"[72]. Wer hat die moralische Kraft, dieses Netz aus Haß und Unwahrheit zu zerreißen?

Auf den Pässen, die den Armeniern von der Türkei ausgestellt werden, steht ein Vermerk, der fatal an den Judenstern und den entsprechenden Ausweisvermerk erinnert. Möchte ein Armenier zu seinen Angehörigen in die Türkei reisen, wo armenische Namen verboten sind und türkisiert werden mußten, so wird er doch an der Grenze erkannt und kann Schwierigkeiten bekommen. Auch das Patriarchat in Istanbul ist durch diesen Paßvermerk im In- und Ausland an gezieltem Handeln zugunsten der Gläubigen, für die es verantwortlich ist, gehindert. Die Zugeständnisse vonseiten der Regierung, zum Beispiel Schulen restaurieren zu dürfen, dienen als Köder für das Ausland und sollen vortäuschen, daß es in der Türkei Religionsfreiheit gebe.

Auf die Frage, wie er zu Sowjetarmenien stehe, zu diesem blühenden

„Musterländle" der Sowjetunion[73], antwortete James Karnusian, der in der Schweiz lebt: „Das ist unsere Heimat. Wer das leugnet, ist für mich kein Armenier. Nur ist das Land viel zu klein. Und es ist steinig. Es gibt ein Sprachspiel, in dem Hayastan zu Karastan wird, zum Land der Steine. Das beste und fruchtbarste Land haben uns die Türken gestohlen." Er selbst möchte nicht dort wohnen, denn er habe in der Diaspora eine Mission, eine Aufgabe. Mit Entschiedenheit betonte er: „Unser Recht heißt: Unsere Heimat. Ich jedenfalls werde hier ausharren und den Kampf weiterführen." Durch beharrliche Aufklärungsarbeit sei doch schon etwas erreicht worden. So habe es in der „Prawda" in Moskau zum 24. April 1984 einen Bericht über „den großen Völkermord" gegeben, auch in Frankreich einen und im Europaparlament.

4. Hoffnung für morgen?

Terror, Blutbäder wie die 1982 auf dem Flughafen in Ankara, Bombenanschläge wie der am 20. Juli des gleichen Jahres in Paris, Morde an inzwischen über zwanzig türkischen Diplomaten in verschiedenen Ländern durch sogenannte „Kampftruppen für Gerechtigkeit für den armenischen Völkermord" (JCAG) und die „Armenische Geheimarmee für die Befreiung Armeniens" (ASALA) können keine Lösung für eine gute Zukunft sein. Das Bild der Armenier in der Öffentlichkeit wird durch solche Taten verdunkelt und verzerrt. Alte Klischeevorstellungen leben wieder auf, und es wird eine einfache Gleichung aufgemacht: Armenier = Terrorist. Mehr wissen die meisten Bürger unseres Landes über die Armenier nicht, wenn sie überhaupt etwas wissen.

Racheakte sind zerstörerisch, sie lösen Angst und Abwehr aus. Als in Bremen im April 1984 eine öffentliche Tagung über den armenischen Völkermord stattfand, wurde schon vorher Widerspruch aus Ankara und Bonn laut, offensichtlich angstbesetzter Protest.

Immer wieder sind solche erneuten Bluttaten auch von armenischen Geistlichen verurteilt worden. So sagte der armenisch-katholische Patriarch von Kilikien, Jean-Pierre XVIII. Kasparian Anfang 1985: „Mord und Gewalt können nicht gerechtfertigt werden. ... Ich bin der Meinung, daß der Terrorismus für uns kein Mittel ist, um die uns weggenommenen Rechte wiederzuerlangen, wir müssen vielmehr darauf drängen, daß das Armenien-Problem von Internationalen Organisationen, wie den Vereinten Nationen, diskutiert wird."[74]

Doch wie kann dies erreicht werden? Es besteht kein Zweifel, daß durch den Terror der ASALA und der JCAG in den vergangenen Jahren mehr über Geschichte und gegenwärtige Konflikte der Armenier zu hören, zu sehen und zu lesen war als früher. Das ist traurig, aber leider wahr. Deshalb fehlt es auch nicht an offener oder versteckter Sympathie für diese meist jungen Leute, die in draufgängerischer Weise zuschlagen. So hat Charles Aznavour im Januar 1984 einen offenen Brief an den Präsidenten von Frankreich geschrieben[75]:

„Greenwich, Freitag, 13. Januar 1984

Herr Präsident,

französisch der Geburt und der Kultur nach, im Verhalten, in der Gemütsverfassung und im künstlerischen Ausdruck, armenisch durch meine Religion, durch die Tränen meiner Mutter und durch die Not meines Volkes; beide Sprachen sprechend, aber nur in Französisch des Lesens und Schreibens kundig, brauche ich nicht erst lang nach meinen Wurzeln zu suchen. Ich weiß, wo sie zu finden sind, ich fasse sie kurz zusammen. Damit mache ich es mir vielleicht ein wenig zu leicht, wie es mir liegt, aber die Sache für mich ausreichend geklärt.

Französisch und doch armenisch durch meine Religion bin ich — wie alle religiösen Menschen — niemals gleichgültig der Vorgeschichte und den Problemen meines Volkes gegenüber.

Alle Völkermorde sind anerkannt worden. Die Armenier warten noch immer auf das menschliche Recht, ihr Geschichtsbuch zu schreiben, in dem die Anerkennung der historischen Tatsachen enthalten ist.

Die Leugnung des Völkermords wurde zur Leugnung der armenischen Identität und sollte darüber hinaus in einer subtilen Weise zu einer ‚End-

lösung' führen; aber die Armenier, wie auch die Juden, weigerten sich zu sterben.

Gestern fielen sie wortlos, ohne eine Revolte; heute erheben die Enkel derjenigen, die nicht überlebten, ihre Häupter und versuchen — manchmal mit Gewalt — ihre Gegenwart und ihre Identität der heutigen Welt deutlich zu machen. All diese Dinge sind bedauerlich, der Starrsinn der einen wie die Gewalt der anderen. In bin gewiß gegen alle Gewalt, aber wenn sie zu mir kommen und zu mir sagen: ,Was ist zu tun, damit wir gehört werden?', dann weiß ich nicht, was ich darauf antworten soll. Was könnte ich schon antworten, ich mit meinem armenischen Blut, der doch in jenen armenischen Kreisen nicht verkehrt? Weinen, wenn mein Volk weint, und jubeln, wenn es sich freut.

Ein Professsor der Universität Ankara, so wurde mir erzählt, will nachzuweisen versuchen, daß der Völkermord nie stattgefunden hat. Mein Herr, warum das Unmögliche versuchen, warum nicht versuchen, einen Dialog zu eröffnen?

Unsere jungen Leute haben ihre Gründe für die Suche nach ihrer Identität in ihrer Ungewißheit und Entwurzelung und bei den tauben Ohren ringsum. Als Franzose kann ich diese jungen Burschen nicht verdammen; noch kann es irgendein Tribunal oder ein Politiker. Ich schreibe diese Zeilen gedrängt von meinem Herzen, voller Hoffnung, daß eine ,glückliche Lösung' ein für allemal gefunden werden möge. Als Armenier denke ich, daß wir sie verdienen. Ich danke Ihnen dafür, daß Sie diesen Brief gelesen haben.

Bitte, nehmen Sie, Herr Präsident, meine ehrerbietigen Grüße entgegen.
Charles Aznavour"

Ein junger Armenier, der in Deutschland darauf wartet, daß sein Antrag auf Asyl positiv beantwortet wird und der in seiner gewissenhaften, bedächtigen und klaren Art gewiß nicht der Typ eines Terroristen ist, hat dennoch Verständnis für seine Landsleute, obschon er Blutvergießen für Unrecht und Racheakte für ungeeignet hält, zum Ziel zu kommen. Als Tagungsteilnehmer in Mülheim sagte er, daß die Armenier in aller Regel friedliche Menschen seien, wenn sie die entsprechenden Lebensbedingungen dafür haben; daß sie gewalttätig nur würden, wenn Unterdrückung sie dazu zwinge. Eindringlich formulierte er: „Wir sollen uns anpassen in der Türkei, nicht auffallen, uns aufgeben? Wir sind nicht aus dem Land, wo wir aufgewachsen sind, weggegangen, und wir haben diesen Entschluß nicht deshalb in unserem Herzen gefaßt, weil wir ins paradiesische Deutschland kommen wollten. Sondern wir haben alles aufgegeben und sind gegangen, weil wir Armenier sein wollen, weil wir unsere Identität behalten wollen. Gibt es denn auf der ganzen Welt keinen Platz für uns? Wir haben eine dreitausendjährige Geschichte. Woher sind wir denn gekommen, daß für uns kein Land da ist? Sind wir vom Himmel gefallen? Dürfen wir nirgends eine freie Heimat haben, wo wir uns selbst bestimmen können?"

Seine Fragen, langsam und stoßweise in unterdrückter Erregung ausgesprochen, ließen — mitten in scharfen Diskussionen in ganz anderer Tonart — plötzlich aufhorchen. Jede einzelne Frage faßte eine jahrelange Leidensgeschichte zusammen; jede einzelne drückte den Willen aus, viel einzusetzen, um eine armenische Zukunft aufzubauen. Was können einzelne Menschen dazu tun?

Nicht allein die Armenier, sondern auch andere orientalische Christen in unserem Land fühlen sich oft fremd und nicht angenommen bei uns. Sie hatten gehofft, in ein christliches Land zu kommen, wo Gastfreundschaft und Herzlichkeit den verfolgten Glaubensbrüdern gegenüber zu den vornehmsten Pflichten gehört. Oft erleben sie Kälte und Gleichgültigkeit. Wir werden schuldig an ihnen, wenn wir uns nur selbstgenügsam um unsere eigenen Gemeinden drehen — wie oft in leerer Hektik! — und berauben uns selbst wesentlicher Erfahrungen, wenn wir nicht über unseren eigenen konfessionellen Gartenzaun schauen und uns öffnen für die anderen. Von ihnen haben viele ihren Kopf dafür hingehalten, daß sie Christen sind. Wer denn, wenn nicht die Christen, hat seine Stimme zu erheben, wenn es darum geht, Wahrheit ans Licht zu bringen und Heimatlosen zu ihrem Recht zu verhelfen? *„Wer die Wahrheit sagt, muß ein Pferd vor der Tür haben und einen*

Fuß schon im Steigbügel", sagt ein armenisches Sprichwort. Es kann unbequem und gefährlich werden, die Wahrheit zu sagen. Trotzdem darf sie nicht ungesagt bleiben.

Als Karekin II., „Katholikos von Kilikien", wie er immer noch heißt, obwohl sein Sitz schon 1921 von Sis nach Antelias bei Beirut im Libanon verlegt wurde, im November 1984 in Deutschland war, hielt er im Dom von Altenberg bei Köln eine mitreißende Predigt. Sein Großvater, erzählte er, ist in der mesopotamischen Wüste umgekommen, und das sei eine Quelle der Kraft für seinen Glaubensmut. Die Kraft für eine gute Zukunft der Armenier in aller Welt liege in der Kraft ihres Glaubens: „*In Herrlichkeit Gottes beginnt mit dem Kreuz, sagt Gregor der Erleuchter. Unsere Berufung und Ehre ist es, daran teilzuhaben. Laßt uns nicht den ‚inneren Weg' verlieren, den Jesus Christus uns aufgetan hat und der für uns bereitet ist durch den langen Pilgerweg unserer Väter, unserer Heiligen und Märtyrer — unserer Leuchten in dieser Welt, in Hoffnung und Wiedergeburt zur Auferstehung!*"

Auch solche Armenier, die sich äußerlich von ihrer Kirche entfernt haben, tragen in sich noch den Glutkern ihres Väterglaubens. Mit seiner Erlaubnis stehen am Ende der Gedanken über Hoffnungen für morgen als sehr persönliches Zeugnis für dieses innere Feuer Nazar Hayrapetians Träume von Gott.

In ihrer eigenwilligen Schönheit und Aussagekraft erinnern sie an die Visionen der Apokalypse. Er gab sie preis, als wir in seiner Familie Bilder von Chatschkaren aus Armenien betrachteten und über die Ornamente der Endlosbänder sprachen, die Gottes Unendlichkeit symbolisieren. Da widersprach er lebhaft und sagte: „Oh nein, Gott ist ganz anders. Ich habe ihn zweimal geträumt. Das klingt vielleicht komisch, aber es ist wahr. Einmal habe ich ihn gesehen als Berg, als großen, hohen Berg. Er war aber traurig, sehr traurig, weil die Menschen ihn mit Steinen beworfen haben. Ja, die Menschen werfen auf Gott mit Steinen. Und dann ist er weggegangen." Er sann einen Augenblick nach, seufzte, wandte sich ab. Keiner von uns anderen sagte etwas. Und schon schilderte er, uns wieder rasch zugewandt, das neue zweite Bild, das er in seiner Erinnerung vor sich sah:

„Das andere Mal war er Licht, und ich war in dem Licht drinnen, als Energie. Es ging sehr schnell, viel schneller als die Zeit, aber es war ohne Zeit. Es war Licht, und ich war mitten darin. Es war sehr hell und sehr schön. Aber der erste Traum war wichtiger."

Der erste Traum zeigt an, daß eine Welt — auch eine armenische Welt — ohne Gott traurig macht, Verlassenheit bedeutet, einsame große traurige Augen in ihren offenen Fragen offen stehen läßt. „Und dann ist er weggegangen." Das ist der Eindruck, der als bitterer Nachgeschmack bleibt, als dieser von Menschen gesteinigte Gott-Augen-Berg aus dem Gesichtskreis verschwindet. Eine eindringliche Warnung?

Ein Jahr danach gab Nazar Hayrapetian ein drittes starkes, zunächst bedrohliches, dann aber doch tröstliches Traumbild von Gott weiter, als wir miteinander telefonierten. Mit froher Stimme erzählte er: „Zuerst war ER damals ein großer Berg, das hatte ich Ihnen schon erzählt. Dieses Mal war er ein sehr großer Riese, und ich war unter seinem Fuß. Aber er hat seinen Fuß hochgehalten, so daß ich nicht erdrückt wurde. Er hat auf mich geachtet. — Dann war er in der Erde verschwunden und kam doch wieder heraus. Dabei wurde er in einen wolkenähnlichen Wind verwandelt. Man konnte ihn sehen, es war ein sichtbarer Wind. Sonst sieht man ihn ja nicht, nur daß die Bäume sich bewegen oder daß etwas wegfliegt. Aber diesen Wind konnte man sehen. Zuletzt hat er sich aufgelöst in Wasser."

Er hält sich nicht für fromm, dieser klare lebhafte grauhaarige Armenier aus dem Iran mit seinen großen dunklen Augen, die auch die beiden Söhne haben. Doch er träumt Gott in Urbildern, in Symbolen der Menschheit, die schon lange vor geschichtlich festlegbarer Zeit — als Noachs Arche auf dem Ararat landete — den Menschen als heilig, geheimnisvoll furchterregend, aber auch lebensspendend und lebensmächtig galten. So bezeugen es die vorchristlichen Kulte nicht nur in Vorderasien. Urbilder der Schöpfungsmythen kommen darin zum Vorschein: Wasser, Berg, Geist über den Wassern, Lebenshauch im

Wind, dem bewegten Odem, der im Hebräischen „ruach" und im Griechischen „pneuma" heißt; Licht, Luft, Energie. In all den Elementen wirkt Gottes Majestät, aber auch sein Erbarmen. Er hat die Macht zu zermalmen, aber Er hat „den Fuß hochgehalten, so daß ich nicht erdrückt wurde". Nazar Hayrapetian winkt ab, wenn solche Deutungen angeboten werden, die ja auch etwas vom Gottesbild der Armenier als Volk, von ihrem Vertrauen trotz der Katastrophen, widerspiegeln könnten. Er sagt: „Davon verstehe ich nichts. Ich überlasse das anderen. Aber eines weiß ich: daß ich ihn erfahren habe. So nehme ich an, daß Gott existiert. Ich habe dreimal von ihm geträumt. Ich bin nicht gläubig, ich bin nicht sehr religiös, aber ich habe von Gott geträumt. Er ist bei jedem Menschen innen drin. Bei jedem Menschen, in dem Liebe da ist, da ist er drinnen. So wie ER ist, so kann nur Liebe sein. Unsere Welt ist nicht gut. Sie wissen, daß nur sehr wenige Menschen an Gott denken, und darüber ist wahrscheinlich Gott traurig. Aber trotzdem ist ER noch in jedem drin." Und er wiederholte, im Gegensatz zu der starken inneren Anspannung, mit der er von seinem letzten Traum erzählt hatte, traurig, leise und sachlich:

„Nein, ich bin bestimmt nicht religiös. Aber manchmal in der Nacht, da denkt man nach, und dann denke ich an Ihn, oder ich träume von Ihm. Das erste Mal, das ist das wichtigste Mal. Da stehen mir alle Haare auf, wenn ich daran denke, das geht mir in die Knochen: wie Er mit Steinen beworfen wird und zuletzt weggeht, ganz fortgeht, weil die Menschen ihm wehtun."

Keiner der Armenier, die ich bisher kennengelernt habe, kann ohne Ihn leben. Wenn sie ihr Selbst bewahren sollen, ihre „Identität", brauchen sie Ihn. Wenn sie auch „nicht sehr religiös" sind, so gehört doch Er zum Selbstverständnis eines jeden Armeniers, der ja erst durch die Taufe zu einem „vollständigen Armenier" wird. Armenier sein, das muß Christsein heißen.

Nazar Hayrapetian ist ein lebendiges Beispiel tiefsitzender Christlichkeit, wenn er beschreibt, wie er jahrelang am gleichen Arbeitstisch wie ein türkischer Kollege gesessen hat und dessen Vorurteile gegenüber den Armeniern schrittweise in mühevoller und doch gleichbleibend heiterer Kleinarbeit aufgelöst hat. Durch kleine Hilfeleistungen, durch Teilen und Gespräch, durch die eigene gerade Haltung ist es ihm gelungen, daß ein wirklich kollegiales Verhältnis entstand. „Rache macht krank", sagt er dazu. „Haß macht die Menschen kaputt. Liebe ist das Gegenteil von Haß. Haß ist Selbstzerstörung. Was soll denn Gott mit den Menschen machen, wenn sie nicht wollen? Er hat uns zwei Wege offengelassen. Der gute Gott zieht uns zum Guten hin, der Teufel reißt uns zum Bösen hin. Er macht, daß wir immer hin- und hergerissen werden. Wenn wir gut sein wollen, müssen wir Gott folgen. Er ist doch in jedem Menschen. Er kann nicht wollen, daß sie sich gegenseitig töten. Aber was soll Gott tun, wenn die Menschen nicht wollen?" Das ist die alte Lehre der armenischen Kirchenväter; Gregor von Narek hätte das genauso sagen können, dachte ich im stillen und freute mich. Solange diese Wahrheit Lebensprinzip der Armenier bleibt, werden sie ihre Kraft behalten und erneuern.

Selbst ein so weltläufiger Schriftsteller wie der armenisch-amerikanische William Saroyan kommt ohne „Ihn" nicht aus. In einem seiner Romane[77] läßt er in einem Zwiegespräch jemanden sagen:

„Ich möchte sehen, ob irgendeine Macht der Welt diese Rasse zerstören kann, diesen kleinen Stamm unbedeutender Leute, deren Geschichte zuende ist, deren Kriege gekämpft und verloren sind, deren Strukturen zerbröckelt sind, deren Literatur ungelesen bleibt und deren Gebete nicht mehr erhört werden.

Macht voran, zerstört diese Rasse! ... Zerstört Armenien! Schaut zu, ob ihr es schafft. Schickt sie weg aus ihren Heimen in die Wüste. Gönnt ihnen weder Brot noch Wasser. Verbrennt ihre Häuser und Kirchen. Und dann seht, ob sie nicht wieder lachen werden, seht, ob sie nicht wieder singen und beten werden. Denn wenn auch nur zwei von ihnen sich irgendwo in der Welt begegnen, — seht zu, ob sie nicht doch wieder ein neues Armenien erschaffen."

Chatschkar *(Kreuzstein) aus Edschmiatsin*

ANMERKUNGEN

Die Anmerkungen sind kapitelweise durchnumeriert, um die Übersicht zu erleichtern. Sie beschränken sich auf Angabe von Autor/Hg./ggf. Seitenzahl, wenn es um Fundstellen geht. Genauere Angaben enthält die alphabetisch geordnete Auswahl-Bibliographie. —

Die Schwierigkeiten der Transkription aus dem Armenischen in europäische Sprachen und die vielen, teils durch die ost- und westarmenische unterschiedliche Sprachentwicklung bedingten Abweichungen in der Fachliteratur sind jedem bekannt, der sich schon einmal damit abgemüht hat. Weiterführende Kritik ist jederzeit willkommen. — Vielen Dank!

I Wasser, Feuer, Luft und Erde — die Anfänge am Ararat

[1] Thoma
[2] Vgl. auch Inglisian
[3] Vartan, in: Bauer, 16; Der Hovanessian/Margossian, 255 und 281
[4] Chamich; oben erwähnte Bildtafel: gegenüber Seite 10
[5] Solta
[6] Alkim/Metzger; Bauer-Manndorf; Burney/Lang, bes. 255-462; Brentjes
[7] Kroll
[8] Puschkin, 964 f.
[9] Mündliche Mitteilung
[10] Buschhausen, 17
[11] Kroll, 6
[12] Banse, zitiert in „pogrom“ Nr. 72/73 vom Mai 1980, 9
[13] Hell, Türkei II, 143 ff.
[14] Gombos, 8
[15] Der Hovanessian/Margossian, 232 f. (Übersetzungen aus diesem Buch jeweils von L. B.)
[16] Vgl. die Sammlungen von Joannissiany, Wlislocky und Levin/Masing

II Gregor und andere Erleuchter

[1] Ormanian, 3 f.
[2] Agathangelos, 61 f.
[3] Koriun
[4] Sarkissian und Ormanian, 17-19
[5] Arewschatjan; Bardenhewer; Baumstark; Harnack; Inglisian; Lang; Nirschl; Sarkissian und dortige Bibliographie
[6] Sarkissian, 63, Anm. 12

[7] Bardenhewer
[8] Baronian/Krikorian, 100 (mit geringfügigen sprachlichen, nicht sinnverändernden Abweichungen)
[9] In: Der Hovanessian/Margossian, 140 143
[10] Mündliche Mitteilung
[11] In: Der Hovanessian/Margossian, 259

III Im Kreuz der Lebensbaum

[1] Ormanian, 14 ff.
[2] Ormanian, 23
[3] Camelot, 156 ff.; 263 f.; Jedin, 25-32
[4] Aßfalg, Wörterbuch, bietet gute Information
[5] In: Der Hovanessian/Margossian, 160-162
[6] Vgl. Brentjes/Mnazakanjan/Stepanjan, 8, 77 f., 228 f., 239 ff., 316; Facoltà di architettura del Politecnico di Milano, Vol. 8; Heiser, 31, 51-86; Hell, 163-173; Ipsiroglu; Kuster; Lang, 216 f.; Neubauer, 26 f.
[7] Fälschlicherweise bezeichnet sie Ipsiroglu in seiner sonst aufschlußreichen Monographie über Aghtamar wiederholt als „nestorianische" Kreuze, wie er auch an anderen Stellen wegen mangelnder Kenntnis der christlichen Bilderwelt Fehldeutungen vornimmt.
[8] Facoltà di architettura, Vol. 2; Harontiounian
[9] UNESCO Collection (Übersetzung L. B.)
[10] Boyajian, Z. C.
[11] Zu Kars und Ani: Brentjes/Mnazakanjan/Stepanjan, 18, 32, 37, 39, 43, 69, 75, 80 ff., 229, 230, 312 f.; Facoltà di architettura, Vol. 12; Hell 102-119; Lang, Cradle, 190-198, 242 u.ö.; Neubauer, 31-34; Renz, 131-147
[12] Mandelstam (Rundschau), 37
[13] Schultz
[14] Haussig, auch zum folgenden
[15] Manandian
[16] Mandelstam (Rundschau), 32
[17] Bedoukian, P.Z.
[18] Hellenkemper, 292
[19] Howannesian, 21 ff.
[20] Vgl. Lang, Cradle, 200 ff. und dessen Bibliographie
[21] Tumler, 60 ff.
[22] Heyd
[23] Rüdt-Collenberg
[24] Hellenkemper
[25] Gute Informationen in den öffentlichen Bibliotheken in Jerewan (Matenadaran), Jerusalem (armenisches Patriarchat), Venedig und Wien (Mechitaristen)
[26] Sarkissian, 48

[27] Krikorian
[28] Lang, Cradle, 210 f.
[29] Inglisian, Der Diener Gottes, auch zum folgenden
[30] Inglisian, Die Wiener Mechitaristen-Kongregation, ders., Armenisches Klosterleben
[31] Oudenrijn
[32] Mechitharisten-Congregation-Festschriften (Mechitharistengasse 4, A-1070 Wien VII)
[33] Buschhausen
[34] Museum für Völkerkunde
[35] Zum Ganzen: Lang, 277 ff.; Krüger; Zeitschriften „Pazmaveb" (San Lazzaro) und „Handes Amsorya" (Wien); Schallplatte: UNESCO Collection, Liturgical Chants

IV Bari luis — gutes Licht. Ausblicke für die dritte Generation im Exil

[1] Antreassian, 55 ff.
[2] Hintlian, 52
[3] Narkiss, 121 ff. (auch zum folgenden)
[4] Neubauer, 40, und Bildtafeln 41-44
[5] Heyer, Die Kirche Armeniens, 93-115
[6] Hintlian, 54, und Nyssen (Karten-Serien)
[7] Hintlian, 54
[8] Stone, Einleitung
[9] Stone, 11
[10] Stone, 12
[11] Sanjian
[12] Hintlian, 49
[13] ebd.
[14] Baronian/Krikorian in: Heyer, 93-115
[15] Algermissen, 124
[16] Heller
[17] Narkiss, 9
[18] Hintlian, 61
[19] ebd., 63
[20] ebd., 23 f.
[21] Pietro della Valle, 1614, zit. nach Hintlian, 35
[22] Greffin Affagart, zit. nach Hintlian, 36
[23] Fr. Eugène Roget, zit. nach Hintlian, 36
[24] Hintlian, 14
[25] Narkiss, 28
[26] ebd.
[27] Vgl. Werfel, F., Die vierzig Tage des Musa Dagh; in mehr als zwanzig Sprachen übersetzt

[28] Er ging in die St. Chariton-Lavra; Hintlian, 9 und dessen Literatur
[29] Hintlian, 6 ff.
[30] Nersoyan, 109 ff., vgl. Inglisian, Armenisches Klosterleben
[31] Näheres zu den Meßgewändern des armenischen Klerus in: Vorarlberger Landesmuseum, Armenien-Katalog, 41 ff., und Ormanian, 143-170
[32] Luke, 42 f.
[33] Saroyan, Fabeln, 24-26
[34] Luke, 26
[35] Jordan, 864
[36] Adorno, 93
[37] Vgl. die umfassende Bibliographie von Richard G. Hovannisian und die Rundfunk-Sendungen von Hildegard Becker, Helga Ehlers und Ermute Heller; außerdem: Boyajian; CCIA; Evangelischer Pressedienst; Glaser; Grulich; Heller; Hintlian; Höhler; Hovannisian (2 Titel); Kuper; Lang (A People in Exile); Lerch (2 Titel); Morgenthau; Niepage; Schäfer; Schoch; Stillger; Ternon (und Rezension seines Buches durch Werth); Toynbee u. v. a.
[38] Der Hovanessian/Margossian, 30 f.
[39] Vgl. Krikorian und Charanis
[40] Mündliche Mitteilung aus dem Patriarchat in Jerusalem; vgl. auch die Erzählung „Der Knabe Atam“ in: Wegner, 56-62
[41] So Dr. Wilhelm van Kampen auf der Tagung „Die Lage der Armenier in der Türkei und in der Bundesrepublik Deutschland“ vom 26. bis 28. April 1985 in der Evangelischen Akademie Mülheim/Ruhr, Uhlenhorstweg 29; vgl. auch dessen gründliche Dissertation „Studien zur deutschen Türkeipolitik zur Zeit Wilhelms II.“
[42] Vgl. die klare Zusammenfassung des CCIA, Armenien: Tragödie ohne Ende, 7-15
[43] Zur unseligen Rolle des deutschen Botschafters Wangenheim, der 1915 starb, vgl. Morgenthau, Secrets of the Bosphorus; auch die Nummern 64, 72/73 und 85 der Zeitschrift „pogrom“ der Gesellschaft für bedrohte Völker bietet Material, allerdings in oft polemischer Form und mißverständlicher Undifferenziertheit.
[44] Vgl. Becker; Ehlers; Grulich, 40-49; Heller; Hoffmann, I.; Kraft; Referate der Tagung in Mülheim; epd-Dokumentationen 26 und 49 über christliche Minderheiten in der Türkei und die Materialsammlung zur Konferenz „Genozid und Holocaust“ der Landeszentrale für politische Bildung und der St. Stephani-Gemeinde Bremen vom 19.-24. April 1985, hg. von Boldt
[45] Kampen, 134 ff., gibt eine lebendige Beschreibung der Reise
[46] Ternon
[47] Vgl. Text der Schallplattenhülle „ARMENIE. Musique des Achough“, OCR 59, Distribution Exclusive Musidisc-Europe
[48] Mündliche Mitteilung aus Jerusalem
[49] Heyer, Zur Wiederbegründung, 312; auch zum folgenden
[50] Z. B. die Dänin Karen Jeppe; vgl. Schwede
[51] Heute zählt die 1956 zusammen mit einem ihrer Mitbegründer, Paul Rohrbach, gestorbene Gesellschaft, die 1972 in Westdeutschland (mit Sitz in Mainz) neu begrün-

det wurde, nur noch weniger als 40 Mitglieder und hat kaum Öffentlichkeitswirkung.

[52] Goltz, 875

[53] ebd., 867-886

[54] Lepsius, Bericht, V

[55] Vgl. Hofmann

[56] Professor Goltz, der in Halle/Saale (DDR) ein Lepsius-Archiv eingerichtet hat, arbeitet an einer umfangreichen Biographie; s. Goltz aaO.

[57] Nansen; vgl. auch den Bericht von Niepage, einem deutschen Lehrer in Aleppo

[58] Kampen

[59] In: Buschhausen, 34

[60] Hell, 55 ff.

[61] Lepsius, Bericht, 28-34

[62] Gstrein

[63] RAA= Research on Armenian Architecture, Rolandstr. 41, D-5100 Aachen

[64] In: „Armenian Reporter" vom 8. Februar 1980, S. 4 der armenischen Ausgabe; zitiert in: „pogrom. Zeitschrift für bedrohte Völker", Nr. 72/73, 11. Jg., Mai 1980, 39 (Übersetzung wörtlich übernommen, einschließlich der stilistischen Fehler)

[65] Lerch (beide Titel) und das Kapitel „Talaats Mordbefehle" in: Vierbücher, 82-84; Toynbee; Kuper

[66] Bedoukian, K.

[67] Kherdian; vgl. auch die nach dem mündlichen Bericht eines Knaben von Therese Lehmann-Haupt aufgezeichneten „Erlebnisse eines zwölfjährigen Knaben während der armenischen Deportationen"

[68] CCIA, 18, auch zum folgenden

[69] Vgl. Housepian

[70] Vgl. den Abschnitt „Die armenische Diaspora" in: CCIA, 22-25

[71] Boldt, 1. Seite des Vorworts (ohne Seitenzahl)

[72] Pfarrer James Karnusian bei der erwähnten Tagung in Mülheim (siehe Fußnote 41 dieses Kapitels); auch zum folgenden; vgl. Hoffmann und Kraft

[73] Dazu Baliozian; Bauer; Lang; Sarkisyanz und die Bibliographien dieser Bücher

[74] In: Christ in der Gegenwart, Nr. 16 vom 21. April 1985, 130

[75] In: ARMENIA, No. 81, Février 1984 (Marseille), p. 13, Le Procès des quatres (p. 10-13)

[76] Mundliche Mitteilungen 1982-1984

[77] Saroyan, Exhale and Inhale (deutsche Übersetzung mir nicht bekannt)

ZEITTAFEL

um 2300 v. Chr.	Beginn der Bronzezeit im ostanatolischen Raum
ca. 2100 v. Chr.	Indo-europäische Einwanderung nach Armenien
1200-1190 v. Chr.	Niedergang des Hethiter-Reiches
ca. 880-844 v. Chr.	König Aram der Schöne
ca. 840-825 v. Chr.	Sardur I. von Urartu
783 v. Chr.	Gründung der Stadt Erebuni; Höhepunkt des urartäischen Reiches
590 v. Chr.	Zerstörung der Hauptstadt Tuschpa durch die Meder; Zusammenbruch des urartäischen Reiches
um 520 v. Chr.	Erste Nennung des Landes „Arminiya“ (Armenia) als erobertes Land auf der Inschrift Dareios I. in Behistun
401-400 v. Chr.	Xenophons Zug mit 10.000 griechischen Söldnern durch Armenien von Kunaxa zum Schwarzen Meer
331 v. Chr.	Eroberung Persiens durch Alexander d. Gr.
95-55 v. Chr.	Tigranes II. der Große von Armenien
— — — — — —	Zeitenwende — — — — — — — — — — — — — — — —
53-100 n. Chr.	Trdat I., erster armenischer König aus dem Hause der parthischen Arsakiden
114-117	Armenien römische Provinz
287-330	König Trdat III. von Armenien, um 301 durch Gregor den Erleuchter bekehrt; Christentum als Staatsreligion in Armenien
387	Teilung Armeniens zwischen Byzanz und Persien
um 406	Abschluß der Entwicklung des armenischen Alphabets durch den Mönch Mesrop Maschtots
451	Schlacht von Avarair
640	Arabersturm auf Dvin
908-937	Gagik I. von Vaspurakan, Erbauer von Palast und Kirche auf der Insel Aghtamar (915)
914	Kreuzigung des Königs Smbat durch den Emir Yussuf
990-1020	König Gagik II. von Ani
1001	Vollendung der Kathedrale von Ani
1064	Überfall der Seldschuken auf Ani
1071	Seldschukischer Sieg bei Manzikert über die Byzantiner
1080-1226	Rubeniden in Kilikien
1097	Ankunft der Kreuzfahrer in Kilikien
1186-1219	König Levon I. von Kilikien
1198	Tod des Katholikos Nerses von Lambron
1363/64; 1374/75	Letzter König von Kilikien, Levon V. Lusignan († 1393 im Exil)
1453	Eroberung Konstantinopels durch die osmanischen Türken

1605	Gewaltsame Umsiedlung von Armeniern von Dschulfa nach Isfahan (Neu-Dschulfa) durch Schah Abbas I.
1715	Gründung des armenischen Klosters auf der Insel San Lazzaro in Venedig durch Mechitar von Sebaste
1877	Russisch-türkischer Krieg mit Gebietsgewinn für Rußland (z. B. Kars)
1885/86	Armenierpogrome, befohlen von Sultan Abdul Hamid II.; Massaker an 300.000 Menschen
1908	Jungtürkische Revolution
1914	Beginn des Ersten Weltkrieges
24. April 1915	Verhaftung und Ermordung armenischer Intellektueller, Auftakt zum Völkermord
1915 und folgende Jahre	Deportation und Ausrottung der Armenier in den osttürkischen Provinzen
1918	„Transkaukasische Republik"
1920	Vertrag von Sèvres
1922	Eingliederung des östlichen Randteils Armeniens in die Sowjetunion als „Armenische Sozialistische Sowjetrepublik"
1923	Verträge von Lausanne
1923-38	Kemal Atatürk
1938	„Verschwinden" des Katholikos Choren I. durch Anordnung Stalins
1953	Tod Stalins; rascher wirtschaftlicher und kultureller Aufstieg der Sowjetrepublik Armenien
1955	Wahl und Amtsantritt des Katholikos Vasken I.
1979	Sturz der Pahlewi-Dynastie im Iran
1980	Militärputsch in der Türkei

0
500
100
SCHWARZES ME
ISTANBUL
YAZILIKAYA
SAMSUN
HATTUSCHA
KÜTAHYA
ANKARA
TRABZ
SIVAS
KAYSERI
MALATYA
TAURUS
SIS
MARASCH
BESNI
LAMBRON
VAHKA
TARSUS
HROMKLA
ADANA
KIZKALESI
URFA
AYAS
GAZIANTEB
SILIFKE
ANTAKYA
ALEPPO
ZYPERN
DEIR ES ZOR
MITTELMEER
ANTELIAS
BEIRUT
JERUSALEM

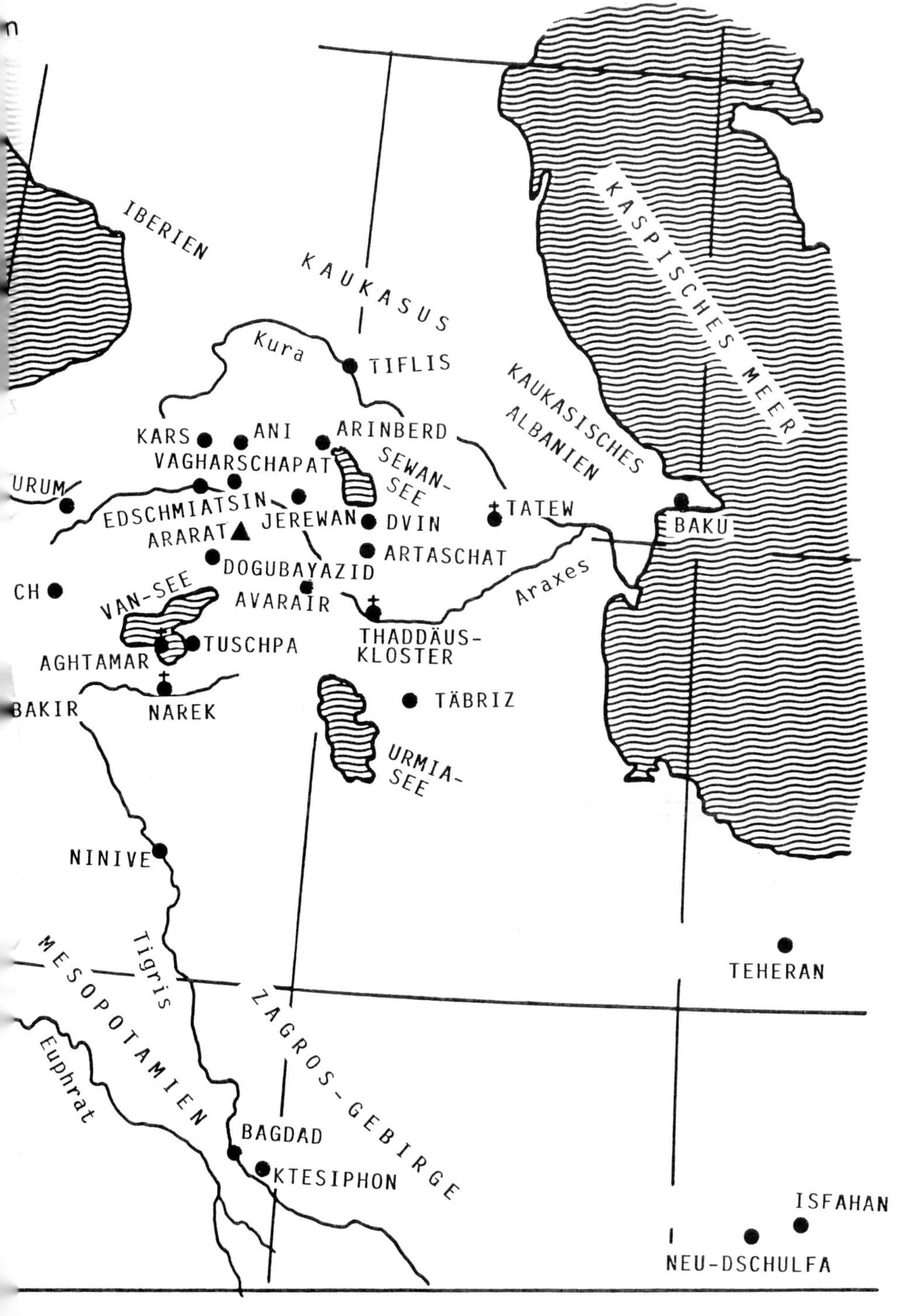
IBERIEN
KAUKASUS
KASPISCHES MEER
Kura
TIFLIS
KAUKASISCHES ALBANIEN
KARS
ANI
ARINBERD
VAGHARSCHAPAT
SEWAN-SEE
URUM
EDSCHMIATSIN
JEREWAN
DVIN
TATEW
BAKU
ARARAT
ARTASCHAT
DOGUBAYAZID
CH
VAN-SEE
AVARAIR
Araxes
THADDÄUS-KLOSTER
TUSCHPA
AGHTAMAR
BAKIR
NAREK
TÄBRIZ
URMIA-SEE
NINIVE
MESOPOTAMIEN
Tigris
ZAGROS-GEBIRGE
TEHERAN
Euphrat
BAGDAD
KTESIPHON
ISFAHAN
NEU-DSCHULFA

Bildtafel 10: **Übersichtskarte**
Sie enthält alle im armenischen Ursprungsland gelegenen Orte, die im Text erwähnt werden. Zur leichteren Orientierung sind auch für Armenien wichtige Städte in den Nachbarländern eingezeichnet, z. B. Jerusalem; nicht jedoch die häufig geänderten politischen Grenzen. Es werden nur die heute gebräuchlichen Namen gegeben; die alten Namen finden sich im Register (z. B. Sebaste = Sivas).

Bildtafel 11: **Das armenische Königreich Kilikien (12.-14. Jhd.)**
und die Grafschaften Edessa (im NE), Antiochia und Tripolis (im S)
Die Grenzen sind ungenau, weil sie sich immer wieder geändert haben.

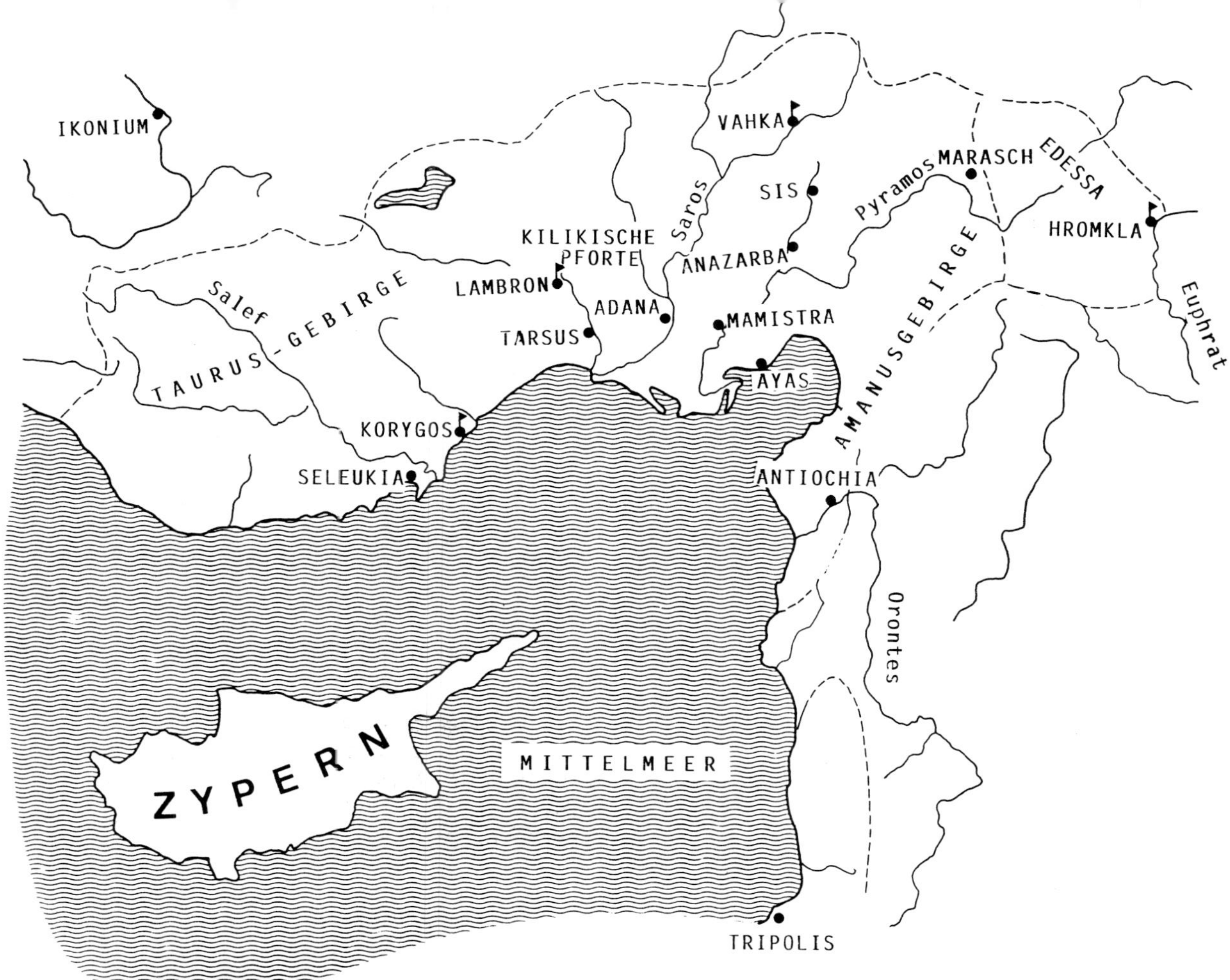
IKONIUM
VAHKA
MARASCH
EDESSA
HROMKLA
SIS
Pyramos
Saros
KILIKISCHE
PFORTE
ANAZARBA
Salef
TAURUS-GEBIRGE
LAMBRON
ADANA
TARSUS
MAMISTRA
AYAS
AMANUSGEBIRGE
Euphrat
KORYGOS
SELEUKIA
ANTIOCHIA
Orontes
ZYPERN
MITTELMEER
TRIPOLIS

AUSGEWÄHLTE BIBLIOGRAPHIE

ABEGHIAN, Artasches, Vorfragen zur Entstehungsgeschichte der altarmenischen Bibelübersetzungen (Dissertation), Marburg 1906

ADONTZ, Nicholas, Armenia in the Period of Justinian. The Political Conditions Based on the Naxarar System, Lisbon 1970

ADORNO, Theodor W., Erziehung nach Auschwitz, Frankfurt a. M. 1971

AGATHANGELOS, History of the Armenians. Translation and Commentary by R.W. Thomson, Albany 1976

ALGERMISSEN, Konrad, Konfessionskunde, Celle [7]1957

ALKIM, U. Bahadir, Anatolien. Von den Anfängen bis zum Ende des zweiten Jahrtausends v. Chr., München/Genf/Paris 1968/69

ANTREASSIAN, Assadour, Jerusalem and the Armenians, Jerusalem 1977

ASSFALG, Julius, Art. Armenien, in: Lexikon des Mittelalters I, München/Zürich 1980, 974-981

ders., Gregorios der Erleuchter, in: MANNS, Peter (Hrsg.), Reformer der Kirche, Mainz 1970, 156 f.

ders., Maschtotz (Mesrop), in: a. a. O., 164-166

ders., Kleines Wörterbuch des christlichen Orients, Wiesbaden 1975

BALIOZIAN, Ara, The Armenians, Their History and Culture. A Short Introduction, Toronto 1975

BARDENHEWER, O./WEYMAN, K./ZELLINGER, J. (Hrsg.), Bibliothek der Kirchenväter. Ausgewählte Schriften der armenischen Kirchenväter, I. Band: Eznik, Koriun, Hatschachapatum, aus dem Armenischen übersetzt und hrsg. von Simon WEBER, München 1927

BARONIAN, Zareh/KRIKORIAN, Mesrob, Die Liturgie der armenisch-apostolischen Kirche, in: HEYER, Friedrich, Die Kirche Armeniens, Stuttgart 1978, 93-115

BAUER, Elisabeth, Armenien. Geschichte und Gegenwart, Luzern [2]1979

BAUER-MANNDORFF, Elisabeth, Das frühe Armenien, Wien 1985

BAUMER, Iso, Prinz Max von Sachsen (1870-1951) und Armenien, Bremen 1986

BECKER, Hildegard, Armenien — ein vergessenes Volk. Eine christliche Republik in der Sowjetunion (= Manuskript der Sendung „Ruhestörung" am 19. 7. 1981 im Westdeutschen Rundfunk III)

dies., Sendung „Zeitzeichen" am 5. 6. 1981 im gleichen Programm

BEDOUKIAN, Kerop, Some of Us Survived. The Story of an Armenian Boy, New York 1979

BEDOUKIAN, Paul Z., Coinage of Cilician Armenia, New York 1962

BERLINER GESELLSCHAFT FÜR ANTHROPOLOGIE, ETHNOLOGIE UND URGESCHICHTE (Hrsg.), Frühe Bergvölker in Armenien und im Kaukasus (Ausstellungskatalog), Berlin 1983

BOCK, Ulrich, Armenische Baukunst. Geschichte und Problematik ihrer Erforschung (Dissertation), Köln 1983

BOLDT, Frank (Hrsg.), Artikel über die Armenier und andere Minderheiten in der Türkei in den drei großen in der Bundesrepublik verbreiteten türkischen Tageszeitungen, Bremen 1985
BOYAJIAN, Dickran H., Armenia. The Case for a Forgotten Genocide, Westwood, New Jersey 1972
BOYAJIAN, Z. C., Armenian Legends and Poems, London o. J.
BRENTJES, Burchard, Drei Jahrtausende Armenien, Leipzig ^{2}1976
BRENTJES, Burchhard/MNAZAKANJAN, Stepan/STEPANJAN, Nona, Kunst des Mittelalters in Armenien, Berlin 1981; Wien und München 1982
BROCKELMANN, Carl u. a., Geschichte der christlichen Literaturen des Orients, Leipzig ^{2}1909
BRYCE, Viscount, The Treatment of Armenians in the Ottoman Empire, London/New York/Toronto 1916
BURNEY, C./LANG, D. M., Die Bergvölker Vorderasiens. Armenien und der Kaukasus von der Vorzeit bis zum Mongolensturm, München 1973
BUSCHHAUSEN, Heide und Helmut, Armenische Handschriften der Mechitharisten in Wien. Katalog zur Sonderausstellung in der Österreichischen Nationalbibliothek, Wien ^{2}1981
CAMELOT, Pierre-Thomas, Ephesus und Chalcedon. Geschichte der ökumenischen Konzilien, Bd. 2, Mainz 1963
CCIA= Kommission der Kirchen für Internationale Angelegenheiten, Armenien: Tragödie ohne Ende, Genf 1984
CHAMICH, Michael, History of Armenia from B. C. 2247 to the Year of Christ 1780 or 1229 of the Armenian Era, Calcutta 1827
CHARANIS, Peter, The Armenians in the Byzantine Empire, Lisboa 1963
DALMAIS, J., Der armenische Ritus, in: IVANKA u. a., Handbuch der Ostkirchenkunde, Düsseldorf 1971, 404-408
DER HOVANESSIAN, Diana/MARGOSSIAN, Marzbed (Ed.), Anthology of Armenian Poetry, New York 1978
DER NERSESSIAN, Sirarpie, Armenian Art, London 1978
dies., The Armenians, London 1972
EHLERS, Helga, Minderheiten in der Türkei. Über Armenier, Assyrer, Kurden und andere. Eine Dokumentation (= Manuskript einer Sendung am 9. 2. 1983 im Norddeutschen Rundfunk III)
EVANGELISCHER PRESSEDIENST, Die Lage der christlichen Minderheiten in der Türkei seit dem Staatsstreich im September 1980 (Bericht vom Juni 1982), Frankfurt a. M. 1984
FACOLTÀ DI ARCHITETTURA DEL POLITECNICO DI MILANO/ACCADEMIA DELLE SCIENZE DELL'ARMENIA SOVIETICA, Documenti di architettura Armena, Milano 1974 ff. (bisher 13 Bände)
GAMBER, Klaus/NYSSEN, Wilhelm, Verweilen im Licht. Kult und Bild der Kirche Armeniens, Köln 1985
GESELLSCHAFT FÜR BEDROHTE VÖLKER, pogrom. Zeitschrift für bedrohte Völker, Postfach 159, 3400 Göttingen

GOLTZ, Hermann, Zwischen Deutschland und Armenien. Zum 125. Geburstag des evangelischen Theologen Dr. Johannes Lepsius, in: Theologische Literaturzeitung Nr. 12, 108. Jg. (1983), Sp. 865-886

GOMBOS, Kàroly/GINK, Kàroly, Die Baukunst Armeniens, Budapest 1972/73

GRULICH, Rudolf (Hrsg.), Verfolgte Kirche heute, Luzern 1984

GSTREIN, Heinz, 300 Bastonadenhiebe für den Bischof, Mödling 1984

HARONTIOUNIAN, Varazdat (Ed.), Armenian Khatchkars. The Obelisks of the Primary Period, Lisboa 1973

HAUSSIG, Hans-Wilhelm, Byzantinische Geschichte, Stuttgart u. a. 1969

HEISER, Lothar, Das Glaubenszeugnis der armenischen Kirche, Trier 1983

HELL, Hellmut und Vera, Armenische Reise. Kirchen und Klöster in Ostanatolien, in: < Heft 2/1968 > Zeitschrift „Karawane", 15-38

HELL, Vera und Hellmut, Türkei II. Nordtürkei, Osttürkei, Südosttürkei. Kunst- und Reiseführer mit Landeskunde, Stuttgart u. a. 1981

HELLENKEMPER, Hansgerd, Burgen der Kreuzritterzeit in der Grafschaft Edessa und im Königreich Kleinarmenien. Studien zur Historischen Siedlungsgeographie Südost-Kleinasiens (Dissertation), Bonn 1976

HELLER, Erdmute, Den Frevel zu sühnen. Die „armenische Frage" — eine Frage an das Gewissen der Völker, in: Sonntagsbeilage der Stuttgarter Zeitung vom 15. 8. 1981

HEYD, W., Geschichte des Levantehandels, 1. Bd.: Kleinarmenien (402-410), 2. Bd.: Kleinarmenien als Pforte zum inneren Asien, Stuttgart 1879

HEYER, Friedrich, Die Kirche Armeniens. Eine Volkskirche zwischen Ost und West, Stuttgart 1978

ders., Zur Wiederbegründung der Deutsch-Armenischen Gesellschaft, in: Kirche im Osten, Bd. 21/22 (1978/79), 312-323

HINTLIAN, George, Beitrag zum Symposion am 24. April 1980, veranstaltet vom Israel-Interfaith-Committee-Programm über orientalische Kirchen „Genocid and Collective Responsibility", 17-20, Jerusalem 1980

ders., History of the Armenians in the Holy Land, Jerusalem 1976

HÖHLER, Gerd, Blutspur durch ein ganzes Jahrhundert. Die Armenier und ihr türkisches Trauma, in: Frankfurter Rundschau am Wochenende, Nr. 6, 38. Jg., 6. 2. 1982, 1

HOFFMANN, Ingeborg, Kirchen ohne Recht. Zur Lage der Christen in der Türkei, in: Die politische Meinung Nr. 208, 28. Jg. (1983), 68-70

HOFMANN, Tessa (Hrsg.), Der Völkermord an den Armeniern vor Gericht. Der Prozeß Talaat Pascha, Göttingen 1980

HOUSEPIAN, Marjorie, Smyrna 1922. The Destruction of a City, London [3]1972

HOVANISSIAN, Richard G., The Armenian Holocaust. A Bibliography Relating to the Deportations, Massacres and Dispersion of the Armenian People 1915-1923, Cambridge, Massachusetts 1978

HOWANNESIAN, V., Geschichte Armeniens, Venezia 1957

INGLISIAN, Vahan, Armenier in der Bibel, Wien 1935
ders., Armenisches Klosterleben, in: KRÜGER, Paul/TYCIAK, Julius (Hrsg.), Morgenländisches Christentum, Paderborn 1940, 261-274
ders., Der Diener Gottes Mechitar von Sebaste, Wien 1929
ders., Die Wiener Mechitaristen-Kongregation in Wort und Bild, Wien 1937
IPŞIROĞLU, Mazhar Sevket, Die Kirche von Achtamar. Bauplastik im Leben des Lichts, Berlin/Mainz 1963
JEDIN, Hubert, Kleine Konziliengeschichte, Freiburg/Basel/Wien [8]1969
JEPPE, Karen, Erlöst vom Mohammedanismus. Schicksale armenischer Christenkinder, Potsdam 1926
JOHANNISSIANY, Abgar (Hrsg.), Märchen und Sagen, Leipzig 1887
JORDAN, R. P., The Proud Armenians, in: National Geographic, Vol. 153, No. 6, June 1978, 846-873
KAMPEN, Wilhelm van, Studien zur deutschen Türkeipolitik in der Zeit Wilhelms II. (Dissertation), Kiel 1968
KHERDIAN, David, Der Schatten des Halbmonds. Das Schicksal eines armenischen Mädchens, Wien/Heidelberg 1981
KOLARZ, Walter, Die Religionen in der Sowjetunion, darin Kap. 5: Die Armenische Kirche, Freiburg/Basel/Wien 1963, 150-175
KORIUN, Beschreibung des Lebens und Sterbens des hl. Lehrers Mesrop, in: BARDENHEWER u. a., Ausgewählte Schriften der armenischen Kirchenväter, Bd. 1, 181-232 (s. d.)
KRAFT, Sigisbert, Fremde und Außenseiter. Verfolgte Christen in der Türkei, in: Christ in der Gegenwart Nr. 30 vom 24. 7. 1983, 245 f.
KRIKORIAN, Mesrob K., Armenians in the Service of the Ottoman Empire 1860-1908 (Dissertation), London/Henley/Boston 1977
KROLL, Stephan, Urartu. Ein wiederentdeckter Rivale Assyriens (Ausstellungskatalog), Münster 1980
KRÜGER, Paul, Die armenischen Mechitharisten und ihre Bedeutung, in: Ostkirchliche Studien 1967, 3-14
KUPER, Leo, Genocide, Harmondsworth 1981
KUSTER, Reinhard, „Hinten, weit, in der Türkei . . ." — Besuch in Ostanatolien, in: Neue Zürcher Zeitung vom 10. 5. 1984, Fernausgabe Nr. 107, 43 ff.
LANG, David Marshall, Armenia. Cradle of Civilization, London 1970 *(Zitate nur hieraus)*
ders., The Armenians: A People in Exile, London 1981
LANG, David Marshall/WALKER, Christopher J., The Armenians, Minority Rights Group, Report No. 32, London [5]1981
LEHMANN-HAUPT, Therese, Erlebnisse eines zwölfjährigen Knaben während der armenischen Deportationen, Bremen 1985
LEPSIUS, Johannes, Armenien und Europa, Berlin 1897
ders., Bericht über die Lage des armenischen Volkes in der Türkei, Potsdam 1916 (Zitate *nur* hieraus)

ders., Der Todesgang des armenischen Volkes, Potsdam 1919
ders., Deutschland und Armenien 1914-1918. Sammlung diplomatischer Aktenstücke, Potsdam 1919
LERCH, Gunter, „Der Ort der Armenier ist das Nichts", in: Frankfurter Allgemeine Zeitung Nr. 163 vom 18. 7. 1983, 3
LEVIN, Isidor/MASING, Uku (Hrsg.), Armenische Märchen, Düsseldorf/Köln 1982
LUKE, Harry Charles, Ceremonies at the Holy Places, London 1932
MANANDIAN, Hakob A., The Trade and Cities of Armenia in Relation to Ancient World Trade, Lisbon 1965
MANDELSTAM, Ossip, Armenien, in: Neue Rundschau, 94. Jg. (1983), 29-46
ders., Die Reise nach Armenien, Frankfurt a. M. 1983
MKRTTSCHJAN, Lewon (Hrsg.), Die Berge beweinen die Nacht meines Leides. Klassische armenische Dichtung, Berlin (Ost) 1983
MOLTKE, Helmuth von, Unter dem Halbmond. Erlebnisse in der alten Türkei 1835-1839, Tübingen 1979
MORGENTHAU, Henry, Secrets of the Bosphorus, London [4]1918
NANSEN, Fridtjof, Betrogenes Volk. Eine Studienreise durch Georgien und Armenien als Oberkommissar des Völkerbundes, Leipzig 1928
NARKISS, Bezazel (Ed.) in collaboration with Michael E. STONE, Armenian Art Treasures of Jerusalem, Jerusalem 1979
NERSOYAN, Tiran, Beitrag in: PEINEN, Hedvig-Teresia von, „Zeig mir den Weg, den ich gehen soll". Psalmen — Gebetbuch der großen Ökumene, Regensburg 1981, 109-112
NEUBAUER, Edith, Armenische Baukunst vom 4. bis 14. Jahrhundert, Dresden 1970
NICKEL, Heinrich L., Kirchen — Burgen — Miniaturen. Armenien und Georgien während des Mittelalters, Berlin (Ost) 1974
NIEPAGE, Martin, The Horrors of Aleppo seen by a German Eyewitness, New York 1918; erweiterte Neuausgabe: DONAT, Helmut (Hrsg.), Aleppo 1915 — Zwei deutsche Lehrer im Kampf für das armenische Volk, Bremen 1986
NYSSEN, Wilhelm, Armenische Miniaturen I und II, Armenische Kacheln (= Kunstpostkarten-Serien, beziehbar beim Luthe-Verlag, Jakordenstraße 23, 5000 Köln 1)
ders., Jerusalem — Ursprung der Bilder des Heils, Köln 1984
ORMANIAN, Malachia, The Church of Armenia. Her History, Doctrine, Rule, Discipline, Liturgy, Literature, and existing Condition, London [2]1955
OUDENRIJN, Marens Antonius van den, Eine armenische Insel im Abendland, Venedig 1940
PUSCHKIN, Alexander, Reise nach Arsrum. Zur Zeit des Feldzuges im Jahre 1829, in: Gesammelte Werke, Bd. 2, München 1966, 935-993
RENZ, Alfred, Land um den Ararat. Osttürkei — Armenien, München 1983
ROHRBACH, Paul (Hrsg.), Armenien. Beiträge zur armenischen Landes- und Volkskunde, Stuttgart 1919
ders., In Turan und Armenien auf den Pfaden russischer Weltpolitik, Berlin 1898
RÜDT-COLLENBERG, W. H., The Rupenides, Hethumides and Lusignans, Paris 1963

SANJIAN, Avedis Krikor (Ed.), Colophons of Armenian Manuscripts (1301-1480), Harvard 1969
SARKISSIAN, Karekin, A Brief Introduction to Armenian Christian Literature, Bergenfield, New Jersey ³1980
SARKISYANZ, Manuel, A Modern History of Transcaucasian Armenia. Social, cultural and political, Heidelberg 1973
SAROYAN, William, Armenische Fabeln, Zürich 1959
SCHÄFER, Vicky, Der vergessene Völkermord (= Mitschnitt der Sendung „Das kritische Tagebuch" vom 23. 4. 1985 im Westdeutschen Rundfunk III)
SCHOCH, Max, Illusion und Realität der Armenier, in: Neue Zürcher Zeitung, Fernausgabe Nr. 184 vom 11. 8. 1983, 4
SCHULTZ, Sabine, Byzantinische Münzen (Ausstellungskatalog), Münster 1983
SCHWEDE, Alfred Otto, Geliebte fremde Mutter. Karen Jeppes Lebensweg, Berlin 1974
SEELIG, C., Die Besteigung des Ararat, in: Natur- und Kulturbilder aus den Kaukasusländern und Hocharmenien, Zürich 1914
SOLTA, Georg Renatus, Die Armenische Sprache, in: DEETERS, G. u. a., Armenisch und kaukasische Sprachen, Handbuch der Orientalistik, 7. Bd., Leiden/Köln 1963, 80-128
STILLGER, Josef, Zittern um den Frieden am Bospurus. Terroranschläge gegen Türken. Bei den Armeniern in Istanbul, in: Rheinischer Merkur/Christ und Welt Nr. 35 vom 2. 9. 1983, 3
STONE, Michael E., The Manuscript Library of the Armenian Patriarchate in Jerusalem, Jerusalem 1969
TERNON, Yves, Tabu Armenien. Geschichte eines Völkermords, Frankfurt a. M./Berlin 1981
THOMA, Hans, Wo die Ströme des Garten Eden entsprangen, in: Rheinischer Merkur/Christ und Welt Nr. 24 vom 17. 6. 1983, 17
TOYNBEE, Arnold J., The Murderous Tyranny of the Turks, New York 1917
TUMLER, P. Marjan, Der Deutsche Orden im Werden, Wachsen und Wirken bis 1400 mit einem Abriß der Geschichte des Ordens von 1400 bis zur neuesten Zeit, in: Panorama 1955, bes. 58-65: Die Ballei Armenien und Cypern
UNESCO Collection, Musical Sources (Religious Psalmody IV-3), Liturgical Chants for Lent and Easter. Armenian Mekhitarist Community of Venice, Philips 6586 025
VIERBÜCHER, Heinrich, Armenien 1915. Was die kaiserliche Regierung den deutschen Untertanen verschwiegen hat. Die Abschlachtung eines Kulturvolkes durch die Türken, Hamburg-Bergedorf 1930, Neudruck Bremen 1985
VORARLBERGER LANDESMUSEUM BREGENZ (Hrsg.), Armenien. Geschichte und sakrale Kunst (Ausstellungskatalog), Bregenz 1983
WALKER, Christopher J., Armenia. The Survival of a Nation, London 1980
WEBER, Simon, Die katholische Kirche in Armenien. Ihre Begründung und Entwicklung vor der Trennung. Ein Beitrag zur christlichen Kirchen- und Kulturgeschichte, Freiburg 1903

WEGNER, Armin T., Fällst du, umarme auch die Erde oder Der Mann, der an das Wort glaubt. Prosa, Lyrik, Dokumente, Wuppertal 1974

WERFEL, Franz, Die vierzig Tage des Musa Dagh, Frankfurt a. M. 1979

WERTH, German, Rezension zu TERNON, Yves, Tabu Armenien, in: Deutschlandfunk vom 3. 4. 1982

WLISLOCKI, Heinrich von (Übersetzer und Hrsg.), Märchen und Sagen der Bukowinaer und Siebenbürger Armenier, Hamburg 1891

WOLF-CROME, Editha (Hrsg.), Aufbruch nach Armenien. Reise- und Forschungsberichte aus dem Lande Urartu-Armenien, Berlin 1985

REGISTER